Offside BOOKS オフサイド・ブックス……55

彩流社

幕末明治の「戦争」全部解説します!

中村一朗＋成田 毅

オフサイド・ブックス55　幕末明治の「戦争」全部解説します！

前口上

「明治」という時代に、いま、人びとは元気を感じ、憧れているような観があります。

　経済や環境問題からくる先行き不安、あるいはもう少しさかのぼって、敗戦後に物品と引き換えるかのように精神性を喪失したせいか……人は老いればこそ、若さの意味を知るのかもしれません。ともかく「明治」は日本という国にとって勃興期であり青春期でした。

　それが胎動しはじめるのは、「異民族に侵略される」という恐怖の外圧がのしかかってきてからのことです。幕末のころから世界史に呑み込まれた日本は、たくさんの戦争や闘争を経験しました。「取り易き朝鮮、満洲、支那を切り随え、交易にて魯国に失う所はまた土地にて鮮満にて償うべし」と提唱したのが吉田松陰であることは意外でも何でもなく、明治という青年国家が、そういう戦いの果てに打ち立てた金字塔ともいえるのが、日清、日露戦争の勝利でした。

そこに至るまでの戦いの数かずを、ひとつひとつ、丹念に〝通し〟で読んでみたい。

それがこの本を編んだ理由です。戦争や闘争に重点を置いたため、青年国家が課せられた宿題ともいえる不平等条約の改正作業をほとんど説明できなかったきらいがありますが、ほぼ1世紀前、日露戦争に勝利した日本人が、世界史のどんな地点に立っていたのか。これからこの本を読んでいただければ、理解できるでしょう。

石川啄木が、「地図の上朝鮮国にくろぐろと墨をぬりつつ秋風を聴く」と詠んだのは、今からちょうど100年前。日露戦争の勝利は、それが頂点であったがゆえに、未曽有の敗戦へ至る出発点でもありました。詩人は時代の閉塞を感じ取ったのです。「満洲」を手に入れたことによって新たな強敵を生み、戦後歩調を合わせられるかに見えたロシアでは革命が起こり、再び仮想敵国となる。そして、夢中で坂をのぼっているときには気づかぬ、蹴散らされる側の痛み。

やはり、「明治」は、青年そのものかもしれません。

オフサイド・ブックス編集部

オフサイド・ブックス55　幕末明治の「戦争」全部解説します！◉もくじ

本文中、説明文に＊の付いている写真は、すべて国立国会図書館蔵

PART 1

黒船の時代

中村一朗

二念なく打ち払え！「異国船打払令」

日本近海に出没するようになったイギリス・ロシア船。ヨーロッパでの新時代のうねりが極東にも押し寄せる

長崎港で英艦が海賊行為

文化5（1808）年8月。

外国交易のための唯一の表玄関だった長崎港に、オランダの国旗を掲げて堂々と入港した1隻の軍艦がある。しかしその直後、その軍艦は突然、国旗をユニオンジャック（イギリス国旗）に差し替えた。日本とは国交のないイギリス船籍の軍艦、「フェートン号」だったのだ。「フェートン号」は近接していたオランダ商船を拿捕。乗組員を人質にした。

この海賊的行為に対して、日本側の責任者である長崎奉行松平康英《まつだいらやすひで》は激怒。イギリス艦への攻撃を発令しようとした。しかし、当事者のオランダ商館側は交戦回避を熱望する。また平和ボケしていた現場の侍たちは、遠巻きにして警備に当たるも手を出すことができず、それどころかイギリス側の恫喝に屈して、水や食料などを差し出してしまった。

結果、人質は無事に解放されてイギリス艦は日本を去った。

事件は、表向きはオランダとイギリスの角逐による。とばっちりを受けた日本の立場では、人命重視の結果としてしかたのない選択だったと解釈できるのだろうが、鎖国政策を貫いてきた強硬派の徳川幕臣としては、そうはいかない。面子を潰された長崎奉行の激しい怒りの矛先は、イギリスにではなく自身と自国の不甲斐なさに向かうこととなる。

断腸の思いでイギリスの要求に屈した長崎奉行松平康英は、事件の直後に自らの意思で文字通り切腹。4ヵ月後に、幕府側の公式な記録では「病死」として残された。

この事実関係の捏造は、武士らしい覚悟を示した松平康英とは裏腹の江戸幕府中枢の弱腰を物語っている。長崎警備の兵員を勝手に減らしていた佐賀藩主鍋島斉直《なべしまなりなお》は「逼塞《ひっそく》（謹慎）」という、「閉門」よりもずっと軽い処分を命じられたに過ぎなかった。

当時世界でも類を見ない100万人の人口を抱える江戸を都に持つ日本は、ヨーロッパ列強諸国には垂涎の市場だった。特に産業革命によって著しく生産性を向上させたイギリスにとって、工業製品の大口の輸

出先を確保することは死活問題となっていた。そんな日本市場を独占するヨーロッパの国は、イギリスとは犬猿の仲にあったフランス帝国に従属するオランダ王国（このころのオランダ国王は、フランス・ナポレオン皇帝の弟ルイ・ボナパルトだった）のみ。このときのオランダの権勢は地に堕ちており、世界最初の株式会社だったオランダ東インド会社はすでに解散していた。世界の制海権を握るイギリスは日本市場開放策の手はじめに、「フェートン号」で、弱体化の一途をたどるオランダを牽制（ある意味、嫌がらせ？）しつつ、日本の幕府を揺さぶってみたのである。

　結果、日本の幕府が国際紛争における対応を不得手としていると理解した。早い話が、日本はナメてかかっても大丈夫、と判断。イギリスは通商関係の樹立を求めて頻繁に船舶を日本近海に出没させるようになったが、インドや中国をはじめとするアジア情勢混迷の事情から、それ以上の早急な強硬手段に打って出ることはしなかった。

　いっぽう幕府。捕鯨船や商船が日本各地の港や浜に現われては食料や薪を求め、外国人船員と日本人との間に多くのトラブルが起きるようになると、タカ派の世論や朝廷側近たちの圧力に後押しされ、強硬策をとらざるをえなくなっていった。

エトロフ シャナ戦争

「フェートン号」事件の起きる1年前。蝦夷地（北海道）沖の択捉《エトロフ》島では、大変な事件が勃発していた。

文化4（1807）年4月、ロシア帝国の大型軍船2隻が択捉島の紗那《シャナ》にあった幕府の会所を突然襲撃したのだ。この事件をシャナ戦争、あるいはフヴォストフ事件と呼んでいる。

　以前からロシア側に不穏な動きがあり、前年の文化3（1806）年9月にはロシア軍による樺太《からふと》の陣屋焼き討ちがあった。そのために幕府は、あらかじめ津軽・南部両藩士たちによる200人の守備隊を配置。アイヌ人たちの協力も得て、堅固な防衛ラインを築いている――はずであった。当初、ロシア軍に対して日本の守備隊はその武力において絶対的な自信を持っていたという。根拠などまったくない。本土から遠く離れた樺太での事件は、せいぜい、油断していたところを山賊に襲われた、という程度の認識だった。

　その平和ボケ武士道のぶざまな姿が世に晒されることとなるのが、シャナ戦争だった。

　後にロシア側の捕虜になった南部藩砲術師大村《おおむら》治五平《じごへい》の記録『私残記《しざんき》』によると、ロシア兵たちは艦砲射撃の後に3隻の小船で上陸。そのうちの1隻に移動式の大砲を積んでいたという。

　混乱する守備隊は、斬り込むことさえ忘れて上陸されるまでそのようすを見ていた。まるで最初の蒙古襲来（文永の役）の圧縮版のような戦いであったに違いないが、北海の地では神風を期待することはできない。

　やがてロシア兵は大砲と鉄砲で攻撃を開始する。その近代兵器の前に、守備隊はほとんど戦うことなく逃げ散ってしまった。日本側にも大砲や鉄砲はあったが、あまりにも旧式で、撃ち方を知らぬ者がいたり、砲弾や鉄砲玉のサイズが違ったりする訓練不足の結果、ほとんど発射さえできなかった。それどころか、兜の緒の締め方さえ知らぬ者もいたという。まったく戦いに備えていなかったのは明らかだった。いっぽう、温室育ちの武士たちとは裏腹に、弓でロシアの鉄砲に立ち向かった勇敢なアイヌ人たちの姿が当時の戦況を記した絵に残されている。

やがてロシア兵たちは陣屋や会所に火を放ち、凱旋の帰途に着いた。敗走の責任を取って、隊長の高田又太夫《たかだまただゆう》はその場で切腹。この報告を受けた幕府は衝撃を受け、近代兵器の確保を積極的に模索しはじめることとなる。有力藩から申請された、新しい技術を用いる大型艦の築造許可も次つぎにおろしていった。また同時に、諸外国に対する姿勢も硬化。過激な攘夷論もこのころから盛んに口にされるようになっていった。

ロシアによる択捉島攻撃の真意は、日本との通商関係の樹立にあった。以前から繰り返されていた平和的な通商の申し入れをことごとく拒否してきた日本に対して、武力による威嚇に出たのである。通商条約の締結を強く望んでいたのは、文化元（1804）年にロシア遣日使節として長崎にやって来たニコライ・レザノフ。襲撃艦隊の責任者は、その部下のフヴォストフだった。ちなみにレザノフはシャナ戦争の起きたこの年に、長年の労苦による病のため死去している。

ただし意外なことに、ロシア政府は日本への武力による威嚇交渉を望んではいなかったという。以前から多くの日本人漂流者を助け、日本語学校さえあったロシアは、ヨーロッパ列強諸国に比べて日本に対しては好意的だった。また、戦闘指揮官フヴォストフはこのときの勝手な軍事行動を咎められ、ロシアにおいて処罰を受けることになった。

しかしそれでも、両国に不快なシコリは残った。

シャナの報復 ゴロヴニン事件

そして4年後の文化8（1811）年、国後島《クナシリ》の測量に訪れたロシア軍艦「ディアナ号」を松前藩の警備艦が拿捕。艦長のロシア海軍少佐ヴァシリー・ミハイロヴィチ・ゴロヴニンたちを捕虜にした。シャナ戦争の報復的行為であったことはいうまでもない。

やがて「ディアナ号」は解放され、副艦長の手でロシアに帰還。日露間でただちに交渉が始まった。翌年の最初の会合の際、日本側はロシアに対して、ゴロヴニンはすでに処刑してしまったと告げた。しかし実際には殺しておらず、文化10（1813）年、ロシアが前年捕虜にした高田屋嘉兵衛《たかだやかへえ》らとの交換で、ゴロヴニンを帰国させた。高田屋嘉兵衛は択捉島の開発に尽力した廻船商人で、この交渉には、ロシア語を解する嘉兵衛自身が仲介役になった。

以後しばらく、日本とロシアは軍事的側面において当たらずさわらずの関係を維持する。ロシアの侵略を案じる声は幕府のなかに根強く残ったが、ロシア側の「深刻な事情」と比較すれば、極東の小競り合いなど、どうでもよかったはずである。

1811年にはヨーロッパ大陸を蹂躙するナポレオン・ボナパルト指揮のフランス軍の脅威が、国境を踏み越えてモスクワまで迫っていた。しかしナポレオンは1812年にモスクワを炎上させつつも、ロシア

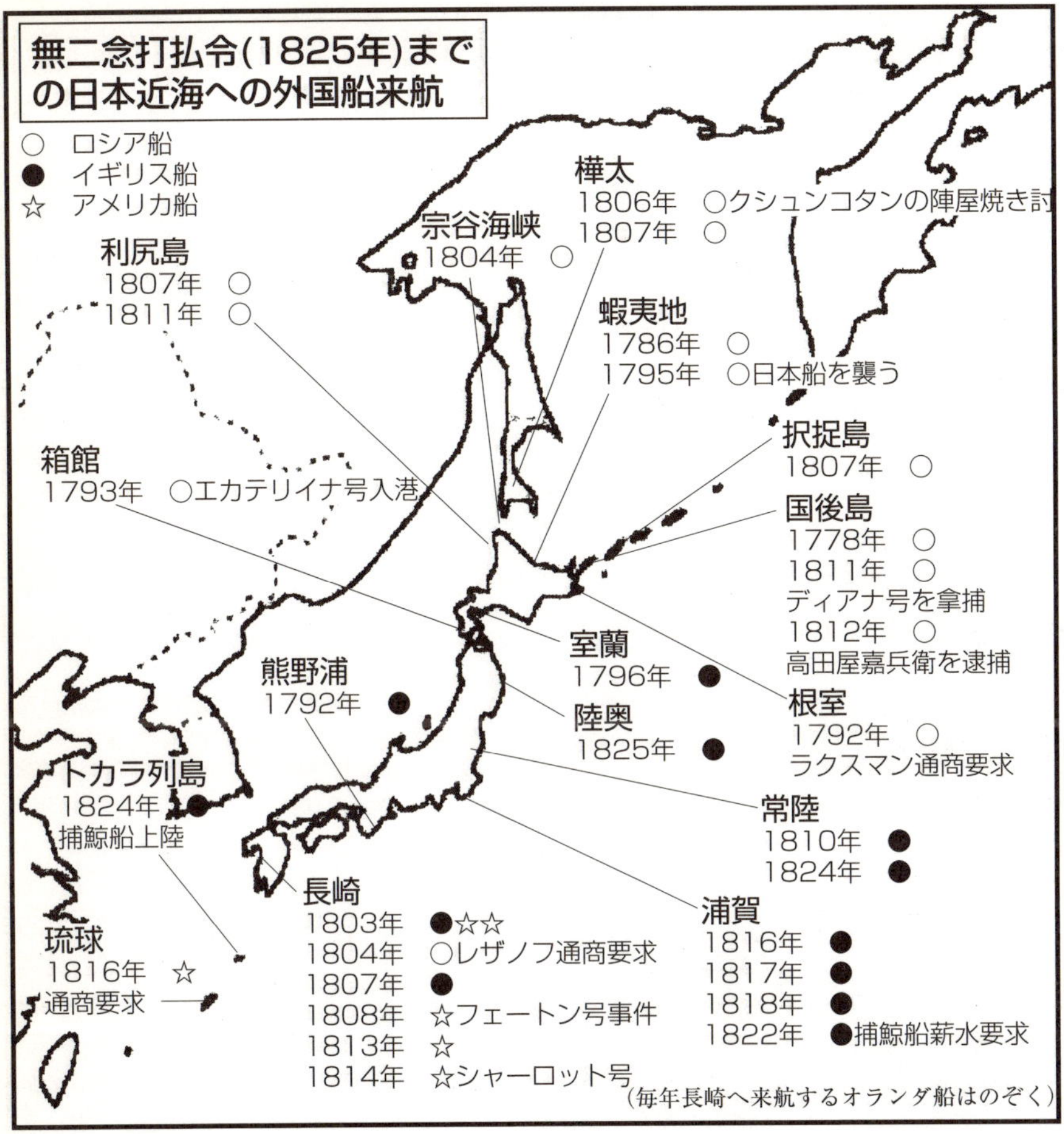

軍のしぶとい戦術と冬将軍の猛烈な寒波に責めさいなまれて敗走。フランス軍は壊滅的ダメージを受けて、ナポレオンは皇帝の地位を失った。

　そして戦勝国のロシアは、自国の復興事業に全力を挙げねばならなくなった。

　ヨーロッパでは、新たな歴史の流れが動き始めていた。

　文化7（1810）年、ロシアやイギリスなどの外国船との武力衝突の可能性を恐れた幕府は、江戸湾の入り口に大砲の台場を数ヵ所構築し、会津・白河両藩に警備を命じた。そして「フェートン号」事件やシャナ戦争、ゴロヴニン事件などは、文政8（1825）年に発令される異国船打払令の草案作成のきっかけとなった。ちなみに異国船打払令は、日本沿岸に接近するすべての艦船を追放・撃滅すると宣言した、恐ろしく過激な政令だ。「無二念《むにねん》打払令」ともいう。いろいろ考えず、ともかく撃て、という意味だ。上陸した外国人などは、原則的に死刑とする、とされていた。

　これが、後の幕府には大きな重荷になってのしかかっていくことになるのである。

大塩平八郎の乱と「大塩門下」の乱

直参の下級武士が農民を指導し「天下の台所」で決起。大義名分を掲げた陽明学者のテロに封建制は揺らぐ

大阪は燃えているか

異端の陽明学者、大塩平八郎《おおしおへいはちろう》はずっと激怒していた。

大勢の餓死者が出るなか、荒稼ぎで贅沢三昧にふける悪徳豪商たちや、武士の誇りを忘れて彼らと癒着し、私利私欲に走る腐敗役人どもに対して、激しい義憤に駆られていたのだ。折悪しく、天下は天保の大飢饉（天保4～10〈１８３３～39〉年）の最中。市中でも餓死者が続出していた。

特に天保8（１８３７）年には、米価は前年までの2倍以上に跳ね上がった。当初この飢饉は数年来の冷夏続きによる凶作に端を発した天災だったが、その食糧不足につけこんだ豪商たちが全国で米を買い漁り法外な利ザヤで米相場を引き上げ続けたことによって、被害が拡大した。すなわち、人災へと変わっていった。大塩の解釈では、強欲な商人たちと外道《げどう》役人たちによって多くの貧しい人たちが殺された、というものだった。

天保8（１８３７）年2月19日朝、大塩平八郎はついに蜂起する。甲冑姿で天満《てんま》町の自邸を出た大塩の後からは、弟子や支援者が続き、焙烙玉《ほうろくだま》や棒火矢《ぼうびや》を携えて大砲をぶっ放しながら大坂三郷《さんごう》（北組・南組・天満組の3つの行政区画）の市中を進軍した。難波橋を南に渡ると、船場《せんば》、鴻池・三井などの豪商の家屋から与力衆武家屋敷や奉行所にいたるまで存分に破壊して、町を轟々と燃え盛る火の海にしていった。「救民」と書いた旗を立てた大塩の武装デモ行進には近在の農民たちが呼応して付き従うようになり、その数は３００を超えた。

行軍、約8時間。幕府軍の鎮圧部隊に制圧されるまで大塩たちのテロ行為は続き、その後も、大塩の烈火の怒りを受け継いだような炎は三郷の5分の1を焼き尽くした。

大塩に続いた「門下」「門弟」たち

文政13（１８３０）年まで、大塩平八郎は大坂東町奉行所の与力だった。清廉潔白な熱血漢として知られ、不正を働いたものは同僚さえ容赦なく取り締まった。38歳で、家督を養子の格之助《かくのすけ》に譲って隠居。懇意にしていた高齢の前奉行高井《たかい》山城守《やましろのかみ》実徳《さねのり》の引退に付き合ってのこととされているが、周囲の敵味方関係は明確だったことは想像にかたくない。

与力職の隠居から3年後、大塩は洗心洞塾《せんしんどうじゅく》を開いて同心たちの子弟や農民たちの教育に尽力する。厳しい教育方針で臨み、多くの弟子に慕われた。民と武士が一丸となる政治の理想を主張、同時に賄賂で出世した腐敗官僚の不正無尽（闇金融）行為を幕府に実名告白していた。天保7（１８３６）年の飢饉の際には、貧困で倒れていく人びとを救済するよう東町奉行の跡部良弼《あとべよしすけ》（老中水野《みずの》忠邦《ただくに》の弟）に進言するが、跡部はこれを拒否。それどころか跡部は徳川家慶《とくがわいえよし》の12代将軍就任祝いに大量の米を江戸に廻送した。当然豪農たちも、大塩による救民嘆願を無視し

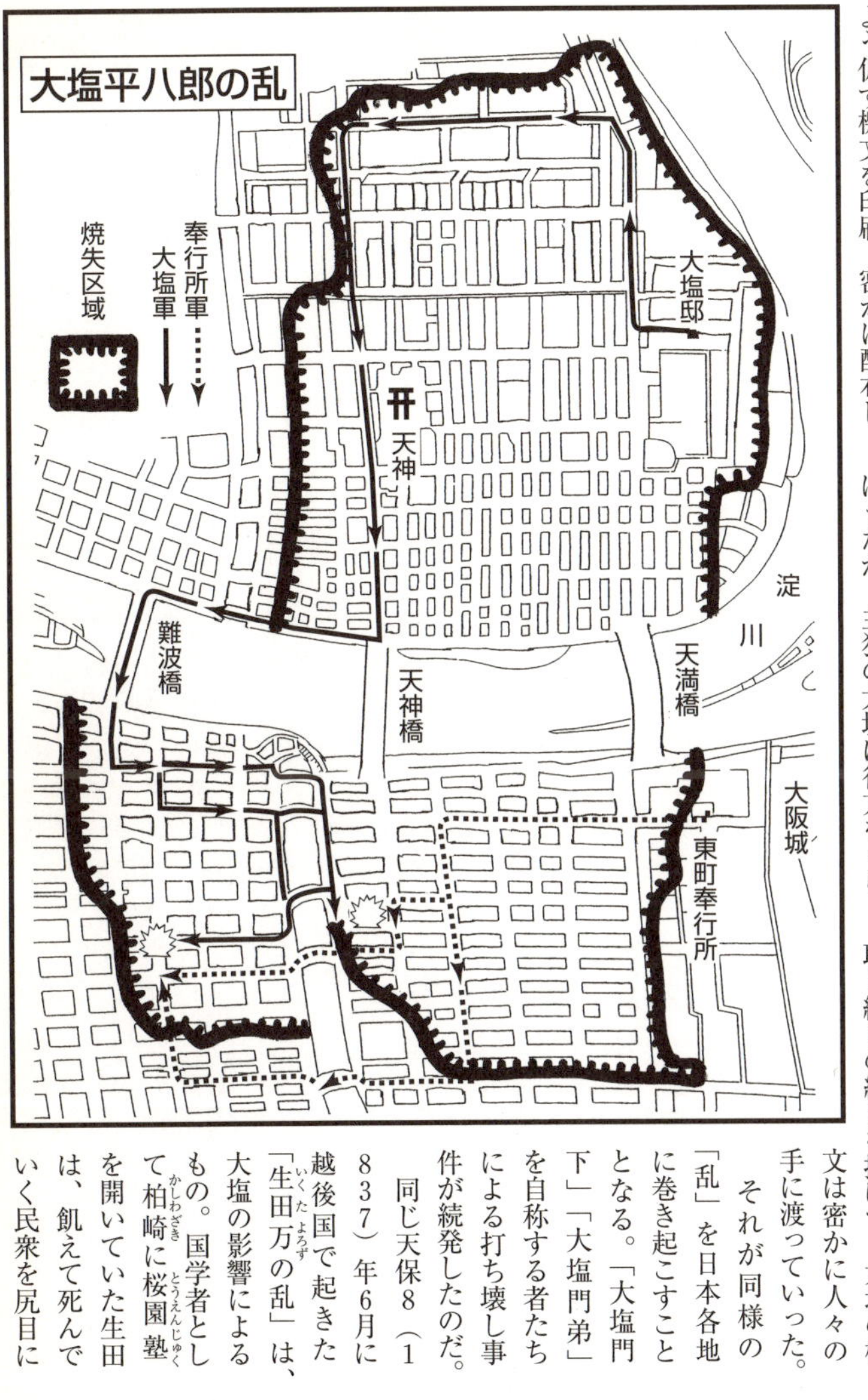

た。

天保8（1837）年の正月、大塩は手持ちの書籍を処分して作った約668両の金を窮民たちに用立てた。そしてその金の一部を使い、悪逆な者どもに対し自分が「天討の執行」に立ち上がった際には呼応するよう促す檄文を印刷、密かに配布した。

「大塩平八郎の乱」は、この年に勃発する。制圧された大塩軍は自決した者もあれば、捕縛されて極刑に処せられた者もいた（磔・獄門40名）。「説諭」まで含めると、科刑者はデモ参加者の倍以上の749名にものぼったが、主犯の大塩は行方をくらましたままだった。発見は、そのひと月後。支援者である靭《うつぼ》（現西区）の美吉屋五郎兵衛《みよしやごろべえ》宅に潜んでいたところを密告され、捕縛直前に火を放って自殺した。しかし焼けただれたその屍が大塩と断言できない惨状だったために生存説が囁かれ、厳しい取り締まりの網目を抜けて、大塩の檄文は密かに人々の手に渡っていった。

それが同様の「乱」を日本各地に巻き起こすこととなる。「大塩門下」「大塩門弟」を自称する者たちによる打ち壊し事件が続発したのだ。

同じ天保8（1837）年6月に越後国で起きた「生田万《いくたよろず》の乱」は、大塩の影響によるもの。国学者として柏崎《かしわざき》に桜園塾《とうえんじゅく》を開いていた生田は、飢えて死んでいく民衆を尻目に米価を操作して莫大な富を築く豪商たちと、彼らと結託した代官たちに鉄槌を加えるべく武装蜂起。弟子たちとともに桑名藩の代官所に襲撃をかけた（柏崎は桑名藩の〝飛び地〟であり、桑名から派遣された役人による支配が行なわれていた）。しかしその際に負傷して自刃。後に妻と2人の子もその後を追った。生田自身、高名な国学者平田篤胤《ひらたあつたね》の弟子でありながら、反乱時には「大塩門人」と自称していた。これは、大塩の思想への傾倒というよりは、師である平田に害が及ぶことを避けるためだったのかもしれない。

士分の教育者だった大塩平八郎の目的が、腐敗官僚政治の改革と徳を忘れて暴走する資本抑制にあったことは明白である。自らが信じる正義のために、苦渋の決断で命を賭した。不況にあえぐ現在の私たちとは異なり、選挙さえない時代ではテロ的行動に出るしか手段はなかったのかもしれない。それでも、多くの支援者や後続の者たちのみならずその他の人びとが命を落としていったことを思えば、テロリストと位置づけるべきなのだろう。

阿片戦争と「薪水給与令」

対外政策をめぐり蘭学者弾圧で臨んだ幕府だったが、阿片戦争の結果を見て異国船打払令を緩和させた

商船打ち払い事件が洋学大弾圧に発展

「大塩平八郎の乱」の余波でまだ騒然としていた天保8（1837）年の6月の朝、幕府にとって新しい頭痛の種が海の向こうからやって来た。

アメリカ合衆国船籍の商船「モリソン号」である。

船を指揮するのは、C・W・キング。「モリソン号」にはマカオで保護された日本人漂流者7人が乗船しており、キングの意図は漂流民の送還を方便に日本と接触し、話し合いによって新しい交易ルートを築こうとするものだった。

「モリソン号」は何の前触れもなく浦賀《うらが》沖に現われ、そのまま江戸湾に接近してきた。対する幕府側は三浦半島城ヶ島の遠見番所《とおみばんしょ》ですでに異国船の接近を察知し、すぐに警戒態勢を整えた。異国船打払令（無二念打払令）にしたがって、浦賀奉行は午前10時ごろに「モリソン号」に向けて砲撃を開始する。「モリソン号」はいったんは久里浜《くりはま》沖まで後退するが、浦賀奉行は砲を移動させてさらに砲撃した。

この時点でキングは、江戸での交渉は不可能と判断して退去。次いで鹿児島に接近するが、同様の砲撃で迎えられ、ついにあきらめてマカオに帰還した。気の毒な漂流者たちは帰国の機会を逃がし、その後は生涯をマカオで過ごしたという。

この事件は、当時はまだ新興国だったアメリカらしい能天気な気質を感じさせるできごとである。漂流民方便作戦ともいえる日本との交渉のきっかけ作りは、以前からイギリスやロシアによって手垢がつくほど繰り返されており、もともと通用するはずのないものだった。またオランダ商館を通じて日本は異国船打払令をすでに世界に宣言しており、自国が動乱期のイギリスやロシアも、無理に日本の門戸を開く必要はないという判断から事を荒立てることはしなかった。すなわち、むちゃくちゃに一方的な異国船打払令を、世界は黙認していたのだ。

失意のキングがマカオでうなだれているころ、日本では「モリソン号」の蒔いた頭痛の種が芽を吹いていた。

問答無用に軍艦でもない「モリソン号」を打ち払ったことに対する賛否両論からの検証である。長崎に入港したオランダ船から、「モリソン号」には帰国を望む日本人漂流民が乗っていたことが伝えられ、議論に拍車をかけた。特に西洋文化を流行り病のように嫌う幕府強硬保守派の一部は、異国に接触した漂流民さえ処断すべきと主張したため、西洋学問を重んじる学者たちが反発した。

三河田原《たはら》藩士でありながら画家としても大成していた蘭学の雄渡辺崋山《わたなべかざん》は『慎機論《しんきろん》』を、江戸の高名な蘭学医高野長英《たかのちょうえい》は『戊《ぼ》戌夢物語《じゅつゆめものがたり》』を記して慎重論を訴えた。日本人漂流民の扱いについては、今後はオランダ船による帰国を促すということで落ち着いたが、この洋学者たちの反発に対して強硬保守派はさらに激昂し、西洋学者（蘭学者）たちに対して大弾圧を開始した。

これが天保10（１８３９）年に起きた、〝蛮社《ばんしゃ》の獄〟事件である。〝蛮社〟とは蘭学を学んでいる学者たちのことで、「南蛮学問」への蔑視、敵視からくる言葉である。

渡辺崋山や高野長英ら蘭学者たちは、国禁の海外渡航と密貿易を企てたとの濡れ衣を着せられ捕縛・入牢された。それが冤罪だったことが証明されると、拘禁の罪名は政治私議（陰での行政批判）に置き換えられた。渡辺らは死罪こそ免れるものの、それぞれが幽閉・蟄居などの重い罰を受けることになる。渡辺は蟄居先の故郷田原で切腹。高野は果敢にも脱獄し、顔を焼くなどの壮絶な逃亡生活の果てに、嘉永3（１８５０）年、江戸青山で捕縛されるさいに死んだ。殺されたとも、自殺したともいわれる。

このヒステリックな言論弾圧の背後には、時代の流れから取り残されつつある国学者一派の焦りがあった。弾圧の中心人物だった目付鳥居耀蔵《とりいようぞう》は、幕府儒官の林家《りんけ》の出であり、大学頭《だいがくのかみ》林述斎《はやしじゅっさい》（衡《たいら》）の実子だった。

西欧列強の外圧が日本を包み込みつつあることを強く意識していたのは、蘭学者だけではない。むしろ国学者たちのほうが西洋学問や技術の実像を理解できないからこそ、余計に脅威を感じていたはずである。鎖国という安住の地にすがりつく彼らの、最後の抵抗となって現われたのがこの事件であった。

「モリソン号」事件と蛮社の獄により、幕府による諸外国がらみの問題への対応方法が、けっして腰の定まっていないものであることを世間に知らしめてしまった。幕府の動揺は、世間の不安をいっそう扇ぐこととなった。

阿片戦争――蚕食される隣国 大清帝国

日本で蘭学者が不当な弾圧を受けた翌年、中国大陸沿岸ではとんでもない事件が勃発した。１８４０年、いわゆる阿片《アヘン》戦争の開戦である。

発端の中心にいたのは、イギリス東インド会社だった。資本主義の暗黒面を具現化したようなこの会社は、インドで栽培したケシから精製した阿片を中国に大量に輸出していたが、阿片の蔓延による社会秩序の乱れを案じた清王朝は、18世紀末から禁輸措置をとっていた。つまり、イギリス東インド会社は、密貿易により巨利を得ていた。会社というよりは、悪徳政治家（イギリス）

の懐刀になったヤクザ組織のようなものだった。

密輸とはいえその金額は小国の国家予算を上回るほどで、銀の国外流出により清国は多大な被害を被っていた。かつては中国茶や香料などの輸入超過でイギリスは対清貿易赤字に苦しんだが、阿片によって立場が逆転した。

業を煮やした清は１９３９年から徹底した取り締まりを敢行。阿片の所有や売買に関係したものは死刑とし、阿片を発見しだい化学処理の後に焼却処分にするという断固たる処置をとった。そしてイギリス商館に隠されていた2万箱もの大量の大麻が摘発されると、開き直った会社側は武力に訴えて軍艦からの砲撃で恫喝した。

これに対し、清国はイギリスとの貿易断絶を通告。イギリス以外の欧米列強諸国は、一時的に清との貿易で大きな利益を生み出すことができた。

このことがイギリス本国に伝えられ、議会は開戦に対する賛否両論で激しく揺れた。これほど恥ずべき戦争はないと東インド会社を糾弾する反対論者に対し、賛成側は中国茶などの輸入超過による貿易赤字を理由に開戦を主張した。貴族資本家たちからの強い圧力があったであろうことは論ずるまでもない。労働者や市民の参政権などの問題をめぐって議会が紛糾していた時期なだけに、双方に複雑な駆け引きがあったようである。

やがて投票の末に僅差で開戦が決定し、イギリスは居留イギリス人の人命と財産の保護を理由に、清国への宣戦を正式に布告。本国の正規軍を派遣した。

開戦までの悶着はともかく、戦争が始まれば理性の声は消える。イギリスは圧倒的な近代兵器を駆使して、清国を撃破した。終戦は2年後の１８４２年。南京《ナンキン》条約が締結され、イギリスに対して莫大な賠償金が支払われた。

清国は香港《ホンコン》をイギリスに割譲し、上海《シャンハイ》などの5つの港を自由貿易の拠点として開港することなど不平等条約の締結を認めさせられた。

これらの港にイギリス以外の欧米列強勢力も富を求めて群がり集い、アジア全域を貪り喰らいだすこととなっていく。そしていつの間にか、治外法権の外国人自治地区が清国内に無数に築かれていった。

国際競争は弱肉強食。転んだ人間の腹を蹴るような冷酷な原理にしたがって、この14年後の１８５６年に、英仏連合軍による第2次阿片戦争が展開されるのである。

異国船打払令を放棄
弱腰外交下の国防論議

阿片戦争とその後のありさまについて、幕府はさすがに対岸の火事とは考えなかった。

清国は日本にとって古くから交流のある親しい国であり、その悲劇は他人事ではすまない。

何らかの難癖をつけられて異国艦隊が近代兵器で攻めてくれれば、日本も清国同様の結果になりかねないと怯えた。実際にこの時すでに、日本が「モリソン号」に対して行なった仕打ちを巡って、欧米諸国から強い憤りが上がっているという知らせが、オランダ商館を通してもたらされていた。

火の粉がすでに足元に及んでいるなら、飛び火しそうなものを手放す必要がある。

阿片戦争

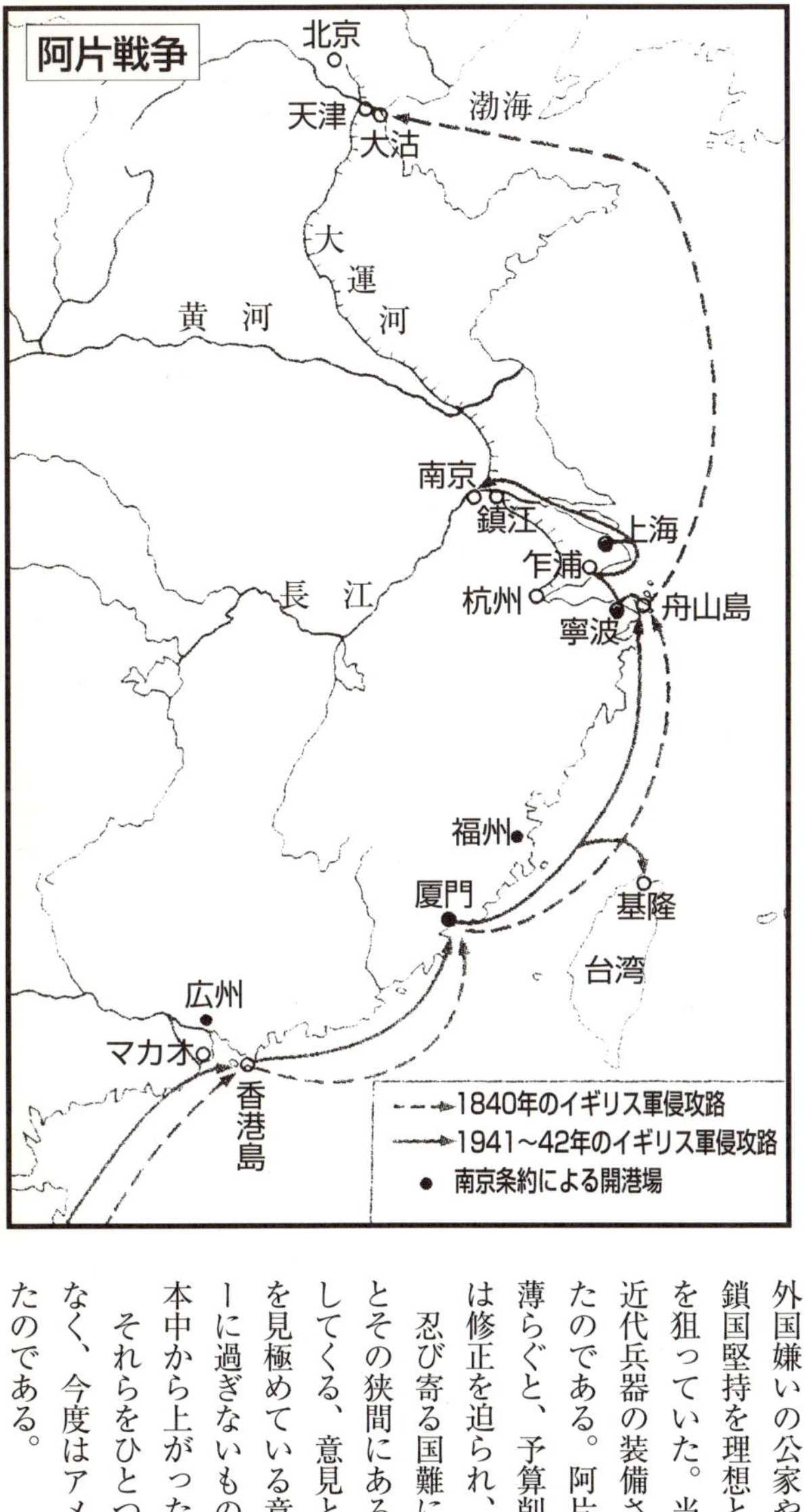

天保13（1842）年、幕府は火種になりそうな異国船打払令を放棄し、代わりに薪《しん》水給与令《すいきゅうよれい》を発布した。これは打払令とは異なり、外国船の求めに応じて薪や食料を提供してもいいとする政令だったが、不埒な行為に対しては武力を持って制圧する旨も記されていた。

政令のタイトルこそ大きく変わったものの、その内容は鎖国体制の下で但し書きにより緩和項目を付け足したようなものだった。今の幕府の武力で追い返せないかもしれないので、異国船が必要とするものを提供して帰ってもらおう、という弱腰外交の方便である。

そのいっぽうで幕府は防衛ラインを強化、近代兵器を購入して陸軍および海防兵力の近代化を積極的に推進していった。

単に兵器の近代化だけではなく、軍の編成そのものも近代化すること。鎖国主義のなかで、幕府は精一杯の改革に着手していった。

ただし、幕府が一丸となって外国勢力の圧力に備えていたわけではない。幕閣の中枢には強硬な保守派が根強く巣食っており、外国嫌いの公家や朝廷と通じて攘夷による鎖国堅持を理想として異国船打払令の復刻を狙っていた。当然のことながら、彼らは近代兵器の装備さえ快く思ってはいなかったのである。阿片戦争による西欧脅威論が薄らぐと、予算削減のために海防強化政策は修正を迫られ、武装規模は縮小された。

忍び寄る国難に対して、急進派と保守派とその狭間にあるさまざまな派閥から噴出してくる、意見と政策の模索。正確に状況を見極めている意見から、単なるヒステリーに過ぎないものまで、百花繚乱の声が日本中から上がった。

それらをひとつひとつ検証している暇もなく、今度はアメリカから黒船がやってきたのである。

泰平の眠りを覚ました合衆国艦隊

江戸に向けられた大軍艦の脅威を前についに開国。次には通商条約の締結を求める動きが始まった

太平洋航路と極東市場開放 ついに来てしまった「その日」

イギリスの圧勝で終結した阿片《アヘン》戦争は、清国からアジア全域へと大きな惨禍を広げていった。実質的な植民地支配という黄金鉱脈に群がる、イギリスを筆頭とした欧米列強諸国。

だから極東の片すみにあって国を閉ざしている面倒な日本には、列強の関心も薄かった。

それでも日本に対して弘化元（1844）年7月、西洋で唯一の交易国だったオランダが、国王の名で「将来の国乱を避けるためには開国すべき」という内容の親書を送ってきた。オランダは、日本市場を独占し続けることがやがて困難になることを了知していた。それならばいっそ早めに日本を開国させて、これまでの交易実績を生かして他国の準備が整わぬうちに市場シェアを確保するほうが得策と判断したようである。

このオランダの親切（?）な申し出を、日本は拒否した。幕閣にはオランダが指摘していることが正しいと気づいていた者も多くいたが、外国嫌いの朝廷側や鎖国体制を堅持したいと願う保守派の強固な拒否反応には抗しえなかった。頭ではわかっていても体を動かそうとしない頑固爺のように、確実に訪れる新しい時代の流れには戸惑うばかりだった。

時が流れるにつれて、日本近海に徐々に増えていく外国船の影。捕鯨や海運の拡大活性化にともなって海難事故も続発し、相互に助け合うことがいっそう強く求められていった。

やがて弘化3（1846）年閏5月、アメリカ合衆国東インド艦隊司令官ジェームズ・ビッドル提督が浦賀《うらが》沖に2隻の軍艦で来航した。その目的は、日本側の通商関係樹立の意思を確かめることにあった。

アメリカにとって、日本は極東の国である。ニューヨークないしはサンフランシスコ港から出航した船は、大西洋からインド洋を渡ってアジアに来ていた。つまり、ヨーロッパよりもずっと遠いところからやってくることになる。アフリカからインドにかけて植民地を持たない新参のアメリカにとって、極東のどこかに補給ポイントを確保することが絶対に必要だったのだ。もし日本との交易が可能になったら、将来的には汽船の進化による太平洋横断航路の確立が可能になる。それも視野に入れての作戦行動だった。

ビッドル提督の打診に対して、日本は薪《しん》水給与令《すいきゅうよれい》を根拠に返答した。船員の保護や補給などは認めるが、通商は国禁により不可能である、と。軍人であるビッドルは目的を果たして帰国したが、資本家たちが強い発言権を持つ議会では、日本の回答に対して大きな反発が起きた。力ずくでも、日本の市場を開放するべきとの強硬論が噴出した。「モリソン号」事件のことも彼らの記憶にはまだ新しい。そして極東アジア進出を狙う貿易商たちの長年に及ぶ議会工作の果てに、大統領から日本への正式な国書が発せられた。内容は、日本に対して、友好、通商、石炭や食料などの補給、漂流民の保護を求めるものだった。

ペリー来航までの外国船来航状況

ロシア	●	1830年代
イギリス	●	
アメリカ	●●	
不明	●●●●●	
ロシア	●	1840〜44年
フランス	●	
不明	●●●	
ロシア	●	1845年
アメリカ	●	
イギリス	●	
ロシア	●	1846年
イギリス	●●	
アメリカ	●●●	
フランス	●●●	
ドイツ	●	
不明	●●	
不明	●●●●	1847年
アメリカ	●●●	1848年
フランス	●	（他に不明船数回）
イギリス	●●●●●	1849年
アメリカ	●●●●	（他に不明船数回）
イギリス	●●	1850年
アメリカ	●	（他に不明船数回）
イギリス	●	1851年
アメリカ	●	
ルーマニア	●	（他に不明船数回）
ロシア	●	1852年
イギリス	●	
アメリカ	●	（他に不明船数回）
ロシア	●●●●	1853年
イギリス	●●●	
アメリカ	●●●●	
不明	●●●	

えとは「癸丑」…みずとのうし、「きちゅう」から幕末が始まる

嘉永6（1853）年6月3日の早朝、アメリカ東インド艦隊司令官で遣日特使のマシュー・カルブレイス・ペリー提督が、日本の海防火力をはるかに超える4隻の大型軍艦を率いて突然江戸湾の入り口である浦賀に現われた。大西洋からケープタウン、シンガポール、香港経由の航海だった。目的は大統領の国書を日本皇帝に渡すこと。いわゆる、〝黒船の来航〟である（もっとも、たいていの軍艦は黒い船だったので、ずっと以前から「黒船」は来航していたのだが……）。そのうちの2隻は大型新造蒸気フリゲート艦「サスケハナ号」と「ミシシッピ号」で、イギリスをも凌駕するアメリカ造船技術の集大成ともいえる軍艦だった。特にペリー提督の乗る旗艦「サスケハナ号」（排水量2450トン）は世界最大最強の軍艦で、後に日本が所有することになる最初の蒸気戦艦「咸臨丸《かんりんまる》」の300トンと比べると、その巨大な容姿を想像することができる。普段見ている千石船《せんごくぶね》の10倍にも匹敵する黒船を、「まるで島が動いているようだ」と感じた庶民の感覚は何となくわかる。

幕府は速やかに退去して長崎に向かうように要請するが、ペリー提督は事前にオランダ商館を介して連絡済みであるとして、これを拒否した。幕府高官との会見を要求し、3日後には江戸湾の奥深くまで船を進めた。事前連絡の件は真実であったが、幕閣の中枢ではこれを重大視せず、海防の現場には伝えられていなかったという。

打つ手のない幕府は、ペリーの主張を了

承した。6月9日。殺気立つ武士たちの警備の前を、完全武装の兵員300を従えて、ペリー提督は久里浜《くりはま》に上陸した。応接所で彼らを出迎えたのは、全権を任された浦賀奉行、戸田伊豆守氏栄《とだいずのかみうじよし》と井戸石見守弘道《いどいわみのかみひろみち》のふたり。

彼らはアメリカ合衆国大統領の国書を受け取った。通商を求める国書に対する回答を手にするため来春再来日することを約束して、ペリー艦隊はその3日後にあっさりと日本を離れた。

その直後から、日本中は大騒ぎになった。幕府はなりふり構わずあらゆる方面の有識者から意見を求めた。開国やむなし、とする蘭学者たちがいた。異国船打払令に固執する国学者たちもいた。夷狄《いてき》退散の祈禱が各地で行なわれ、屈辱的な砲艦外交に憤慨した保守的な有力大名たちは攘夷論を掲げて幕府に徹底抗戦を迫った。幕府は特認扱いだった大型船舶の建造禁令を部分解除し、さらに軍艦を含む大量の兵器をオランダから買い付けた。

庶民をも巻き込んだ喧々囂々《けんけんごうごう》の騒動のなかで、嘉永6（1853）年は暮れていったのである。

開かれた扉から兵器と情報が入り込む

そして半年後の嘉永7（1854）年新春、ペリー提督は約束どおりにやってきた。最新鋭蒸気フリゲート艦「ポーハタン号」（2415トン）を旗艦に、「サスケハナ号」、「ミシシッピ号」の大型蒸気軍艦3隻と4隻の帆走軍艦の、7隻による大艦隊での来日となった。目的は無論、アメリカ大統領国書への回答を得ることである。

混乱に陥りながらもある程度の準備を整えていた幕府は、神奈川宿そばの横浜村に交渉の席を設けた。500名の完全武装兵とともにペリー提督は2度目の日本上陸を果たした。

日本側の全権代表は、林復斎《はやしふくさい》（煒《あきら》）を筆頭に浦賀奉行ら4名。林復斎は林述斎《はやしじゅっさい》の子であり、蛮社の獄で蘭学者たちを震え上がらせた鳥居耀蔵《とりいようぞう》の弟だ。2月10日から始まった交渉の果てに3月3日、双方の合意によって日米和親条約が締結された。主な内容は下田・箱館の開港とその地での薪や石炭、食料などの補給を認めることなど、大統領国書にあるものをおおむね受け入れるものであったが、通商だけは日本側がかたくなに拒否し、アメリカ側はあきらめざるをえなかった。

生粋の軍人であるペリー提督としてはそれでもよかったのだろう。資本家たちの走狗に成り下がっていたイギリス軍部とは、その気骨において一線を画していた。国家間の駆け引きに慣れた重武装のアメリカ軍人と、保守派国学者を最高参謀にせざるをえない弱腰で人材不足の幕府とでは、交渉の技量において雲泥の差があった。有能な蘭学者たちを次つぎに左遷してしまっていたことのツケが、ここで回ってきたのだ。

それまでのお情けのような薪水給与令などとは異なる、本格的な開国の始まりだった。

強圧的な態度とは裏腹に、ペリーには条約締結のためには武力に訴えるというつもりはなかった。ペリーは、来日前から日本についてじゅうぶんに研究していた。大統領令により防衛以外での武力行使は原則として禁じられていたこともあったが、日本という奇妙な国に対しては、強引な武力行使が最有効の手段ではないと判断したからである。

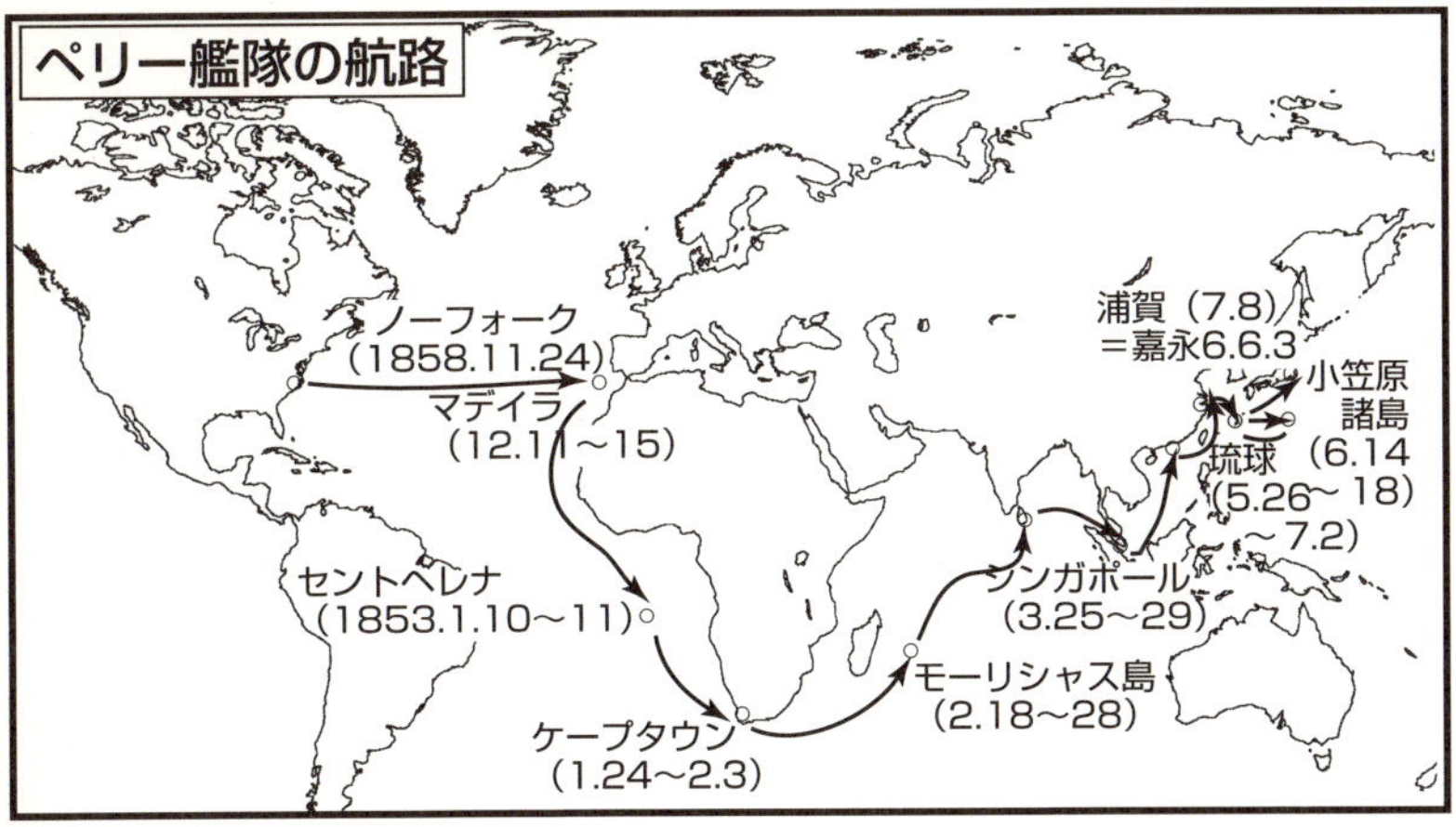

もともとペリーは平和主義者ではない。それどころか、国益のためには手段を選ばない筋金入りの軍人だった。もし日本との条約締結が失敗に終われば、小笠原諸島の父島と琉球王国を武力制圧するつもりでいた。そのための下準備に、初来日直前の嘉永6（1853）年5月、ペリー艦隊は琉球に立ち寄っている。ちなみに17世紀初頭から琉球王国は薩摩藩の付庸国《ふようこく》のような存在であり、ペリーには幕府との交渉の予行演習的なつもりもあったのかもしれない。だが、そのときの首里《しゅり》城での傲慢な恫喝的態度を、艦隊の宣教師が「恥ずべき行為」として日記に残している。

日本とアメリカとの条約締結は世界中に大きく報じられた。特にアメリカ本国では大統領国書受諾のように報じられたために、通商関係の樹立と誤解した者も多く現われた。先走って日本に向かったアメリカの商人たちは、商業取り引きを認められずに憤慨して帰国した。彼らの圧力によってアメリカ議会は、日本に対して通商条約の締結を求める動きを始める。次は軍人ではなく、商人を全権遣日大使として派遣しようとしていたのだ。

またアメリカ以外の国ぐにも、日本に対して和親条約を迫ってきた。嘉永7（1854）年8月にはイギリスと、同年12月にはロシアと、日本は次つぎに和親条約を締結していくことになる。そして安政2（1855）年12月には日蘭和親条約が結ばれた。最も長い付き合いの友好国オランダが、和親条約締結の最後の国になったのは何とも妙な話だが、単に手続き上のことに過ぎなかったようである。

和親条約乱発中の幕府は、オランダから最新鋭の武器を買いそろえていった。そのなかには蒸気戦艦2隻もラインナップされていた。

皮肉にもこの時はまだ通商条約を認めなかった幕府だが、外国勢力への脅威から、莫大な資産をつぎ込んで積極的に外国製品をかき集め続けた。これはもう実質的には通商である。そして西洋技術や知識・知恵に対しても、積極的に学ぼうとしていた。複数の和親条約の締結以上に、この大量買い付けや情報武装のほうが、日本開国の証になるのかもしれない。

亡国に起つ宗教国家「太平天国」

清王朝と太平天国との内乱に乗じ、英仏露3国は中国をさらに蚕食する。そのさまを見つめる日本使節

中国大陸に並立した清王朝と太平天国

阿片《アヘン》戦争の敗北は、清国にふたつの深い傷を残した。

ひとつは、莫大な賠償金。そのために大幅な増税策を採り、民衆の暮らしは深刻な事態に陥った。もうひとつは、歴史的地位の喪失。中華思想そのものが欧米文化の軍門に下ってしまった。民族の誇りは傷つき、その痛みは、時が過ぎるにしたがってさらに深くなっていった。貧富の格差の拡大。しかも、ごく少数の富裕層と膨大な数の貧困層。その富裕層さえも欧米商人たちの買弁《ばいべん》に成りさがる。貧しい者は故郷を捨て、盗賊にまで身を落とす者もいた。多くの人びとが国を捨ててアジア全域に華僑となって流れ出すのもこのころからである。

亡国の予感を誰もが感じ始めた1850年、広西《クァンシー》省の金田村でキリスト教を信奉する秘密結社〝上帝《じょうてい》会《かい》〟が清朝に対して武装蜂起した。やがて彼らは宗教国家「太平天国《たいへいてんごく》」を宣言。中心人物は、自らをエホバの子で、さらにキリストの弟だと宣言した洪秀全《こうしゅうぜん》だった。

洪秀全は太平天国の天王《てんおう》を自称。神の下に人は平等であるとし、偶像崇拝を拒絶して孔子廟や仏像などを次つぎに破壊していった。荒んだ人びとの心が西洋の神に安らぎを見出したというより、自分たちの生活を守ってくれなかった中華思想への憎悪が行動原理だったのだろう。庶民感情は彼らの革命に呼応し、信者と支援者の数は日ごとに増えていった。

多くの匪賊《ひぞく》も太平天国に帰依して戦いに加わった。最初は山賊集団程度に考えていた清朝側も、急激な勢力拡大に脅威を抱いて本格的に制圧に乗り出した。しかし負け犬根性の染みついた王朝軍は、士気の高い太平天国軍に次つぎに撃破されていく。1853年には、太平天国軍は南京《ナンキン》を占領し、その地を〝天京〟に改名した。奇しくも南京は、阿片戦争で清がイギリスと屈辱的な終戦協定（南京条約）を結んだ地であった。

五代友厚　天保6（1835）～明治18（1885）年＊

この時点において中国大陸の中心部に、清王朝と太平天国のふたつの国家が並立したことになる。そしてこの時点において、欧米列強諸国は2国間の戦いを静観していた。彼らにとってその戦いは中国内乱であり、貿易に支障が出なければどちらが勝ってもかまわなかった。それでもヨーロッパとアメリカは、基本的にキリスト教文化圏であることから、どちらかといえば太平天国側を支持していた。ただし、このころまでは。

15年に及ぶ内戦と第2次阿片戦争

1856年10月、香港《ホンコン》船籍（実は期限切れだったが……）の「アロー号」を海賊行為の疑いで清国が拿捕

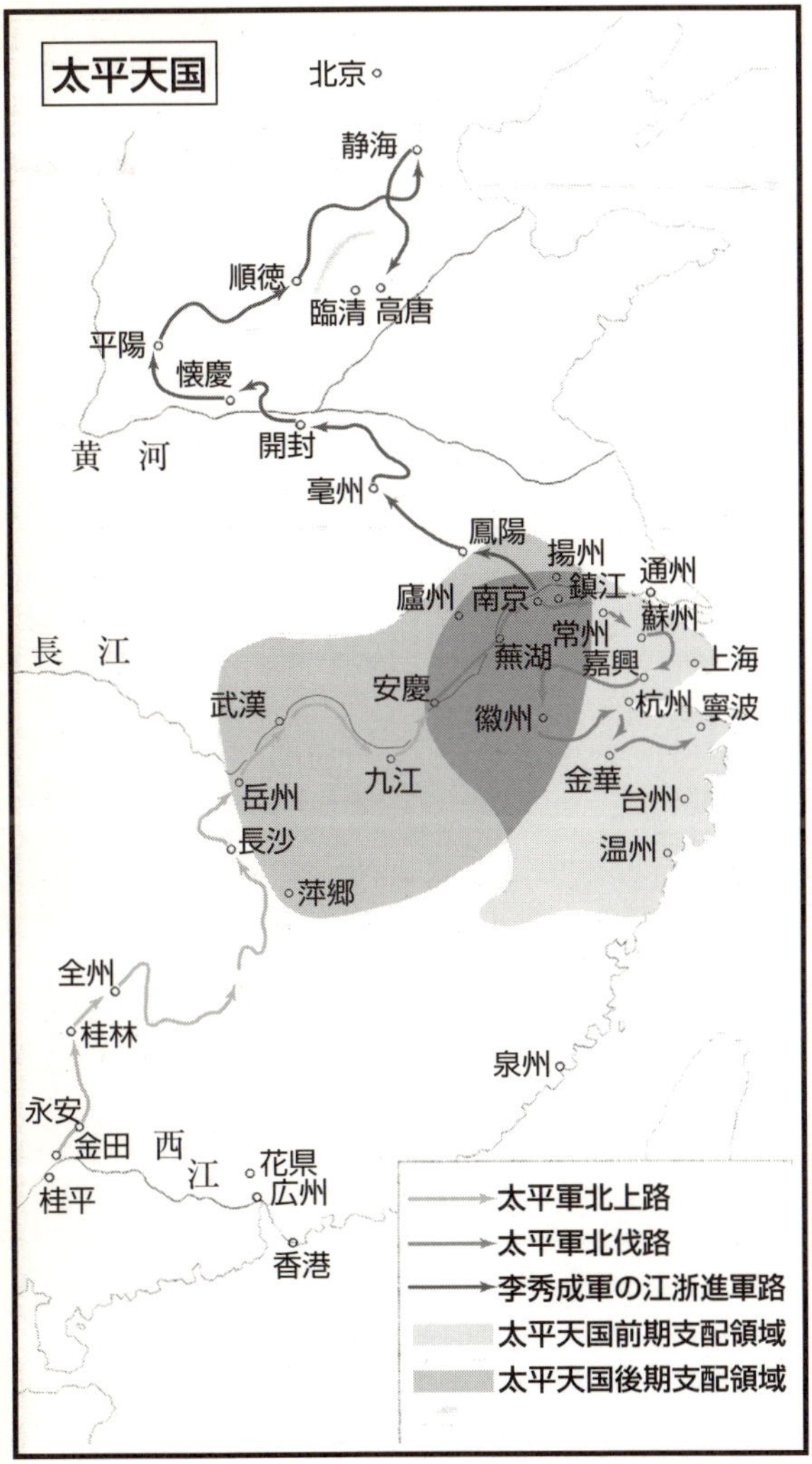

した。そのときイギリス国旗が引きずりおろされたと難癖をつけて、イギリスはまたも清に宣戦布告した。クリミア戦争で同盟関係だったフランスにも協力を要請。フランスはこれを受けて共同戦線を張った。「アロー号」事件に端を発する、第2次阿片戦争の始まりである。

いうまでもなくこれは、清国内の内乱に乗じて〝漁夫の利〟を得るための冷酷な政略であった。清はそれなりに善戦したが1960年には北《ペ》京《キン》が陥落。ロシアを議長国にして終戦調停がなされ、清は阿片の自由貿易や領土の割譲など圧倒的な不平等条約（北京条約）を結ばざるをえなくなった。このどさくさでロシアも、清国北部の漢民族とロシア人の不確定雑居地域を正式な国境内として確保。漁夫の利を得た英仏の上前をはねた。

クリミア戦争で損をした3国が、清という生肉を生贄《いけにえ》の聖餐《せいさん》として狙ったのだ。

いっぽう、敗北した清国は、敵だった英仏軍に「貿易のための国政安定」をエサに太平天国の討伐協力を要請する。清が北京条約を受け容れた裏には、内乱終結に外国勢力を利用しようとする腹づもりがあった。英仏軍はこれを受け、太平天国討伐に着手した。

情勢の変化による外圧と組織内部での軋轢から、太平天国側も徐々に劣勢に回り、占領地域も次つぎに清朝に奪還されていった。そして1864年3月には、天京が完全包囲され、6月に洪秀全が病死すると太平天国は降伏した。〝天京〟は〝南京〟に戻った。

15年に及んだ大陸の内戦は終結したが、民族と国家にとってはさらに深い傷を残した。

ところで、文久2（1862）年6月から2ヵ月間、日本の幕府派遣使節団が動乱の上海を訪れていた。使節団の中には佐賀藩の中牟田倉之助《なかむたくらのすけ》、薩摩藩の五代才助《ごだいさいすけ》（友厚《ともあつ》）、長州藩の高杉晋作《たかすぎしんさく》などがおり、後の討幕運動で大活躍していくことになる。

その動機は、上海視察において西洋文明支配の実像と清の衰退に触れたことによる。日本を清国の二の舞にすることだけは絶対に避けなければならない、と3人は固い決意をしていたのだ。

クリミアでインドで　世界での戦争

侵略される国ぐにで起こる反植民地民族運動。西欧列強は民族戦争からどう対日戦略を学んだか？

英仏の影響力を拡大させたクリミア戦争

クリミア戦争は、１８５４年から2年間、オスマン帝国とロシアによって戦われた。聖地をめぐるいさかいに端を発し、衰退しつつあったオスマン帝国にイギリスとフランスが助力してロシアに宣戦を布告。クリミア半島を中心に戦線は拡大した。

戦勝国のないまま終戦を迎えたが、後の国際政治に残した影響は大きい。かつて犬猿の仲だったイギリスとフランスは和解。第2次阿片《アヘン》戦争でも両国は同盟を結んで清国に宣戦布告している。無益だったクリミア戦争での戦費消耗を、アジアで補おうとした意図は存分に読み取れる。また、圧倒的な兵員数を誇るロシアに対してイギリス・フランス連合軍が互角以上に戦ったのは、近代兵器によるところが大きかった。産業革命による技術革新が戦場にも及んでいることを、どの国も再認識した。

ヨーロッパで、アジアで、英仏両国の影響力は強くなっていった。

ところで地球の裏側、日本近海では、クリミア戦争にまつわる小さな事件が起きていた。

１８５２年、ペリー提督の日本渡航を察知したロシア政府は、海軍中将エフィム・ワシリエヴィッチ・プチャーチン提督を全権遣日大使として派遣した。しかし老朽船での航海が災いし、日本到着はペリー初来日のひと月遅れの嘉永6（１８５３）年7月になった。しかも到着先は、日本への配慮から長崎だった。プチャーチン提督は散々待たされて12月から幕府首脳と交渉を始めるが、本国からの知らせが、クリミア戦争の勃発を予期させる。交渉を中断したプチャーチンはマニラに向かった。

そして嘉永7（１８５４）年3月、日米和親条約締結。クリミア戦争勃発はその3日前だった。

開戦直後に日米和親条約の締結を聞いたイギリスは少なからぬ衝撃を受けるが、太平天国《たいへいてんごく》軍の動向とクリミア戦争による影響から、計画していた日本への通商条約締結の強行を断念。代わりに長崎で日英和親条約を結んだのは同年8月だった。

プチャーチン提督が、排水量２０００トンを誇る大型軍艦「ディアナ号」で下田《しもだ》沖に姿を現わしたのは同年11月。ところがこのとき、巨大地震（安政東海地震）が発生する。津波により船底を大破した「ディアナ号」は、必死の対応もむなしく12月に駿河湾沖で沈没した。

ろくに救命具もない５００名の水兵とプチャーチン提督を救ったのは、近在の戸田《へだ》村の村人たちだった。海に飛び込んでロシア人を助けた日本人に深く感謝する言葉が、同乗していた司祭の日記に残されている。

それでもこの不運を乗り越えてプチャーチン提督は日露和親条約を締結。その際に国境を択捉《エトロフ》島と得撫《ウルップ》島の間と定めた。そして船を失ったプチャーチン提督は、戸田の造船所で洋式新造艦を日本人船大工を使って建造。「ディアナ号」と比べれば20分の1の１００トンの小型帆船で、「ヘダ号」と名づけた。日本初の和製洋式帆船である。

安政2（1955）年3月、プチャーチン提督は48人の部下を連れて「ヘダ号」で出帆した。残りの部下たちはアメリカとドイツの船で後に帰国した。また、この時の「ヘダ号」の設計資料は有効に使われ、「ヘダ号」と同型の船が幕府の手で7隻作られた。西伊豆の戸田が近代造船発祥の地として認知されているのは、このできごとによる。

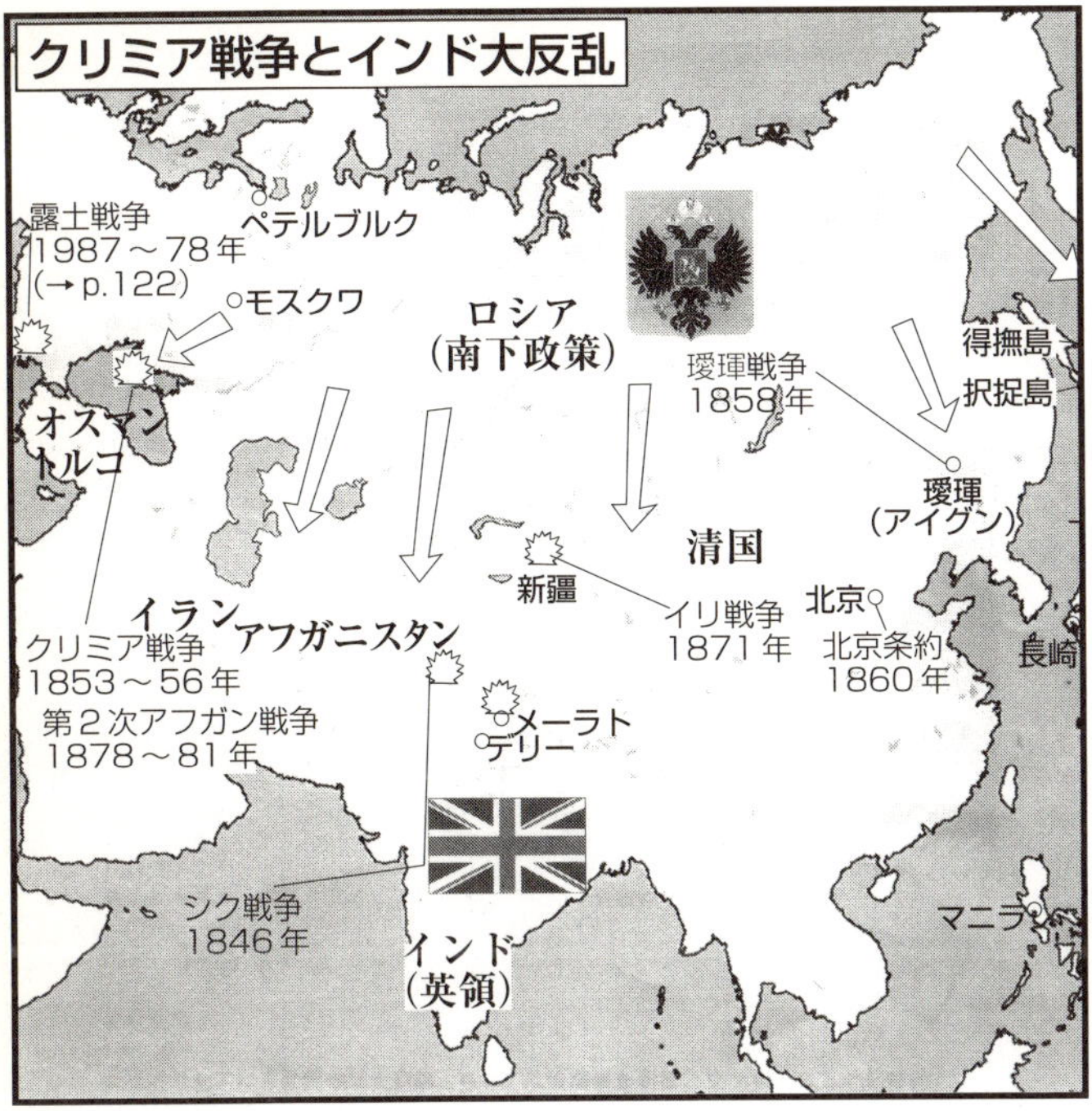

西欧列強がインド大反乱から学んだもの

イギリス東インド会社のインド人傭兵のことを「セポイ」といった。あるいは、「シパーヒー」。イギリスがインドを支配できたのも、数百年にもわたる彼らの活躍によるものだった。インドのイギリス軍兵員約20万の8割が、セポイだったという。

その彼らが反乱を起こした。きっかけは、新型エンフィールド銃の火薬包に、防湿のため豚や牛の油を塗ってあったこと。イスラム教では豚を、ヒンドゥー教では牛を口にすることはタブーだったが、銃の弾込めの際に火薬包を噛み破ることで、彼らはこの禁忌を破ることを強要された。爆発した怒りは連鎖反応のように瞬く間にインド全域に広がり、イスラム・ヒンドゥーの教義を越えて民族的団結をもたらした。イギリスへの憤懣は、ムガール帝国の血筋を受けた者たちを歴史の裏から呼び戻して、大きな内乱へと発展していく。

1857年5月、北インド最大の軍事基地メーラトで武装蜂起。闘いは、カーストの身分差をも越え反イギリス闘争へと発展していくかに見えた。

ところが士気の高かったセポイとは裏腹に、反乱軍に擁立されていたムガール皇帝は保身のため1858年9月に突然イギリスに投降。首脳部に宗派の内部対立も起き、統一性を欠いた反乱軍は各個撃破されていった。やがて大規模な反イギリス闘争は収束に向かったが、民族運動の炎は消えず、インド独立の1947年まで灯り続けることとなる。

「セポイの反乱」――かつてはこの名で呼ばれた反植民地民族運動は、「セポイ（シパーヒー）」だけに限らずインドの民族的反乱であるため近年は「インド大反乱」と呼ばれている――は、西欧列強に民族問題の根深さを知らしめた。中国大陸は太平天国事件の渦中でもあり、程度を超えた弾圧に対しては、強烈な民族的反動が来るものと理解された。19世紀では、戦争は金儲けの目的であり、手段だった。しかし民族反乱の鎮圧は儲けのない戦争であり、彼らは極力避けたいと考えた。

民族の騒乱になる戦争は避けるべき。この教訓を、日本という〝武士道〟の国との交渉にどう生かすか、西欧列強は真剣に悩み始めた。

通商条約強行調印と安政の大獄

開国を選択した大老。以前は問題にもならなかった「勅許」が持ち出され、弾圧で報いたがゆえに

侍が支配する国家と交渉を続けるには……

アメリカ人貿易商タウンゼント・ハリスが突然、先に調印された日米和親条約に基づく初代日本領事として日本の下田にやってきたのは、安政3（１８５６）年7月のことである。同行したのは、通訳の、アメリカに帰化したオランダ人、ヘンリー・ヒュースケン。慌てた幕府は下田の玉泉寺《ぎょくせんじ》を改築し、仮の総領事館として提供した。それから2年間、ハリスはストレスからの胃炎で血を吐きながら、頑固な日本幕府相手に必死の交渉を続けることとなった。

少しずつ、少しずつ、ハリスは商人ならではのしぶとさで、日本との交渉のパイプを太くしていった。安政4（１８５７）年には和親条約の改訂版ともいうべき日米和親条約付録協定（下田協定）を結んで、アメリカ市民の下田・箱館の居住権や、貨幣の重量によるレート交換権などを確保した。それらは通商条約締結（１８５８〈安政5〉年）後の本格的な貿易の下地作りとなった。さらに10月にはわざわざ陸路を通って江戸に赴き、将軍徳川家定《とくがわいえさだ》に謁見した。

ハリスは、１８４８年から太平洋アジア地域からインドにかけて活動していた図太い神経の貿易商であった（それ以前はニューヨーク市の官僚だった）。日本に来る直前、ハリスはシャム王国（タイ）に外交官として赴き、通商条約の締結に成功している。それも、わずかひと月の交渉でイギリスと同等の権利を獲得した。恫喝外交によるものだった。

しかし日本では、同様の恫喝外交が通用しなかった。

机をはさんで幕府代表と対峙する、ハリスの立場を想像していただきたい。相手は斬人用と切腹用の2本の刀を絶えず腰に下げている軍人（武士）である。それまでハリスが交渉してきたおとなしい文人や商人たちとは、根本的に異なる。まして日本の武士道は幻想のように誇張されて海外に広く知られていた。事情通のハリスは、弱腰幕府を批判する日本国内の世論の裏で、攘夷断行を請願する過激派大名が檜舞台への乱入を画策していることも熟知していた。日本を相手に戦争になれば、無益な消耗戦

になる。勝利はするだろうが、市場は内乱で荒廃する。ハリスとしては、穏健派との交渉によって通商条約の締結に持ち込むほかに道はなかった。

安政の5ヵ国条約締結の背を押した第2次阿片戦争

苦境のハリスにとって追い風となったのは、第2次阿片《アヘン》戦争での戦況の変化だった。

安政5（1858）年6月、英仏連合軍が天津《てんしん》を攻略したという知らせがアメリカ艦隊からもたらされた。幕府代表は驚愕したが、ハリスはその機を逃さなかった。清朝が降伏すれば、その勢いを駆って英仏艦隊が日本に迫ってくる。開国が避けられないものなら、阿片の持ち込みを禁じる通商条約をアメリカと先んじて結ぶことが最良の選択――と幕府側に進言した。

幕府側も、開国は時間の問題と考えていたが、過激保守派への説得や異国嫌いの朝廷側への政治工作がうまくいかぬままに臍《ほぞ》をかむ思いでいた。ハリスの駆け引きは、幕府穏健開国派にとっても日米の通商条約を調印する絶好の方便にすることができた。

そして6月19日、日米修好通商条約が締結された。後に、「不平等満載」と非難される条約だが、自国製品を積極的に売り込みにいくとは考えなかった受け身的立場の幕府としては、しかたがなかったのかもしれない。将来の相互貿易を見すえていたというよりは、目先の貿易拡大による中間マージンの巨利に目を奪われていた。

タウンゼント・ハリスの積年の労苦はこれによって報われた。以後3ヵ月の間に日本は、オランダ、ロシア、イギリス、そしてフランスと、立て続けに修好通商条約を締結していくことになって、遅ればせながらもとりあえず外圧の杞憂は一区切りがついた。

しかしこれは同時に、日本を内乱に導く胎動でもあった。

日米修好通商条約の調印は、幕府大老井《い》伊《い》直弼《なおすけ》（彦根藩主）の指示によるものだった。保守過激派は激怒した。京都の孝明《こうめい》天皇は、あまりの怒りに帝位を放り出そうとした。改革開国派さえも朝廷の勅許を得ずに独断で条約を締結したことを重大問題視したが、もともと天皇には通商条約を勅許するつもりなどまったくなかった。こうした違勅調印に対して責任を追及しようとする各方面からの動きに対し、井伊は逆にその機先を制して電光石火の大弾圧に打って出た。

世に言う「安政の大獄」の始まりである。

強引な幕権強化の果てに起きた雛祭りの日のテロ

安政の大獄は、大老井伊直弼が独裁政権を狙って起こした、ある意味ではクーデターである。日米修好通商条約締結の混乱を利用して、目障りな政敵、あるいは将来政敵になりうる者たちも含めて、そのすべてを力ずくで駆逐しようとした。具体的な標的は、病弱で嫡子のいない徳川家定の次の将軍候補に、水戸家の出の一橋慶喜《ひとつばしよしのぶ》を推挙する一派。すなわち徳川御三家のうちの、紀州藩以外の水戸・尾張両藩とその支援グループである。さらに過激攘夷派の後ろ盾になっている大名や公家にまで弾圧の手は伸びた。

気に入らなければ、各国との修好通商条約締結で活躍した優秀な人材にさえ容赦なかった。手はじめに、一橋慶喜の実父である前水戸藩主徳川斉昭《とくがわなりあき》は謹慎処分、大老候補だった福井藩主松平慶永《まつだいらよしなが》（春嶽《しゅんがく》）と尾張藩主徳川慶勝《とくがわよしかつ》は謹慎隠居処分、水戸藩主徳川慶篤《とくがわよしあつ》と一橋慶喜は登城停止となった。処罰の理由は「予定外の日に江戸城に登城したから」という埒《らち》もないことである。直後に将軍家定が死去すると、井伊直弼は紀州藩主徳川慶福《とくがわよしとみ》を将軍に推挙。慶福は家茂《いえもち》と改名し14代将軍に就任した。

井伊直弼にとって敵対的存在だった幕府首脳たち以上に、彼らを支えていた側近や過激志士たちへの断罪は過酷をきわめた。慶喜擁立で正論を主張しただけなのに、「世間を騒がせた」という理由から水戸藩家老の安島帯刀《あじまたてわき》は切腹、松平慶永の腹心橋《はし》本左内《もとさない》ら7名が死罪・獄門等の極刑になった。その他、左遷、罷免、隠居などの罪に問われたものは100余名を数えた。罪状に対し、あまりにも罰が重過ぎるのがこの大獄事件の特徴であった。

長州藩の吉田松陰《よしだしょういん》は、大老の腹心である老中間部詮勝《まなべあきかつ》の暗殺計画を公然と口にしたという理由から死罪になった。彼が開いていた松下村塾《しょうかそんじゅく》の塾生には高杉晋作《たかすぎしんさく》や久《く》坂玄瑞《さかげんずい》などが名を連ねており、師の処刑は幕府への猛烈な憎悪を吐き出させるきっかけとなった。松下村塾門下に限らず、この大弾圧によって反幕意識は攘夷派の怒りの炎に油を注いだ。しかし開国期の独裁者となった大老井伊直弼に向かう激しい怒りは、率直に、速やかに、過激なテロリズムとなって彼自身に向けられることとなった。

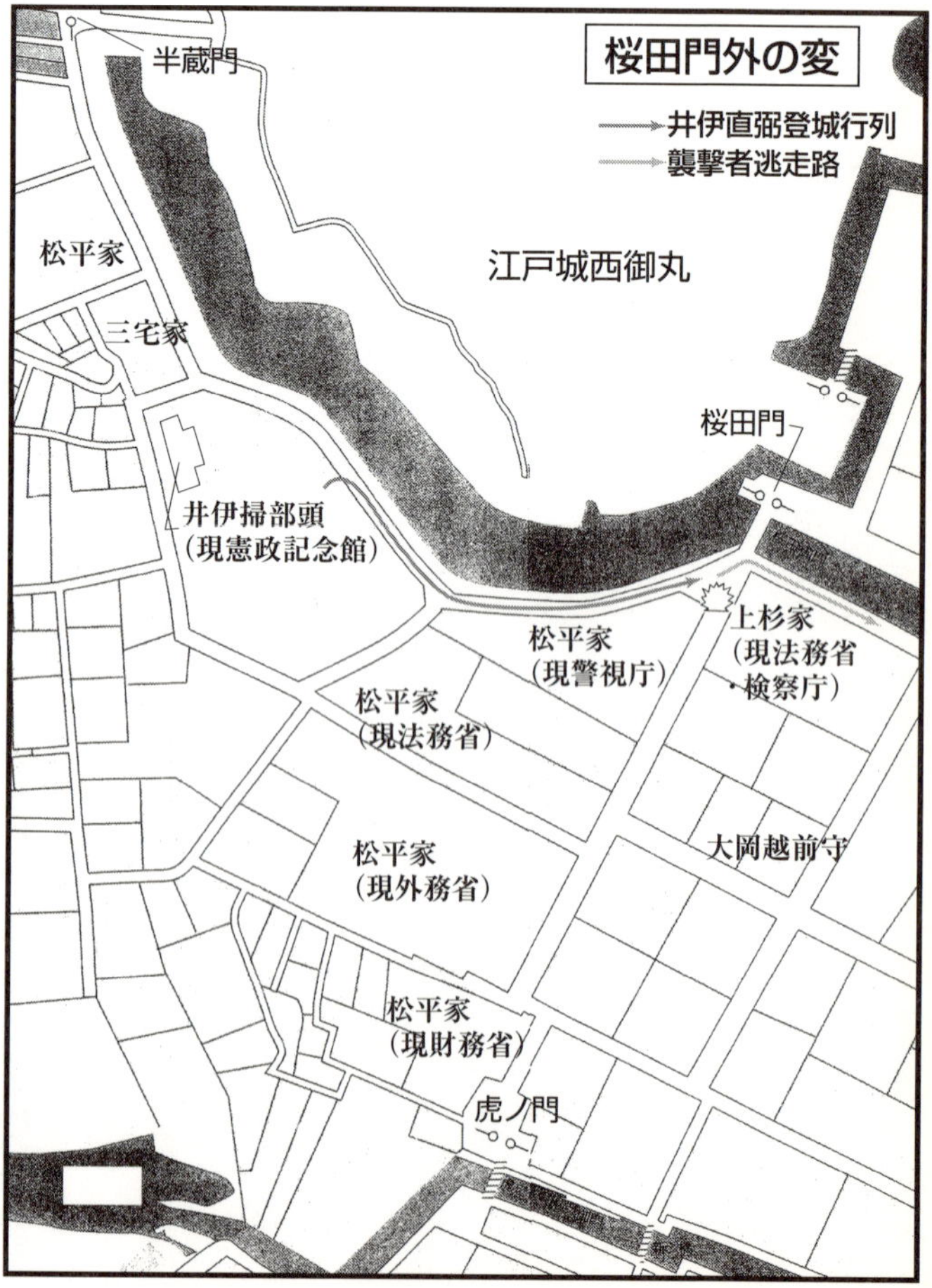

安政7（1860）年3月3日の早朝、事実上の最高権力者となった大老井伊直弼は江戸城桜田門外で惨殺された。いわゆる

桜田門（明治33年刊『旅の家つと』29号より）＊

「桜田門外の変」である。

彦根藩邸上屋敷を出て登城途中の井伊直弼は、駕籠に乗り、60名の行列の中心にいた。うち26名が警護役の彦根藩の士分。その日は春には珍しい大雪で、これが18名の襲撃者グループには幸いした。警護の侍たちは雪に備えて雨合羽を着用し、刀には油紙で防水を施した柄袋《つかぶくろ》をかけていた。そのために、突然の急襲に対して彦根藩士たちの抜刀が遅れた。

襲撃したのは、水戸藩を脱藩した浪士17名と、薩摩藩を脱藩した浪士1名の総勢18名。皆が死を覚悟し、主家に罪科が及ばぬために脱藩していたことはいうまでもない。

襲撃計画は単純だった。直訴《じきそ》を装った者が行列を止め、直後の銃声を合図に全員が行列の駕籠に斬りかかった。狙うは、井伊直弼の首ひとつ。刀が乱れ舞うなか、銃創と刀傷によりすでに重症の井伊は駕籠から引きずり出され、元薩摩藩士有村次左衛門《ありむらじざえもん》の剣で首を落とされた。有村はその首を抱えて遁走するが、途中で力尽きて自刃。やがて井伊直弼の首は彦根藩の手により回収され、胴体に縫い付けられた。公の記録では病死とされた。

壮絶な斬り合いの果てに、彦根藩士は8名が死亡。他は重軽傷を負った。襲撃側の死者は5名。後の探索でほとんどが捕縛され、死罪となった。最後まで逃げ延びたのは2人。彼らの行為は法秩序の視点から見れば間違いなくテロであったが、攘夷過激派は彼らを英雄とみなした。〝天誅〟に名を借りた暗殺計画。これは著しく幕府の権威を失墜させるとともに、テロによって歴史の歯車を動かしうるということを示した象徴的事件となった。

クーデターによって無慈悲な独裁者となり、テロによって無残に斬殺された井伊直弼の姿は、血みどろの暗殺劇に彩られることになる幕末乱世の到来を予告していた。

幕末の武士道

「武士道」という言葉は江戸期に作られた。

戦国時代の武士や兵法者はどちらかといえば個人主義者で、雇い主が死ねば戦いをやめてその場を立ち去った。腹心の部下たちだけが主と命運をともにして自刃したが、これは日本に限らず、世界中の王家の歴史で語られているできごとでもある。また武士のたしなみといわれる武芸十八般は、刀や槍を使う戦闘術であると同時に水練術や薬草などの知識を深める生存術で、いかなる状況からも生還する知恵として練り上げられた。武芸の本質は戦闘・生存技術と知恵の集大成だった。

江戸時代に禅や儒教思想を武芸のなかに取り入れるようになってくると、武芸は武道へと置き換えられ、主君への忠義忠誠を尽くす美学へと昇華して武士道精神の礎を確立していく。元禄武士道のエピソードとして知られる忠臣蔵などは、典型的な実例だ。〝お家〟と幕府の双方への忠誠心に基づきながら、同時に反社会的テロ行為への憧憬が潜む。

戦国の世では自由に生きた侍たちが、太平の世の徳川時代には窮屈な武士の道徳という足枷を付けられた。支配者の徳川幕府にとって都合のいい、滅私奉公の武士道幻想。その理想が幕末において比較的貧しい下級士族に受け継がれたとき、忠義を尽くす対象は朝廷という選択肢も付加された。さらに農民や町人たちが浮世への憤懣と忠義への憧憬を募らせたとき、彼らもその対象に朝廷を選択した。下々の彼らの発言権や行動力が増大していくと、必然的に幕末武士道の忠義の対象は、神君・徳川家康の継者たちから天皇家への忠義忠誠へと置き換えられていく。皮肉にもこの新生武士道によって、徳川幕府は滅亡した。

明治になり、廃刀令によって武家が社会から一掃されても、明治期陸海軍の精神にその魂魄は深く浸透し、大正から昭和へと受け継がれた。恐らく、第二次世界大戦の終結によって、日本の幕末と維新革命は本当の終わりを告げたのではないか、と思う。

PART 2

ニッポン迷走

中村一朗

土佐勤王党、参政吉田東洋を誅殺す

武士階級でありながら上士に差別されてきた土佐郷士。徳川体制の埒外にあった「勤王」を拠点に闘争を始めた

土佐藩に台頭する新勢力、勤王党

　桜田門外で起きた大老井伊直弼斬殺事件は、驚天動地の事件として日本全土を震撼させた。今に当てはめると、総理大臣が国会議事堂の前で過激派に殺されたようなものである。結果、幕府の基本方針が大きく切り替わり、安政の大獄によって蟄居・幽閉されていた藩主や幕僚たちが、政治の前線に次々と復帰してきた。

　土佐藩主山内豊信《やまうちとよしげ》（容堂《ようどう》）もそのひとりで、彼の基本的な思想は、武家と公家が力を合わせて国難に対処するべきとする公武合体と、開国による富国強兵だった。

　そして片腕として容堂を支えていたのが、土佐藩参政《さんせい》の吉田東洋《よしだとうよう》である。東洋は、大柄な体格の武闘派インテリだった。剣は神影流《しんかげりゅう》の達人。儒学を基盤としながら海外の時勢にも明るかった。安政元（１８５４）年に参政として抜擢されたが血の気も多く、酒席で泥酔した容堂の姻戚を多くの藩士がいる前で叩きのめしてしまった。本来なら切腹になるところを、容堂の計らいで蟄居処分に落ち着いた。安政5（１８５８）年に、主命により参政として復帰。未曾有の国家的変革期に際して、容堂が優秀な参謀を求めた結果である。

山内容堂　文政10（1827）～明治5（1872）年＊

　しかし前水戸藩主徳川斉昭《とくがわなりあき》と親交の深かった山内容堂は、安政6（１８５９）年2月、安政の大獄への反発から、隠居願いを幕府に提出した。幕府は10月、江戸での謹慎処分を言い渡した。これを受けて容堂は江戸で4年を過ごす。容堂の謹慎が解かれるのは、桜田門外の変後さらに3年を経た、文久3（１８６３）年になってからだった。

　この間、土佐藩の政治方針は大きく転換していた。尊王攘夷運動を積極的に支援するようになっていったのだ。その中心的存在になった思想結社が、土佐勤王党。首謀者は文武に秀でていた武市半平太《たけちはんぺいた》（瑞山《ずいざん》）で、瑞山塾という私学館を開講していた。「郷士《ごうし》」や農民たちが多く出入りする塾だったが、武市の学識を高く評価する「上士《じょうし》」たちの姿もあった。

　武市は、下級士分である「郷士」ながら、〝白札《しろふだ》〟という「上士」扱いの立場で、藩主と会見もできた。

土佐国の歴史は階級闘争の歴史か

　時代をさかのぼる。……中世の土佐の主は、長宗我部氏《ちょうそかべ》だった。長宗我部元親《もとちか》は、「一領具足《いちりょうぐそく》」と呼ばれた剽悍な半農半武の戦闘集団を率いて戦国四国を統一した。関ヶ原後に徳川家康《とくがわいえやす》から土佐一国を与えられたのが山内一豊《やまうちかつとよ》であり、山内氏とその家臣団は〝進駐軍〟として兵農未分離の土佐に入国。「一領具足」や長宗我部遺臣団を弾圧し、やがて彼らを「郷士」、上士以下の侍として

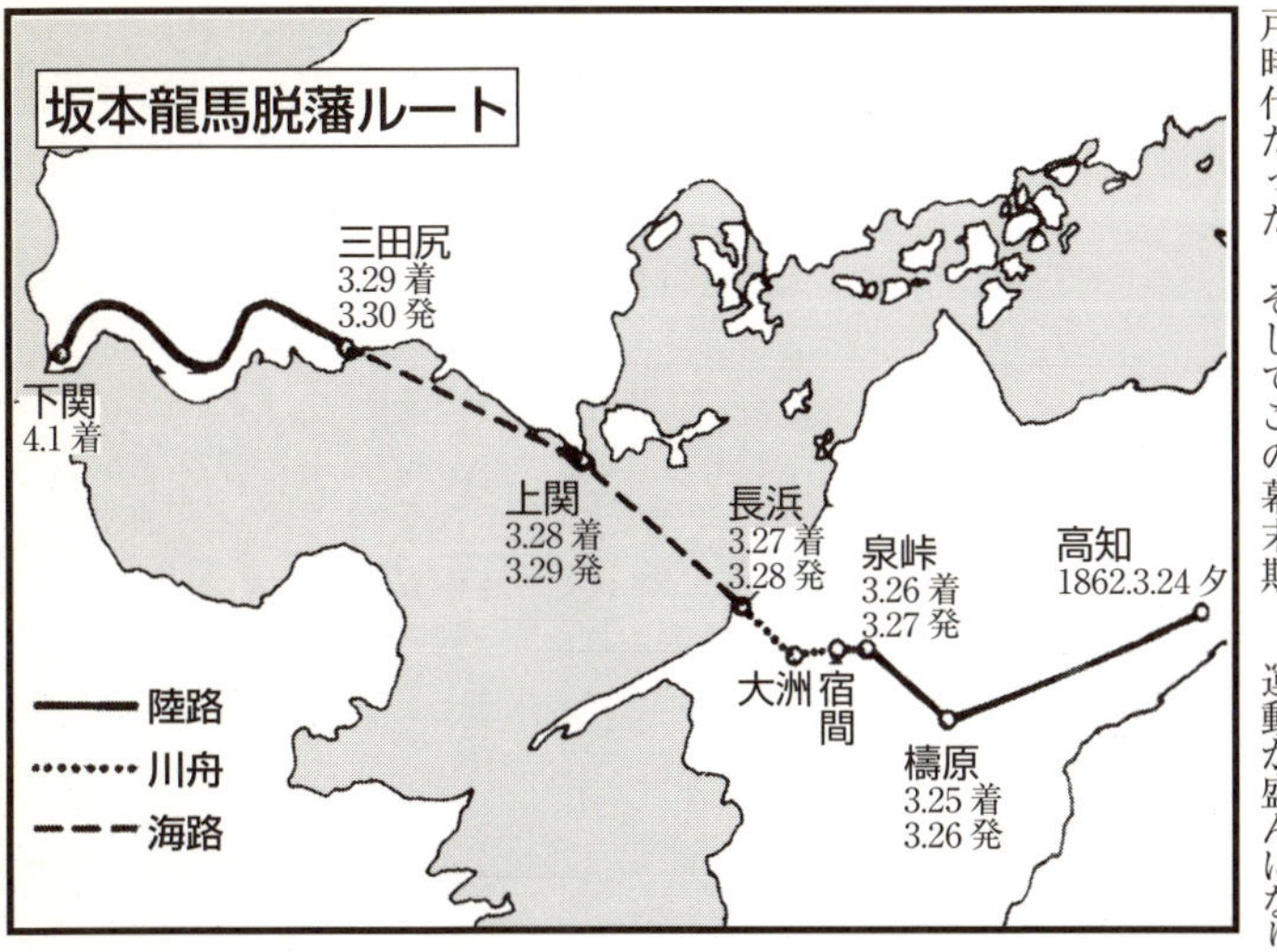

家臣団に取り込んだ。支配者と被支配者。山内侍＝「上士」に踏みつけられるようにして、長宗我部侍＝「郷士（下士《かし》）」たちが屈辱と差別にまみれた2世紀を過ごしていた──のが、身分制度の厳しい土佐藩の江戸時代だった。そしてこの幕末期、郷士たちは外圧にうろたえる上士に激しい憤懣を抱き、それをほとばしらせる。また土佐勤王党には、経済的に成長してきた町人や農民、つまり郷士以下の軽格者も多かった。

井伊直弼の死後、各地で尊王攘夷運動が盛んになり、その流れに乗って武市は頭角を現わしてくるようになる。土佐勤王党の活動も藩の内外で活発になっていった。

上士と郷士との狭間の、微妙な身分であったことが武市には幸いしたのだろう。灰色（あるいは黒）の政治活動は実行部隊の郷士を動かし、大義名分の立つ藩政については学識を生かして上士に進言することで、言葉巧みに土佐藩を操ることができた。ただしあと一歩思惑通りにいかなかったのは、政敵となっていた吉田東洋の存在であった。

山内容堂が江戸にいる間、藩の実権は吉田東洋が握っていた。通商条約によってすでに開国してしまっているのだから、それを生かして富国強兵に勤めようとする東洋の考え方には説得力があった。

吉田東洋と武市瑞山はよく、激しい議論を戦わせたという。腹を割っての話し合い。だから、上士と郷士の考えの違いをじゅうぶんに分かり合った。解るほどに、互いの憎悪は深くなっていった。話せば解る……互いの思想がひとつの藩内で両立しないことも。

吉田東洋は改革思想家ではあっても、伝統的な身分制度についてはきわめて保守的だった。格下の武士や郷士を見下していた。というより、己の血筋への誇りを重んじていたのかもしれない。また、一回り近いふたりの年齢の差も、越えられない理解の壁となった。

だから、武市が先に決断した。武市は、改革嫌いの超保守派層（吉田東洋への抵抗勢力）に周到な根回しをしたうえで、吉田東洋の暗殺を計画した。桜田門外の変に触発されたところもあっただろう。〝土佐の井伊直弼〟を駆逐し、藩政を手中にしようとした。

文久2（1862）年4月8日──3ヵ月前には、老中安藤信正《あんどうのぶまさ》が水戸浪士に襲撃された「坂下門外の変」も起きていた──の深夜。那須信吾《なすしんご》、大石団蔵《おおいしだんぞう》、安岡嘉助《やすおかかすけ》の3人の郷士（土佐勤王党員）によって吉田東洋は高知城下帯屋町《おびやまち》の自邸付近で斬殺された。46歳だった。

土佐勤王党による暗殺と考えた土佐藩の大目付は、事件の前後に脱藩して行方知れずになったこの3人と、同じく同時期に脱藩した郷士の坂本《さかもと》龍馬《りょうま》を実行犯と疑った。もっとも坂本は土佐勤王党からもすでに離脱しており、事件とは関係がなかったことが後に明らかになる。暗殺犯たちは捕らえられぬまま、月日は流れていった。

そしてこれを機に、土佐勤王党は幕末前期の過激派としてさまざまなテロ活動に手を染め、薩摩や長州過激派と連携して、京の舞台裏で暗躍するようになっていく。

寺田屋・生麦・対英戦争　薩摩三題噺

強引な財政改革と密貿易により大藩となった隼人の国。
幕政改革、異人殺傷、対外戦争。独自の戦略で動き出す

「佐幕」「開国」「攘夷」薩摩の三位一体

薩摩藩が幕末の動乱で中心的役割を演じることができたのは、日本の最南端に位置していたという地政学的事情が大きい。

島津《しまづ》重豪《しげひで》が8代藩主となったのは、宝暦5（1755）年。この重豪の代に外様大名として初めて、島津の血筋から徳川将軍家（11代家斉《いえなり》）の正室を出し、政治的権威を手にする。だが、それが藩財政の逼迫も招いてしまった。文政年間には藩債は500万両を越えた。さすがに切羽つまった薩摩藩は債務返済を保留し、なりふり構わぬ〝金儲け〟政策に打って出た。

文政10（1827）年には調所広郷《ずしょひろさと》に全権を委ねて財政改革に着手。農産物や海産物、石炭や硫黄《いおう》などの地下資源など、あらゆる知恵を絞って金になりそうなものを開発し、他国に売り込んだ。最有力産物の黒砂糖は、徹底して専売制を実施。自由経済を嘲笑うような、官民一体の計画経済政策だった。

さらに裏では琉球王国を傘下に置いている利を生かし、異国との密貿易ルートまで構築して巨利を得た。しかしこれが幕府に糾問されると、調所は自殺して証拠を消した。嘉永元（1848）年のことである。

それでも長年にわたる金儲け政策は功を奏し、借金財政は一掃され、薩摩藩は表向きの石高をはるかに凌ぐ財力を持つ有力藩に生まれ変わっていた。

嘉永4（1851）年に島津《しまづ》斉彬《なりあきら》が11代藩主の座に就くと、薩摩藩は西洋の知識や技術を積極的に受け入れていった。それゆえに薩摩藩は、日本のどの藩よりも早く世界情勢の変化に気づき、それに対応すべく組織改革に着手できた。

斉彬は、養女篤姫《あつひめ》を13代将軍徳川家定《とくがわいえさだ》に嫁がせ、幕府への影響力も確保した。しかしそのいっぽうで示現流《じげんりゅう》の剣法に象徴されるように、無骨な戦国武者を是とする気質が平均的な薩摩隼人たちにはあった。ちなみに示現流は、守りの型を持たない、初太刀の一撃にすべてを賭す超攻撃的剣法である。小手先の技に頼らず相手より早く踏み込み、守る隙を与えずに斬る！　騒乱のなか、この実戦的流技は非常に有効だった

という。井伊直弼の首を落としたのも示現流の使い手、有村次左衛門《ありむらじざえもん》だった。

薩摩藩では、徳川家とつながる「佐幕思想」、西洋合理主義の「開国思想」、戦国気質の「攘夷思想」が微妙に溶けあって、三位一体の複雑な行動原理を生み出してくる。情熱と思想により行動した他藩とは異なり、列強諸国に備える救国の目的のための〝手段〟として、巧みに〝思想〟を使い分けた。幕末期の薩摩藩が、ある時は幕府を支え、ある時は朝廷を擁護して長州を追いやり、最後はその長州と手を結んで倒幕に向かうという一見優柔不断にも見える合理主義の背景には、この原理が色濃く影響を及ぼしていたのだ。

この複雑な政策動機を矛盾なく束ねえたのは、幕末最賢侯といわれた藩主斉彬だった。その斉彬は井伊直弼《いいなおすけ》の暴挙（安政の大獄）に終止符を打つべく、藩兵5千を率いての東上の準備中、病で急死した。安政6（1859）年7月のことであった。跡を継いだのは、遺言に従って弟島津久光《しまづひさみつ》の嫡子、島津茂久《しまづもちひさ》（忠義《ただよし》）。後見人には久光が就いた。つまり実質的に、薩摩藩の実権は〝国父〟たる久光が握った。当然、斉彬の東上計画は中止され、政争の中心から遠く離れた薩摩藩は、束の間、富国強兵策を密かに実行していくことになる。

〝国父〟久光が起こした ふたつの重大事件

文久2（1862）年3月、島津久光は藩兵1千を連れて上洛した。呼ばれて行ったわけではない。攘夷過激派による相次ぐ暗殺事件で騒然とする京の情勢をどうにかしようとした、久光なりの政治的行動であった。暗殺事件には薩摩藩士や薩摩脱藩浪士たちも関わっていた。西郷吉之助《さいごうきちのすけ》（隆盛《たかもり》）たちは止めたが、久光は強行した。この東方行脚が、とんでもないトラブルを招いてしまうことになる——それも2つも。

ひと月後、一行は京都に到着。この久光挙兵上洛を「薩摩藩が異国攘夷討ちに挙兵した」と勘違いした過激派は熱烈に歓迎し、真意を図りかねる幕府は困惑し、無遠慮な彼らの来京に朝廷側は戸惑った。特に薩摩の過激派、精忠組《せいちゅうぐみ》の有馬新七《ありましんしち》たち急先鋒は、これを機に朝廷から佐幕派公家を一掃し一気に倒幕勅許を得ようとする無謀なクーデターを画策した。倒幕の意思などない久光は、これを聞いて激怒。有馬たちを大坂の薩摩藩邸に謹慎させた。

しかし、かつて井伊直弼の殺害計画を久光に止められた経緯のある有馬ら精忠組激派は、彼に対して不信感を抱いていた。4月23日、有馬たちは藩邸を抜け出し、他藩の過激派や浪士たちと伏見の旅館寺田屋に集結した。大山格之助《おおやまかくのすけ》（綱良《つなよし》）、奈良原喜《ならはらき》八郎《はちろう》（繁《しげる》）ら精忠組の同志が鎮撫使として説得に差し向けられたが、場合によっては武力に訴えても連れ戻すよう、久光の命令を受けていた。激しい口論の末に抜刀。仲間同士での壮絶な殺し合いになった。果てに、激派は有馬ら6人が死亡。重症の激派2人も後に切腹。鎮撫使側は1人が死亡、他は負傷程度。鎮撫使の説得で居合わせた他藩の者たちは戦いに手を出さなかったため、事件は薩摩藩内の内輪揉めとして処理された。ちなみにこのとき、大山の説得によって投降した薩摩藩士には、大山弥助《おおやまやすけ》（巌《いわお》）、西郷慎吾《さいごうしんご》（従道《つぐみち》）、篠原藤十郎《しのはらとうじゅうろう》（国《くに》幹《もと》）、三島弥兵衛《みしまやへえ》（通庸《みちつね》）、永山弥一郎《ながやまやいちろう》ら、明治の綺羅星たちがいる。

これが、寺田屋事件である。薩摩藩激派はこの事件により粛清された。

朝廷は薩摩藩の行動力に震撼し、京都守護のために薩摩藩兵の京都駐屯を要請する。以後、薩摩藩は公式に京に兵を置けるようになった。幕閣に対しての発言力も大きくなり、寺田屋事件からひと月後の5月、島津久光は、将軍後見職に一橋慶喜《ひとつばしよしのぶ》を、大老（政事総裁）職に松平慶永《まつだいらよしなが》（前越前藩主）を推挙するために朝廷勅使の大原重徳《おおはらしげとみ》とともに江戸に向かった。

これはかつて兄斉彬の望んだ人事であった。寺田屋事件で混乱している藩内を静めるために、カリスマ的存在だった斉彬の遺志を利用した久光の巧みな手腕によるものなのか、真摯に久光がそれを望んでいたのかは不明だが、江戸入りした久光の人事推挙は7月初めに承認された。

久光が江戸から京に向かう、その帰路。もうひとつの事件が8月21日に起こった。

この４００名の行列が神奈川宿のはずれの生麦村《なまむぎ》で、上海のイギリス人商人チャールス・リチャードソンら、馬上４人の外国人に遭遇した。狭い街道だったことが災いした。横浜から馬で川崎大師へ観光に向かっていた４人は、乗馬のまま向きを変えようとして行列の進行を妨げることになり、突然抜刀した薩摩藩士奈良原喜左衛門《ならはらきざえもん》（喜八郎の兄）によって斬りつけられた（斬ったのは弟の喜八郎とも）。リチャードソンは落馬。薩摩藩士海江田武次《かいえだたけじ》（信義《のぶよし》）によってとどめを刺された。リチャードソンの友人２人は重傷を負いながらも横浜居留地に逃げ延び、マーガレット・ボロデール夫人は髪を切られたが（〝首〟のつもりだった？）、ほとんど無傷で済んだ。横浜居留の外国人たちにはあらかじめ幕府から、島津久光一行が通るのでその地への訪問を控えるように忠告があり、薩摩藩にも外国人への扱いは慎重を期すように忠告がなされていた。

これが、薩摩藩を過激攘夷思想の盟主と誤解させた、生麦事件である。

イギリスのみならず横浜に拠点を置く外国勢力は、一丸となって幕府に猛抗議を叩きつけた。この頃には浪士たちによる居留外国人への襲撃事件が続発していたのだ。薩摩藩とイギリスの間に仲裁に入るつもりだった幕府は、外国勢力から事件の当事者のように扱われ、翌年5月、莫大な賠償金（11万ポンド）を支払わされた。

生麦事件はすぐに京に伝わり、過激派尊攘派は島津久光を賞賛した。寺田屋事件で落とした久光の評判は、一気に覆された。しかし久光は京に長居せず、ほどなく鹿児島に帰郷する。イギリスとの交戦を予感してのことだった。帰国後、久光は寺田屋事件で謹慎処分中の藩士たちを復帰させ、非常時に備えて戦闘訓練を開始した。旅立ってから半年あまりの間で大きな事件を立て続けに起こしたトラブルメーカー島津久光には、イギリス人に奈良原たちを引き渡すつもりなどまったくなかった。このときの薩摩藩は激派のカリスマにふさわしく、たとえイギリス相手に戦争になっても、武門の意地を貫こうとしていた。東方行脚によって島津久光はようやく、天才的な兄斉彬の幻影を払拭できたのかもしれない。

隼人とジョンブル 戦争の効用……

幕府との賠償問題の解決後、イギリスは直接、薩摩への2万5千ポンドの賠償と犯人引渡し、処刑を要求した。薩摩藩は架空の人物をでっち上げ、「事件の後に脱藩して逃亡した」と告げた。さらに、その犯人逮捕後に交渉を始めると主張し、イギリス側の請求の一切を突っぱねた。当然の成り行きとして、薩摩藩はイギリスとの戦争へと突入していく。

文久3（1863）年7月2日の早朝、オーガスト・キューパー提督（イギリス東インド艦隊司令長官）率いる7隻のイギリス艦隊は、暴風雨の鹿児島湾内に侵攻、薩摩藩の蒸気船3隻を拿捕した。これが開戦の合図になった。

薩摩側の各砲台がいっせいに火を噴き、イギリス艦隊がこれに返す形で砲撃戦が始まった。圧倒的な火力を誇るイギリスに対し、薩摩藩が善戦したのは直前の戦闘訓練で想定したエリアにイギリス艦隊が進入したことによる。つまりは沿岸に接近しすぎたイギリス艦隊の油断があった。また、暴風雨もどちらかと言えば薩摩側に幸いした。

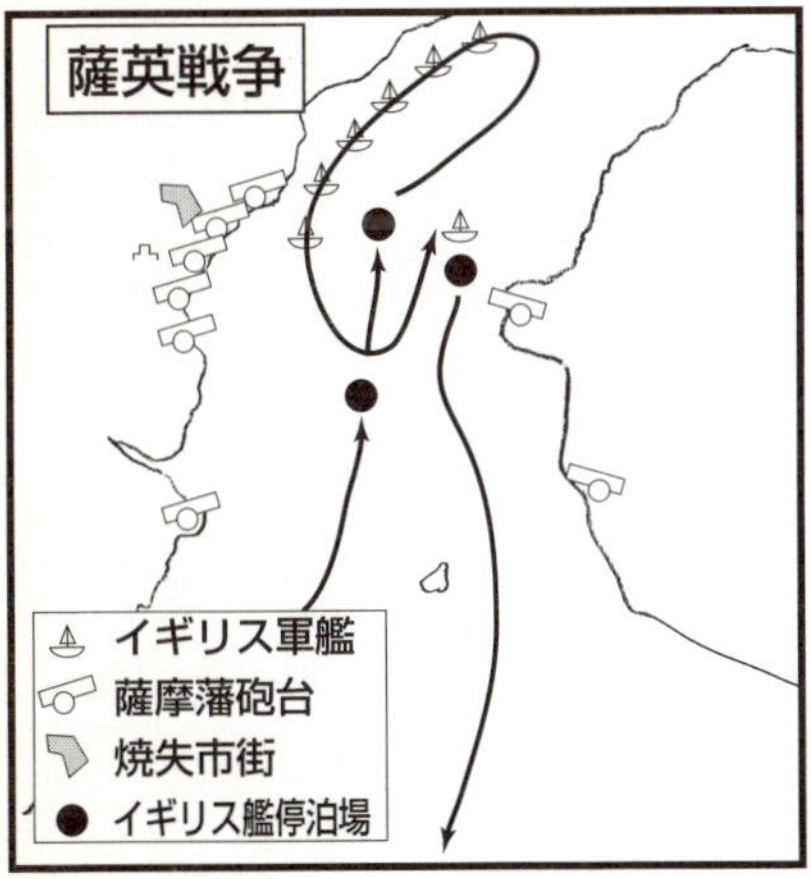

結果として、イギリス側の被害は旗艦「ユーリアラス号」艦長と上級士官を含む63名が死傷、砲撃の被弾で各艦が小破。薩摩側は5名が死亡、10数名が負傷、工場地域を含む鹿児島市街地の1割が焼失した。人的被害ではイギリス側、物的被害は薩摩側が大きかった。

戦闘は1日半で終結し、イギリス艦隊は鹿児島湾を後にした。和睦会議は江戸で行なわれ、イギリス側は戦争前と同じ条件を薩摩藩に突きつけた。今度は薩摩藩もそれを了承。ただ賠償金2万5千ポンドは幕府が立て替え、薩摩藩が犯人探索を今後も続けるということでイギリス側も納得した。無論、薩摩が犯人探索などしないことを、イギリス側は承知の上で、だ。

以後、イギリスと薩摩は密接な交易関係を構築していくことになる。イギリスは薩摩藩の力量を再評価し、薩摩藩は武士の意地だけではどうにもならない現実を痛感した。藩兵の末端さえ、攘夷がいかに無謀かを体で理解した。戦争終結の直後から、薩摩藩はイギリスに大量の武器弾薬や戦艦を注文。イギリス側もこれを快諾した。

そのいっぽうで過激尊攘派は、朝廷の求める攘夷を決行した薩摩藩を、その内実を知らぬままに絶賛した。これが薩摩藩をして、灰色の政治的駆け引きのなかを自由に泳がせる礎になった。朝廷、幕府、過激志士ら、あらゆる方向への薩摩の発言力は一層大きくなった。

そしてさらに、倒幕の可能性を脳裏に浮かべはじめた薩摩藩には、幕府が立て替えた2万5千ポンドを返済するつもりなどまったくなかったのである。

死せる松陰、長州藩を暴れ走らす

尊王攘夷思想の総本山となった長州は、攘夷期限日に下関で外国船を砲撃。「攘夷」の旗を振り続ける

〝狂乱〟をリードするのは情熱と狂気

幕末動乱の〝主役〟であり激派尊攘志士の巣窟であったのは、まぎれもなく長州藩だ。だが、安政年間までの長州藩は、どちらかと言えば佐幕思想だった。

あるときは朝廷に開国論を説き、無理な請求を突きつける幕府に従う恭順的態度をとった。それは藩内に保守派と改革派の穏やかな対立があり、藩主毛利《もうり》敬親《たかちか》（慶親《よしちか》）は、藩の賢老たちの進言に対して温かい目で了解していたからだ。「よし、そうせい」という口癖から、藩主には〝そうせい侯〟というあだ名がつく。藩の方針がコロコロ変わったのは、〝そうせい侯〟の〝上意〟を、保革2派が奪い合ったためだ。

疲弊していた長州藩の財政は天保期の藩政改革によって立て直されたが、有力外様大名家としての戦国気骨は軟化した。その反動から、過激攘夷思想の行動派が若い世代から続々と登場してくる。

その指導的立場にいたのが、吉田松陰《よしだしょういん》である。ある意味では彼の、たったひとりの強烈な怨念が、長州藩に徳川政権確立以前の戦国武者の気質をよみがえらせ、狂乱の時代へと導いた……といえる。

山鹿流《やまがりゅう》兵法師範の家督を幼くして継いだ吉田寅次郎《とらじろう》（松陰）は、異常な知才をすぐに発揮していった。19歳で藩校明倫館《めいりんかん》の教授に抜擢。しかし、藩に無許可で宮部鼎蔵《みやべていぞう》（肥後藩士）と東北を旅するなど型破りな行動力が災いして士籍剥奪となり、在野の学者浪人となった。やがて洋学者佐久間象山《さくましょうざん》に弟子入りし、あろうことか再来日（安政元〈１８５４〉年）したペリーの旗艦「ポーハタン号」に、門人の金子重之助《かねこじゅうのすけ》と乗り込み、「自分たちをアメリカへ連れて行け」と求めた。軍人のペリーは、松陰たちの冒険的な行動力に感動したという。しかし幕府との微妙な関係に配慮したペリーは、松陰を港に送り返した。

幕府は松陰に対して生国での謹慎を言い渡し、うろたえた長州藩は松陰を野山獄《のやまごく》に、金子を岩倉獄《いわくらごく》に3年間幽閉した。金子はそこで病により死去。やがて出獄した松陰は叔父玉木文之進《たまきぶんのしん》の創設した松下村塾《しょうかそんじゅく》を再興し、自分の学んだすべてを弟子たちに教えることになる。

　それが、行動的尊王攘夷思想。ただし、近代兵器で武装する異国とまともに戦えば必ず負けることを承知のうえで。それでも戦うべし、と松陰は主張した。情熱と狂気により時代を動かし、〝侍の魂〟を目覚めさせるべきなのだ、と。生と死と、勝敗さえ超えた血みどろの争いの彼方にある、英雄たちの理想国家の姿を夢に思い描きつつ。

　奇人変人の吉田松陰のもとには、奇人変人の優秀な弟子たちが集った。上士もいれば、下士もいた。百姓、町人たちいた。面白いことに彼らは決して、いわゆる〝仲良しグループ〟ではなかったらしい。むしろ積極的に嫌い合う関係の者もいた。松陰という異常な個性が、本来なら分裂する彼らを熱血思想で繋いでいた。

　長州藩改革派の中心は、政務役の周布政之助《すふまさのすけ》。周布は才能のある若い世代をさまざまな役職に抜擢し、藩の改革を積極的に推し進めていた。そのなかには久坂玄瑞《くさかげんずい》、桂小五郎《かつらこごろう》、高杉晋作《たかすぎしんさく》などの松陰門下の若者たちがゴロゴロいた。彼らが保菌する過激な松陰思想は、その猛烈な感染力で指導階級の周布政之助たちへも伝染し、影響力を増大させていく。

　そして、安政の大獄。安政6（1859）年に江戸で松蔭が処刑されると、弟子たちのマグマのような憎悪は、脆弱な幕府や自藩佐幕派に向けられていく。吉田松陰は、〝死〟によってその思想を結晶化し、弟子たちをひとつにした。

国論をリードした「航海遠略策」

　藩論を巡って先に動いたのは佐幕派だった。その重鎮は、直目付の長井雅楽《ながいうた》。文久元（1861）年3月、長井は「航海遠略策《こうかいえんりゃくさく》」を建白。日本は開国などという小さな事態にうろたえず、積極的にこれを受け入れて国を富ませ、逆に海外へ進出して日本の武威を知らしむべき、と説いた。これを読んだ〝そうせい侯〟は感激し、藩論はこれに尽きると宣言。「航海遠略策」は藩是となった。藩主毛利敬親は長井をともない江戸に上り、幕府に「航海遠略策」を建白させた。老中久世広周《くぜひろちか》、安藤信正《あんどうのぶまさ》も「航海遠略策」を支持、この策による公武周旋を長井に依頼した。孝明《こうめい》天皇さえ一時は攘夷思想を棚上げして同策を支持した。日本の将来を見すえた最終的な目的としては、この論文は基本として正しかった。実際に明治維新以降の日本のスタンスは、この論文に記された方針と類似している。

　しかし問題はそこに至るまでの過程、すなわち幕府や異国との戦争の是非にある。

　改革側は、戦争が必要だと主張した。特に若い世代の改革派は、この頃からすでに倒幕を視野に入れていた。尊王親政（天皇による国家政権）の体制を築き、列強諸国と戦って日本の力を認めさせなければ、海外への華々しい進出などありえない。日本は砲艦外交によって屈辱的な不平等条約に調印させられた。その元凶の幕府ごときが、どうやって武威を誇って海外に進出できるのか、と。

　若手改革側は藩内外のあらゆる人脈を駆使して、長井の「航海遠略策」の影響を封じ込めようとした。京の過激攘夷派の公家に働きかけ、朝廷側の攘夷推進論を再燃させた。長州若手を中心とした過激派による多くの暗殺テロも繰り返された。高杉晋作たちなどは、文久2（1862）年、江戸品川の御殿山《ごてんやま》に建築中だった英国公使館の焼き討ち事件さえ引き起こしている。

政治工作は徐々に功を奏し、文久2（1862）年3月に長井が京を訪れたときは、朝廷側は彼の持論を疎ましがった。〝そうせい侯〟は長井を帰国・謹慎させた。

やがて改革派は実権を握り、藩の方針は公式に勤王攘夷主義へと転換した。

——そして文久3（1863）年5月10日、長州藩は馬関《ばかん》（下関）海峡を行き交う異国船に対して、軍艦3隻と各所砲台からの無差別攻撃に打って出た。

薩英戦争勃発の直前のことであり、その攘夷行動の背景は、次の通りである。

文久3年5月10日 馬関、攘夷決行

桜田門外の変で著しく権威を失墜した幕府は、それを補おうと朝廷に働きかけて皇室の血脈を求めた。すなわち、孝明天皇の妹和宮《かずのみや》を将軍徳川家茂《とくがわいえもち》の正室に迎えようとしたのだ。公武合体策の第一歩だった。朝廷側は和宮にはすでに婚約者（有栖川宮《ありすがわのみや》熾仁《たるひと》親王）がいることを理由にかたくなに拒否するが、再三の強い申し入れに対し、ついに万延元（1860）年6月にこれを受け入れる。ただしその条件として、旧来の鎖国体制に戻すことを幕府に叩きつけた。

どう考えても無理なこの条件を、「10年以内に実現する」という期限つきに変更して、幕府は呑んだ。無骨な武人嫌いの皇女和宮は意に反しての降嫁になったが、家茂の温かな気遣いに少しずつ心を開き、やがて幸せな日々を送ったという。

いっぽう、生臭い政治の駆け引きの現場では、過激派の公家が和宮降嫁を根拠に異国勢力への攘夷を迫り続けた。幕府や大名は、異国との関係が深まるほどに、攘夷など不可能と認識していったが、在野の多くの志士たちは狂信的な攘夷思想に終始した。外国人は攘夷の志士たちのテロの標的となった。テロリストたちには言い分がある。和宮降嫁の条件が異国への攘夷行動である、と。明らかに鎖国約束の拡大解釈だったが、やがて生麦事件で大名さえもが攘夷行動に出た、と彼らが認識すると、その勢いは激派公家にも伝染していった。

文久2（1862）年10月、三条実美《さんじょうさねとみ》と姉小路公知《あねがこうじきんとも》の2人が江戸に攘夷督促の勅旨として送られた。直接対話を余儀なくされた将軍家茂は、翌年の3月に上洛。長井論文に感銘を受けた1年前とは別人に戻っていた孝明天皇は、家茂に「攘夷」の期限を迫る。苦し紛れの家茂は、「文久3（1863）年5月10日」と攘夷期限を答えてしまった。過激派たちが狂喜したのは言うまでもない。ただし、実際に幕府が各大名に出した上意書は、異国船から攻撃されれば打ち払うべきという専守防衛的なもので、攘夷行動とはかけ離れたものだった。各大名はその真意を理解して、外国勢力に手を出さなかった。薩摩藩も例外ではなく、文久2（1862）年8月の生麦事件も事故のようなものだった。この賠償金11万ポンドを幕府がイギリスに支払ったのは、翌文久3（1863）年5月9日……。

しかし、長州藩の場合は違った。激派志士を束ねる久坂玄瑞らは5月10日、馬関《ばかん》（下関）において「攘夷」を断行した。海防奉行毛利能登《もうりのと》の制止を無視して攻撃を開始。このときの相手となったアメリカの小

松下村塾関係者の生没年

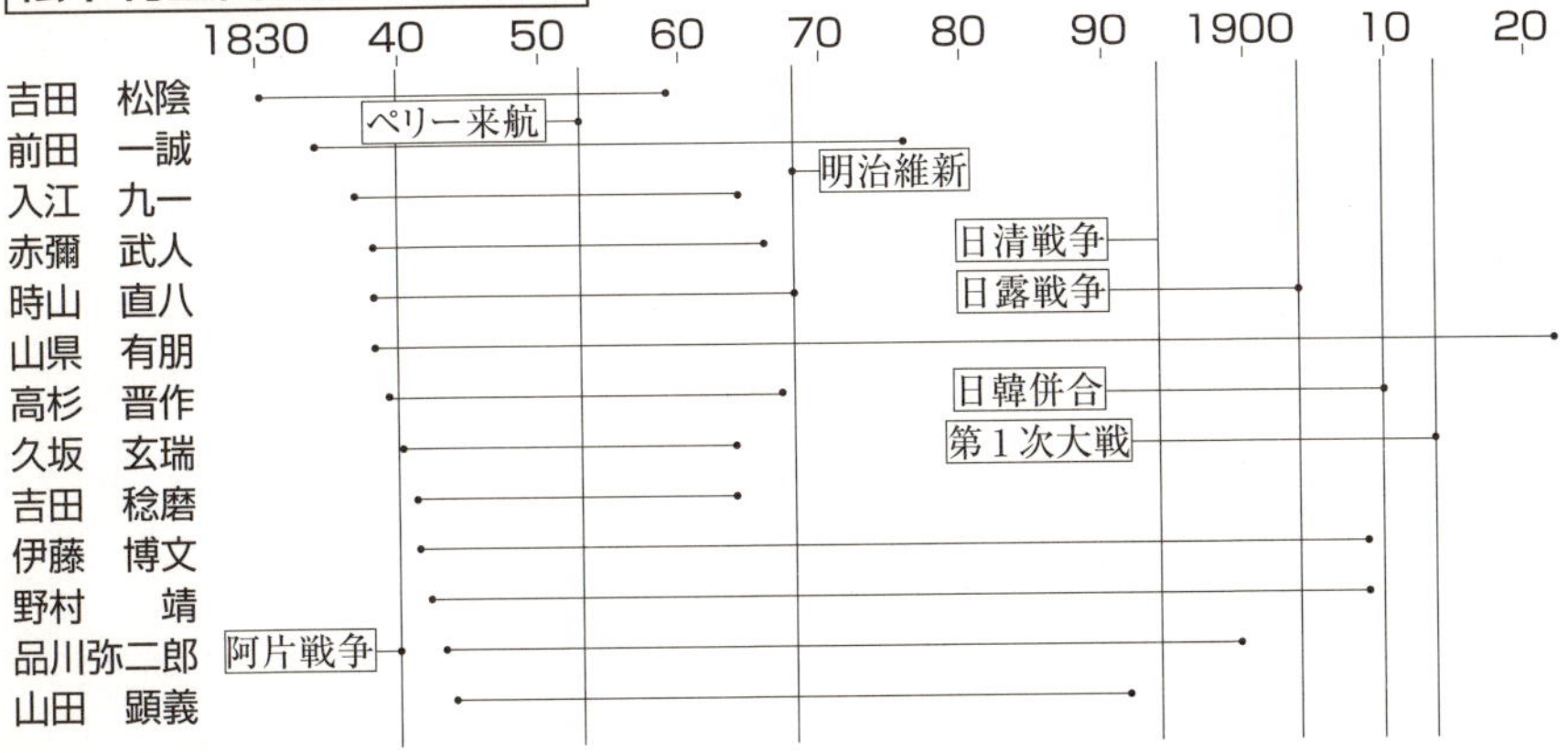

型商船「ペンブローク号」は数発を被弾しながらも、蒸気エンジンのおかげで無事に逃げ切って上海《シャンハイ》に帰りついた。久坂は藩侯から咎められることはなく、逆に毛利能登は役職罷免になった。恐らく藩主の意思というよりは、周布政之助あたりの入れ知恵だったのだろう。以後、17日にはフランス軍艦「キャンシャン号」が被弾し、水兵4人が死亡。26日にはオランダ船「メデューサ号」が被弾した。幕府は頭を抱え、朝廷側は大喜びで感状を長州に送った。

当然、外国勢力からの反撃が始まった。6月1日、アメリカ軍艦「ワイオミング号」が馬関に襲来。亀山砲台を破壊して、長州籍軍艦「壬戌丸《じんじゅつまる》」と「庚申丸《こうしんまる》」を撃沈、「癸亥丸《きがいまる》」を大破させて帰還した。長州藩の大型近代兵力は、たった1日でほぼ壊滅した。5日にはフランス軍艦「セミラミス号」と「タンクレード号」が襲来し、一斉砲撃の後に陸戦隊を上陸させて前田砲台を完全に破壊。本営の慈雲寺《じうんじ》と民家を焼き払って帰途に着いた。

徹底的な敗北にもかかわらず、長州は懲りずに攘夷主義を続けることになる。朝廷が支持してくれているということが、強い後ろ盾になった。7月には攘夷を止めにきた幕府の使者まで殺害した。そしてこの月、長井雅楽も「かつて朝廷の御心を惑わせた」という理由で切腹を命じられた。暴走状態の長州藩は、激烈に攘夷祭りに踊り狂った。

そんななか、天才的なテロリストでもある高杉晋作は冷静にこれまでの敗北を分析し、このままの長州武士の兵力ではやがて完全な敗北に終わると判断していた。最新型の洋式兵器と、それを使いこなす柔軟性を持つ戦闘部隊の必要性を念頭に思い描き出していた。

武家に頼らぬ、民兵による部隊の創設。すなわち、〝奇兵隊《きへいたい》〟構想である。

高杉は、藩主の許可と豪商白石正一郎《しらいししょういちろう》からの金銭的後ろ盾を得て、この構想を実現した。動乱のなか、奇兵隊には次つぎに百姓や町人が応募し、着々と力を蓄えていった。そして周布政之助も、藩を救うためのある手立てを密かに実行していたのだが、それが功を奏することになるのは、1年後に4ヵ国艦隊連合軍が長州に攻め込んできたときである。

8・18政変と吉野、生野の蜂起

薩摩藩・会津藩は京都でクーデターを起こし、長州藩を放逐。宙に浮いた急進派はそのまま蜂起し壊滅する

薩会主導で長州追い落としの宮廷クーデター

文久３（１９６３）年6月の長州藩による外国船への攘夷行動、続いて7月の薩英戦争は、京の過激志士たちを熱狂させた。この勢いに乗った尊攘派公家の三条実美《さんじょうさねとみ》や筑後の神官真木和泉《まきいずみ》（保臣《やすおみ》）たちの裏工作により、孝明《こうめい》天皇が大和国へ行幸し攘夷を祈願する、という詔《みことのり》が8月13日に発せられた。その目的は、攘夷を天皇の手によって行なうという親征宣言にあった。

これが実現すれば、徳川政権３００年の歴史に終止符が打たれることになる、と急進的尊王攘夷派は勝手に拡大解釈した。孝明天皇による事実上の倒幕宣言である、と。

過激攘夷志士にとり、このころが最良の時節だったのかもしれない。激派公家は大手を振って宮中に赴いて帝《みかど》に政策を助言し、攘夷先鋒筆頭の薩長藩士たちは朝廷贔屓の町人たちの賞賛のなかを練り歩いた。朝廷のために命懸けの働きをしている自分たちこそ、忠義の士であるという誇りに輝いていた。政治の実権は自分たちのもの、と信じて。

しかし孝明天皇は、側近の中川宮朝彦《なかがわのみやあさひこ》親王に、自身が先頭に立っての攘夷行動や倒幕などは望んでいないことを打ち明けた。攘夷は徳川幕府が執行するべきで、妹を将軍家に嫁がせていることもあり、むしろ公武合体を望んでいるのだ、と。孝明天皇の真意を受けた中川宮は密かに、京都守護職の会津藩主松平容保《まつだいらかたもり》、寺田屋事件の後から多くの藩兵を京都に駐屯させている薩摩藩の在京代表高崎佐太郎《たかさきさたろう》、京都所司代の淀藩主稲葉正邦《いなばまさくに》の３人に連絡を取り、長州藩士と激派公家を京都から一掃する計画を進めた。

長州藩と薩摩藩とでは、異国勢力との戦いを通して獲得したものがまるで違う。倒幕さえ視野に入れた長州藩は、戦いそのものに狂乱して過激志士から賞賛を得たが、本音では公武合体を進めたい薩摩藩のほうは、無謀な攘夷行動は抑止するべきと理解したのだ。

そして8月18日午前1時、中川宮の指令の下に3藩の完全武装兵が大砲を引いて御所にいっせいに参内。９つの門すべてを完全封鎖した。急の知らせを受けて蒼白となった三条実美たちは長州藩士たちとともに駆けつけるが、すでに勅令により彼らの御所への出入りは差し止められ、官位も剥奪された。

当然、大和行幸と親征宣言は中止になった。

長州藩に任されていた堺町《さかいまち》御門《ごもん》の警護役も解任され、代わってその任務は薩摩藩に引き継がれた。薩摩藩が自分たちと同様の攘夷行動をとっているものと信じていた長州藩にとって、薩摩藩の行動が卑劣な裏切りに思えたのは致し方なかったかもしれない。反対に、薩摩にとっての長州藩士は、寺田屋事件で殺害したかつての仲間たちの怨念が重なって見える存在だったかもしれない。いずれにせよもともと関係がよくなかった両藩は、これがきっかけで決定的に犬猿の仲になった。

まさに一朝にして、過激親征派と公武合体派の立場は逆転した。

激昂した長州藩士や激派公家のリーダーたちは大仏妙法院《みょうほういん》（現東山区）に集結して、対応の軍議を開いたが、あまりにも鮮やかな逆転劇に反撃の手段も見出せず、結局7人の公家（三条実美、三条西季知《さんじょうにしすえとも》、壬生基修《みぶもとおさ》、沢宣嘉《さわのぶよし》、四条《しじょう》高謌《たかうた》、東久世通禧《ひがしくぜみちとみ》、錦小《にしきのこう》路頼徳《じよりのり》）と、長州藩士、過激攘夷志士たち約2千600余名が京都から長州へと、断腸の思いで落ちていった。

これが8・18クーデターと〝七卿《しちきょう》落《お》ち〟事件である。

この後、長州にはさらに激しい時代の嵐が吹きすさぶことになるのだが、ちょうどこの時、天皇の大和国行幸に併せた悲劇的なテロ行動の連鎖が進行しつつあった。

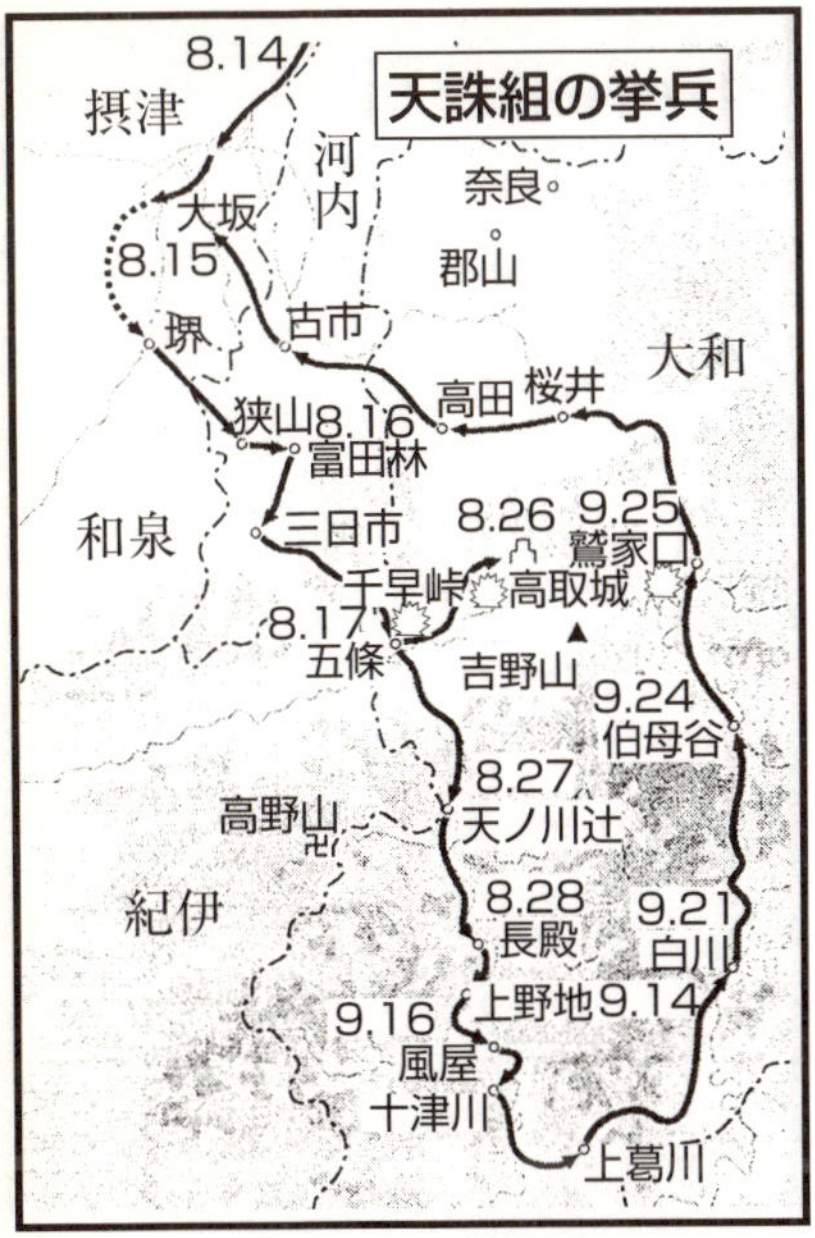

先走った革命 五條御政府樹立

孝明天皇による大和行幸とは、「神武《じんむ》天皇陵」から春日神社を参拝して逗留し、親征軍議の後に伊勢神宮に攘夷祈願をすることである。これを聞いて狂喜した急進過激攘夷派38名が、攘夷と倒幕の魁となるために京都東山の方広寺《ほうこうじ》に集まったのは、8月14日のことだった。

新しい時代が来る。そう確信する彼らは、〝天誅組《てんちゅうぐみ》〟を組織した。土佐勤王党の吉村《よしむら》寅太郎《とらたろう》、備前岡山脱藩の藤本鉄石《ふじもとてっせき》、三河刈谷脱藩の松本奎堂《まつもとけいどう》の3人が中心になり、大将格には大納言中山忠能《なかやまただやす》の子で前侍従《さきのじじゅう》の中山忠光《なかやまただみつ》が奉り上げられた。彼らは大坂で武器を調達。〝大和義挙〟を自称して南下し、堺を過ぎるころには義勇兵が次つぎに合流した。

17日夕刻には大和国五條《ごじょう》に到着し、五條代官の鈴木源内《すずきげんない》とその配下を斬殺してしまった。そして勤王思想の天誅組による五條の支配、すなわち〝五條御政府〟樹立を宣言した。新政府の主将は中山忠光。吉村ら3人は総裁に就任した。五條が天皇直轄になった祝儀として年貢を半減する、という農民たちへの〝おまけ〟までつけた。無論これは、天皇はおろか、尊攘派の公家さえも知らぬうちに彼らが勝手に行なった暴挙であった。

天誅組挙兵とその目的を聞きつけた真木和泉は、あわてて平野《ひらの》（二郎）国臣《くにおみ》を使者にして大和国への侵攻を中止するように求めた。が、時すでに遅く、代官の首は刎《は》ねられており、血に狂う彼らを止めることはできなかった。その直後、京都では8・18クーデターが起きており、真木たちは天誅組を制するどころではない深刻な状況に陥った。

京都の政変を知った天誅組は大混乱となるが、今さら退くこともできず、近在の十《と》津川《つかわ》郷士に朝命と偽って召集令を出した。集まった兵は、1千余名。

彼らとともに天誅組は難攻不落といわれた高取《たかとり》城攻略を試みた。これを落とせば、揺らぎかけた士気を再び上げることができる。しかし、4分の1程度の兵しかいない高取藩のこの城は、標高600メートルの山頂にそびえていた。結局は旧式の武装しかなかった天誅組には攻めきれず、逆に城の大砲による攻撃で大混乱に陥った。やがて周辺の有力藩からも、追討令を受けた援軍約1万が遅ればせながら到着し、疲弊した天誅組を追い散らした。同時に、天誅組の虚偽の朝命も暴露され、大半の郷士たちは離脱。一部は、追討側に回った。彼らにしてみれば、騙されていた怒りがあるから当然である。追討令からひと月後、山中のゲリラと化した天誅組もばらばらになり、吉村をはじめとするほとんどの幹部は戦死。捕縛された者の多くも、次々に処刑された。

大和全域を混乱に陥れた天誅組の騒乱は、ひと月あまりで決着した。

失意の中山忠光以下7名だけが大和国を脱出して、9月27日に大坂の長州藩邸に逃げ込んだ。その後、中山は長州に赴き、長州藩支藩の長府《ちょうふ》藩が保護。しかし、1年後の元治元（1864）年11月、長府藩内田耕《たすき》村杣地《そまち》（現下関市豊北町）で何者かに暗殺された。犯人とその動機は今も不明のままである。

無理な挙兵
生野御役所設立

文久3（1863）年9月、敗色濃厚な天誅組が大和国の山中で戦っているころ。彼らに同情的だった平野国臣は、何とか天誅組を支援しようと躍起になって奔走していた。真木の使者として、彼らの暴走を止められなかったという自責の念があったのだろう。

すでに大和行幸は中止され、急進派が都落ちしていることを承知のうえで、平野も無理な挙兵をしようとしていた。平野が目をつけたのは、但馬国生野《いくの》。軍資金になる銀山があり、打《う》ち毀《こわ》しや一揆に備える豪農たちが、幕府の認可を得て農兵を抱える地である。有力な豪商や豪農たちを味方につけ、農兵を中心に据えた朝廷先鋒隊を創設しようとした。

平野は、彼の地に通じた尊攘思想の豪農、北垣晋太郎《きたがきしんたろう》（国道《くにみち》）や中島太郎兵衛《なかじまたろべえ》に連絡をとり、挙兵計画を打ち明けた。もともと北垣と中島は攘夷の挙兵を望んでいたから、すぐに了承した。生野での密かな根回しを彼らふたりに託すと、9月28日には平野は長州の三田尻《みたじり》（防府）へ赴き、〝七卿〟のひとり沢宣嘉を説得した。10月2日、平野は、沢と元奇兵隊《きへいたい》総管の河上弥市《かわかみやいち》らを連れて長州を出奔。途中で過激志士たちも加わり、一行は一大兵力となって但馬の国を目指した。

が、10月8日に一行は天誅組が瓦解したことを知る。支援はもはや手遅れと理解した平野は挙兵中止を訴えるが、河上たちは弔い合戦を強く主張。結局平野は彼らに従うが、この時点で死を覚悟したはずである。

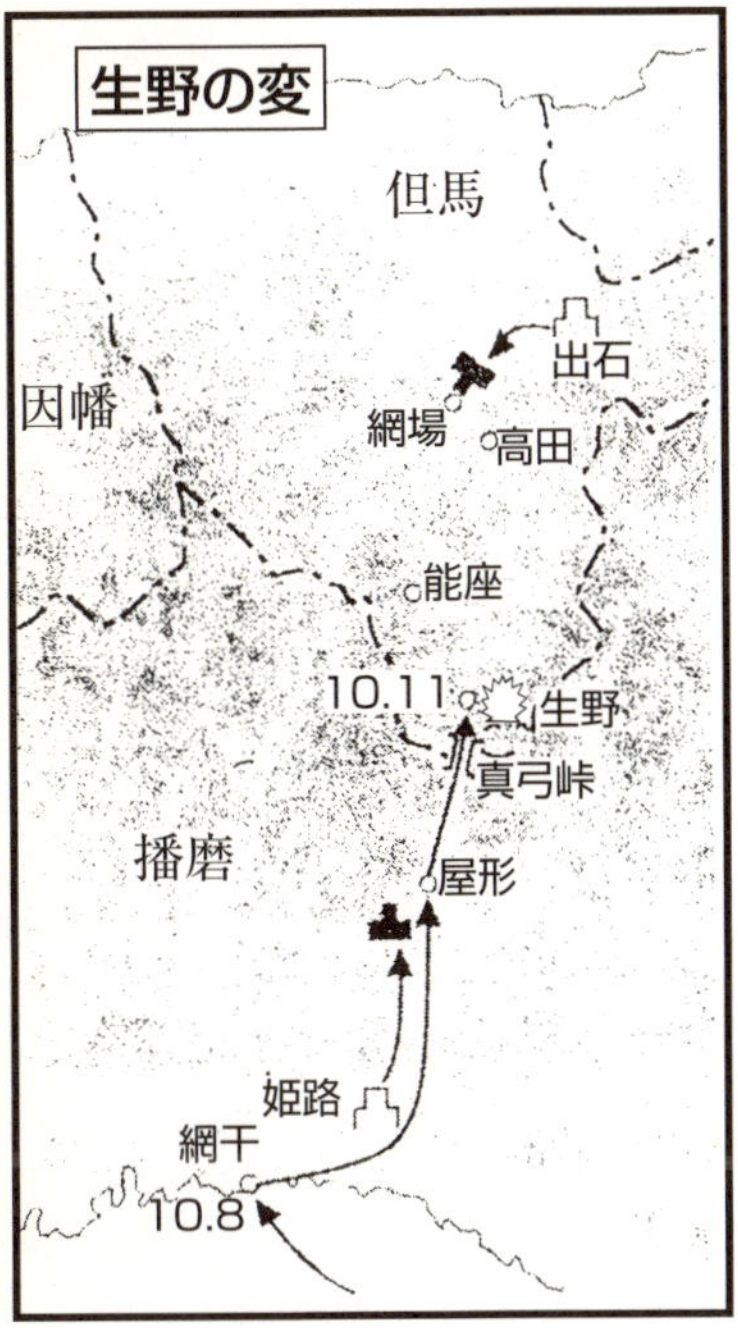

10月12日の夜明け頃。生野に到着すると、平野たちはすぐに代官所を襲撃するが、代官が留守であったため留守役武井正三郎《たけいしょうざぶろう》との話し合いで生野代官所を占拠した。確実な敗北を脳裏に浮かべる平野は、天誅組と同じ過ちを繰り返したくなかったのだろう。

一党は、生野代官所を陣屋にした新生〝生野御役所〟を宣言。沢宣嘉を総帥にしての挙兵である。直後、完全武装の北垣と中島が農兵を連れて生野代官所の陣屋に参集した。その数、2千以上。やがて、14日の夕刻をもって「倒幕を目的に京に出撃する」という檄文が村々に回された。しかしこの時、武井からの密使で周辺の藩に平野たちの挙兵は知れ渡っていた。13日には、出石《いずし》藩から約1千300の兵が討伐軍として出撃した。

予想外に早い幕府側の動きが生野陣屋に伝わって、農兵たちは激しく動揺する。討伐隊はさらに増えると知らされると、一時解散を訴える者が激増した。参集兵が増えなかったことも、約束の武器調達が遅れていることも、彼らを不安にさせていた。なかでも最も不安を大きくさせたのが、総帥の行動だった。沢は討伐隊先鋒軍の接近を知ると、あろうことか13日の深夜に数名の浪士を連れて生野陣屋を脱走し、長州へ逃げ帰ってしまった。

翌朝、それを知った陣屋は大混乱に陥った。農兵はただの農民に戻ってしまい、武器を捨てて村に逃げ帰った。ある者は討伐軍を恐れるあまり、まるで戦国時代の落ち武者狩りのように逆に一党に襲いかかった。もともと挙兵などに気が進まなかった農民たちは、それまでの豪農・豪商への憤懣を吐き出すように一党内の支配層を追いかけ、幹部のほとんどを殺害した。

生野の挙兵は、討伐軍の到着さえ待たずに、内輪揉めによってわずか3日で水泡に帰した。平野国臣も農民たちに襲われ、上《かみ》網場《なんば》村（現養父《やぶ》市）で豊岡藩兵に捕縛され、京の獄につながれた。

土佐勤王党大弾圧

京都での尊攘派駆逐は土佐にも影響した。勤王党は逮捕され、拷問のすえに処刑され、壊滅した

藩上層部の憎しみの対象は勤王党

土佐藩の武士階級には厳しい身分制度があった。上士《じょうし》、郷士《ごうし》（下士《かし》）、足軽に分かれており、上士には郷士や足軽を無礼討ちにすることが許されていた。足軽は、苗字を持つことさえ許されなかった。

支配階級の上士が佐幕的公武合体思想だったこととは裏腹に、郷士や足軽階級は過激な攘夷主義を主張・実践した。

上士と郷士・足軽の思想的対立の背景には、かつて四国を支配していた長曾我部《ちょうそかべ》一族の足跡がある。関ケ原の合戦で豊臣側を支持した長曾我部は敗北し、領地は山内一豊《やまうちかつとよ》一族の支配を受けることになった。山内に同行してきた家臣は上士となり、長曾我部の家臣は郷士や足軽に貶められた。

蔑みと恨み。徳川300年の太平の世も、彼らのなかに潜むこの角逐の根を消滅させることはなかった。郷士生まれの武市半平太瑞山《たけちはんぺいたずいざん》が土佐勤王党を結成すると、郷士や足軽たちがそこに集ったのもこうした過去によるところが大きい。建前の勤王自体は徳川の行政思想に通じていることもあり、上士側にもそれを止める方便はなかった。

吉田東洋《よしだとうよう》暗殺事件の直後から、山《やま》内容堂《うちようどう》はそれが土佐勤王党の仕業と疑い、盟主である武市瑞山とその一派の動きを腹心の後藤象二郎《ごとうしょうじろう》に追わせた。後藤は吉田東洋の甥であり、弟子でもあったため、敵を討つ執念で勤王党を探り続けた。

しかし、安政の大獄による謹慎処分で江戸にいなければならない山内容堂には、300名の一大勢力に成長した土佐勤王党の動きを力ずくで封じることは困難だった。

カリスマ的影響力を持つに至った武市は、その文武の才を朝廷にも認められ、文久2（1862）年8月には勅命によって京都の他藩接待役に任命された。この役職により、武市は他藩や公家の過激派とのネットワークを強力なものに育て上げていく。山内容堂は謹慎処分を受けたとき、前藩主豊惇《とよあつ》の弟豊範《とよのり》（14歳）に藩主の座を譲ったが、土佐藩の実権は握り続け、武市たちの活躍を苦々しく思いながら着実に藩内政治力を増強していった。

切腹、斬首、「不敬罪」……土佐勤王党壊滅

山内容堂の報復は、江戸での謹慎が解かれて土佐に戻った文久3（1863）年から始まった。

まずは、長州の攘夷行動で世論が沸き立っていた6月。間崎哲馬《まさきてつま》、弘《ひろ》瀬健太《せけんた》、平井収二郎《ひらいしゅうじろう》の3人を逮捕し、切腹に追い込んだ。理由は、内外政への過度の干渉。藩庁を頭越しにしての激派公家との勝手な策謀を問題視した。下層階級の藩士が朝廷の令旨を使って上士を操ろうとしたことを、身分制度に厳しい容堂が憎悪したのだ。

京都にいた武市瑞山にも召還命令が出た。武市は容堂と会い、勤王攘夷の意義を強く訴えた。

土佐藩関係者の生没年

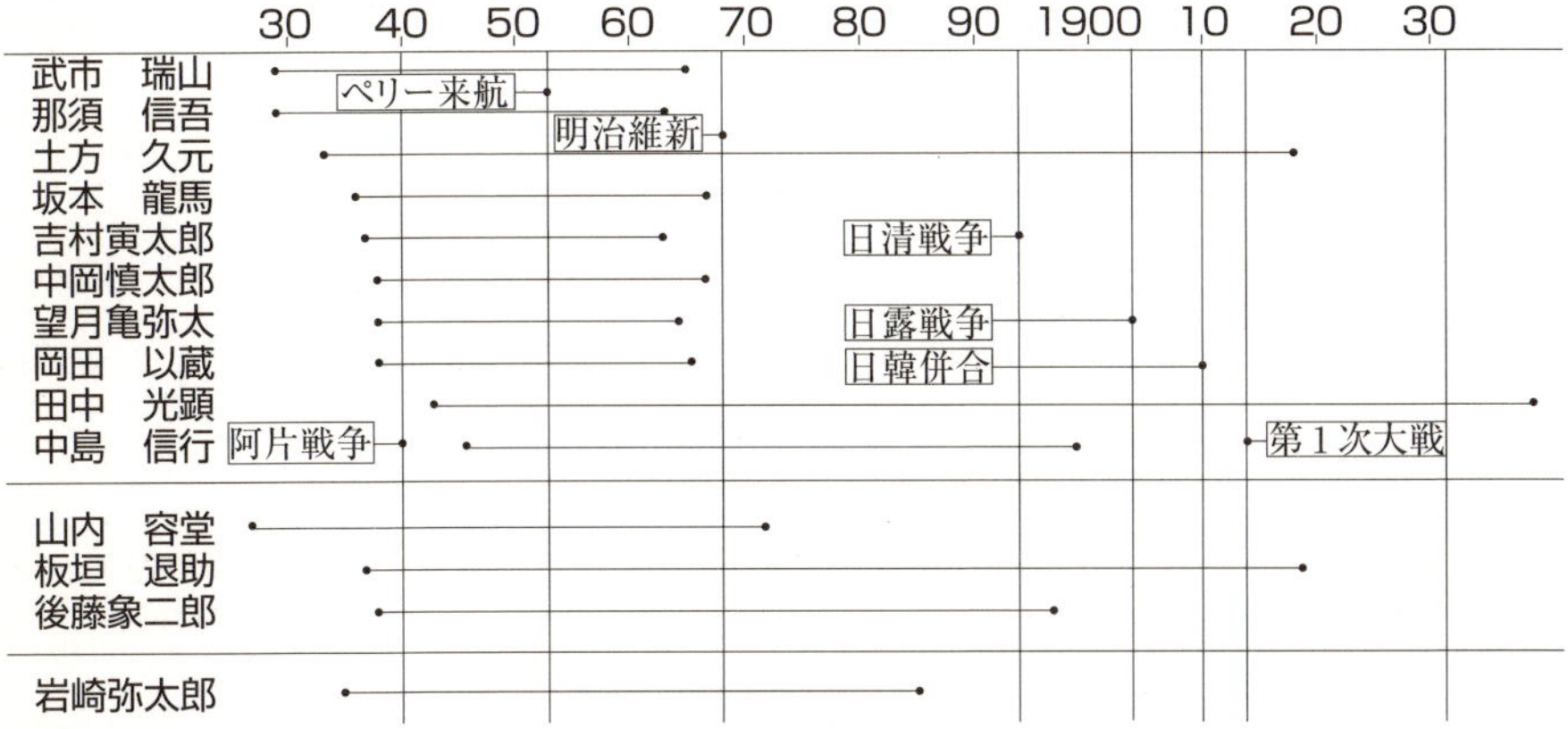

しかし直後、〝8・18クーデター〟で状況は一変する。

激派公家と長州藩勢力が京都から一掃されたことが伝えられると、9月1日に武市は捕縛・投獄された。実弟の田内恵吉《たうちけいきち》や島村衛吉《しまむらえきち》などの勤王党幹部らも次々に投獄されて、勤王党による破壊工作や暗殺行為について、武市以外全員に激しい拷問が加えられた。武市だけが拷問を受けなかったのは彼が〝白札《しろふだ》〟身分だったこともあるが、一党の団結を割るための手段である。しかし、全員がひと言も口を割らなかった。無論、武市自身も。

数ヵ月に及ぶ過酷な拷問で、田内は服毒自殺を遂げた。田内を苦悶から解放するための武市の指示によるものとも言われるが、真実は謎だ。島村らも拷問によって殺された。運よく生き残ったものは、壮絶な傷を心身に残した。勤王党による武市瑞山の奪還計画も実行されたが、失敗し、23名が斬殺・処刑された。

そんなか、岡田以蔵《おかだいぞう》が京で捕縛された。強盗容疑で捕縛されたときは無宿人〝鉄蔵《てつぞう》〟と名乗ったが、すぐに岡田以蔵と露見。身柄は土佐に送られた。元治元（1864）年6月だった。勤王党黎明期から岡田は武市に心服し、抜群の剣才を要人暗殺に発揮。〝人斬り以蔵〟の異名をとる、土佐勤王党きっての暗殺者として知られた。

ただし、知力・思想には乏しく、足軽の出身であったことも災いした。武市との親交が厚かった坂本龍馬《さかもとりょうま》の紹介で幕臣勝海舟《かつかいしゅう》の用心棒をしていた時期もあったが、剣の腕だけを利用されている岡田を坂本が哀れんで勝に紹介したらしい。実際、岡田は役に立った。闇討ちで勝を狙った刺客を、岡田が一刀で斬殺したことが記録にある。もしそのまま岡田が勝のもとにいれば、岡田自身のみならず武市の命運も変わっていたかもしれない……。

土佐に戻ってから2ヵ月間、壮絶な拷問が岡田に加えられた。足軽の岡田なら落ちる、と踏んで。結果、岡田は落ちた。武市による指示で行なった暗殺の数々をことごとく吐露した。この証言をもとに後藤は武市に詰め寄るが、武市はそれでも口を割らなかった。

捕縛から20ヵ月後の慶応元（1865）年5月、武市は藩命により切腹した。罪状は、藩公への不敬罪。思想犯として逮捕しておきながら、「不敬罪」でしか裁けなかったところに、この差別にまみれた土佐藩の宿痾《しゅくあ》が透けて見える。武市は切腹の作法どおり真横に大きく3ヵ所、腹を割って絶命した。その少し前に、岡田以蔵は斬首のうえ晒し首となった。岡田もまた思想犯ではなく、ただの罪人として処刑された。

武市瑞山の死で、土佐勤王党は実質的に壊滅した。

新選組出動！ 池田屋事件

8・18政変後も京に潜伏活動中の尊攘派を一挙殲滅。「明治維新の到来を3年遅らせた」新選組の強行突入

京都を火の海にしようとした天皇奪取計画

池田屋事件が起きたのは、元治元（1864）年6月5日。京都。

三条小橋西にある旅籠「池田屋」での新選組と尊攘過激派との深夜の戦いだった。尊攘派志士は16人が死亡、20名以上が捕縛され、新選組側も3名が死亡、2名が重傷を負った。さらに池田屋の周囲を固めていた会津・淀・松山・桑名各藩の捕吏にも、数10名の死傷者が出た。

一般に言われる事件の経緯は次の通り。

前年の御所クーデター（8・18政変）以来、長州藩や長州系の尊攘過激派は何とか京の政《まつりごと》に復帰できるよう懸命の根回しに奔走していた。その中心になったのが、桂小五郎《かつらこごろう》だった。京都藩邸に残り、朝廷側への政治工作に尽力した。いっぽう、捗らない交渉に苛立ちを募らせた過激分子は、京都での大規模テロを計画した。それは、烈風の夜（祇園祭の夜……とも）、都に火をつけ、その混乱に乗じて京都守護職松平容保《まつだいらかたもり》らを暗殺。孝明《こうめい》天皇を長州に〝お連れ〟する、というものだった。

不穏な動きを察知した新選組は、6月1日に熊本藩士宮部鼎蔵《みやべていぞう》の従者を逮捕して彼らの拠点を聞き出した。慎重な探索の後に6月5日早朝、河原町四条上ル東の薪炭商枡屋《ますや》を急襲した。そこに隠されていた大量の武器を押収し、主人の枡屋喜右衛門《きえもん》を隊の屯所に連行。激しい拷問にかけた。

やがて喜右衛門はすべてを吐いた……都市ゲリラ戦によって「玉《ぎょく》」（天皇）を奪うことまで。彼の本名は、近江郷士古高俊太郎《ふるたかしゅんたろう》。テロ攻撃のための物資調達や連絡を目的に、商人に化け、長州系の間者として活動していたのだ。

祇園祭は7日。あと2日しかない。新選組局長近藤勇《こんどういさみ》はただちにこの計画を京都守護職に報告し、市中探索の早期実施を要請した。

古高が新選組に捕縛されたという知らせは、すぐに激派尊攘志士たちにも伝わった。彼らは善後策を協議すべく、また古高を奪還すべく新選組屯所への襲撃を計画するため、あわただしく池田屋で会合を開くことになった。

そこで過激な手段が案として浮上するのは、想像に難くない。恐らく桂は、こうした案に反対だった。朝廷工作を続けている立場では、京都でのテロ行為にも反対していたはずである。午後8時、桂は一度池田屋を訪れるが、この時間ではまだ誰も来ていない。強運な桂は対馬藩邸に赴いたという。

そして午後10時。近藤勇を先頭に、突然5人の新選組隊士が池田屋に斬り込んだ。最初の斬り込みがなぜ5人だけだったのか、という疑問には、いくつかの説がある。曰く、尊攘派の会合が池田屋か四国屋《しこくや》（料亭「丹虎《たんとら》」）のいずれかで行なわれると知ったため、部隊を2つに分けた、という説。市街全体を探索していて、たまたま近藤率いる5人がこれを発見し、増援を待たずに踏み込んだ、

という説など。当時新選組には40人ほどしか隊士はいなかったという。探索には、そのうちの34名が出た。この日の午後、普段の市中見廻りと変わらぬようすで壬生の屯所を三々五々出ていき、祇園会所に集合。ここで捜索隊を編成した。

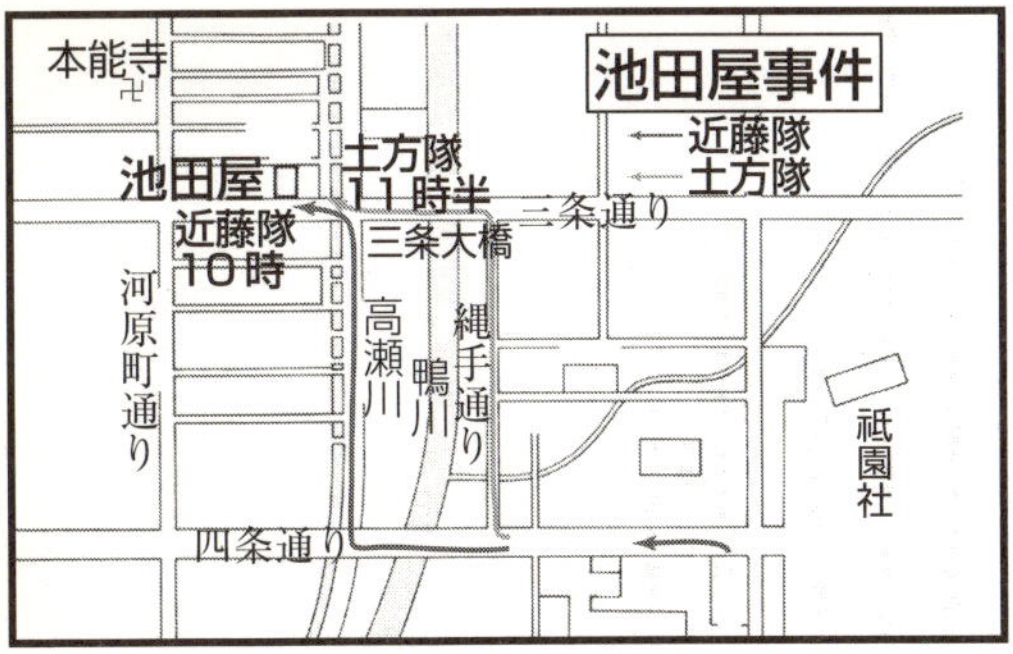

過激派をあぶり出す一大ローラー作戦

とにかく、戦いは始まった。敵味方も識別できぬ漆黒の闇のなか、2階建ての狭い屋内で尊攘志士20数名と新選組5名（近藤勇、沖田総司《おきたそうじ》、藤堂平助《とうどうへいすけ》、永倉新八《ながくらしんぱち》、近藤周平《こんどうしゅうへい》）が、1時間半にも及ぶ死闘を展開した。他に、2～3名の新選組隊士が出入り口に陣取って見張った。だから、派手な活劇ではない。暗黒迷路のなかでの静かな殺し合いになった。2つある階段と廊下の幅は、一般の住宅程度。天井さえ、現在の住宅よりも低い。続き部屋は襖で仕切られ、開け放てば奥へと広がる。それでも途中に廊下や階段があるため、大広間にはならない。その奥行き、約30メートル。三条通りと裏通りに面する間口は、約6・6メートル。総床面積は400平方メートル弱。

恐らく、突発的に始まった戦いなだけに互いに援軍は呼べなかった。新選組は幹部クラスの面々であるために退くはずはない。尊攘過激派側も古高奪還を目論んだのだから、仇討ちの気構えでいる。戦況は明らかに尊攘派が有利なはずだったが、新選組側の実戦経験が戦いを拮抗させていたのだろう。戦闘の図式からすれば、近藤たちが尊攘過激派たちを征討しようとしたというよりは、体を張って足止めしたことになる。

近藤勇　天保5(1834)～慶応4（1868）年＊

戦闘開始から1時間半後……つまり、午後11時半ごろ、鴨川の東を探索していた土方歳三《ひじかたとしぞう》隊20数名がようやく駆けつけてきた。さらに四半刻が経過した午前0時ごろには会津藩などからの役人数百名（数千名説もある）も駆けつけて池田屋を包囲し、逃げ出す者たちを斬り捨てた。

この夜、京都市中は一大ローラー作戦が展開されていたようだ。市中騒擾計画を察知した幕府警察組織が、総力をあげて市中の不審箇所をシラミつぶしに捜索していた。

会津は二条から南下し、新選組は四条から北上する。その結果、新選組のなかでも2つに分けられた近藤隊のほうが、池田屋に〝当たった〟のである。だから、池田屋ではない市中の場所で殺された尊攘派の志士たちもいる。

しかし、それでもこの事件には謎が多い。市中に会津藩を中心にして大摘発作戦が展開されていたのなら、各捜査班の横の連絡は必ずあったはず。近藤隊が池田屋で1時間半も孤立状態で闘いを続けていた――というのは、どういうわけなのだろう。

ともあれ、この事件で戦死した尊攘志士には過激派の重鎮がいた。長州の吉田松陰《よしだしょういん》とともに東北を旅し、8・18政変後は長州藩と行動をともにしていた宮部鼎蔵。この年また京都に潜入して活動していた。枡屋はその寄宿先だったのだ。他に、吉田《よしだ》稔麿《としまろ》（長州）、土佐の北添佶摩《きたぞえきつま》と望月亀弥太《もちづきかめやた》、大高又次郎《おおたかまたじろう》（林田）、石川潤次郎《いしかわじゅんじろう》（土佐）、杉山松助《すぎやままつすけ》（長州）、松田重助《まつだじゅうすけ》（熊本）といった各地のリーダー格たちである。彼らの死によって激派の活動は大幅に後退し、一説では「明治維新」の到来を3年遅らせたともいわれる。無論、逆に、歴史の歯車の回転を早めたという説もあるのだが……。

いずれにせよこの事件によって新選組の知名度は大きく上がり、流血の嵐を巻き起こす戦闘部隊へと変わっていく。恐らく、歴史上最強の剣撃集団として。

京で馬関で、長州藩の暴走止まらず

「薩奸会賊」を京から追おうと御所に戦火を向け敗北。半月後には外国艦隊に下関を破壊された長州の悲劇

長州藩暴走 御所に攻めのぼる

文久3（1863）年8月18日のクーデター以降、朝敵の立場となった長州藩では、以後の方針をめぐって議論が沸騰していた。京都からの追放処分に従って恭順・謹慎しつつも、この勅令が朝廷側の誤解によるものとして処分取り消しを求め、朝廷に嘆願書を出し続けた。しかし時が過ぎるにつれ、それらが天皇の目に触れることのないよう薩摩藩や会津藩、佐幕公家勢力によって握りつぶされている……という疑心暗鬼も、彼らのなかに芽生えていった。

そうした事情から急進派が、業を煮やして激発的行動に出るのは時間の問題だった。直接京都に赴いて、冤罪を訴えるような。

しかし、もしそうなれば幕府側にとっては、狂信的に攘夷を叫ぶ目障りな長州藩を完全に壊滅させる絶好の口実になる。慎重派はそのあたりも了知して、時間をかけた朝廷工作を繰り返していたのだ。

長州藩はすでに、油が煮え立つ鍋のような状態だった。

池田屋事件が起きたのは、そんなときだった。吉田松陰《よしだしょういん》が懇意にしていた宮部鼎蔵《みやべていぞう》や長州藩士の吉田稔麿《よしだとしまろ》たちが会津藩主配下の新選組に斬殺され、ついに油鍋がひっくり返った。怒髪天となったのは、長州きっての古強者《ふるつわもの》、来島又兵衛《きじままたべえ》である。これに大和行幸を計画した激派神官真木和泉《まきいずみ》らが加わり、京都に進撃しようとした。目的は、天皇への直訴と、長州藩を陥れた奸賊、薩摩・会津両藩を成敗すること。

慎重派は慌てた。桂小五郎《かつらこごろう》や高杉晋作《たかすぎしんさく》らのみならず、急進派の久坂玄瑞《くさかげんずい》さえ、来島と真木の暴走を止めようとした。兵を率いての上洛は、朝廷に弓を引く行為につながる。そうなれば、長州藩は本当の朝敵にされてしまう。しかし桂たちの制止は来島らの耳には届かず、結局は久坂玄瑞に3人の家老、福原越後《ふくはらえちご》、国司信濃《くにししなの》、益田右衛門介《ますだうえもんのすけ》が2千の藩兵を連れて進発。世子毛利元徳《もうりもとのり》も弁訴のため上洛の隊列に加わった。

元治元（1864）年の6月下旬には、福原越後率いる兵が伏見藩邸に入り、7月に入ると国司隊、益田隊も到着。国司や来島又兵衛らは嵯峨の天龍寺に、益田隊と久

坂・真木の一隊は、京都西郊の山崎天王山《てんのうざん》に陣を張った。激派浪士も加わってさらに兵力を増員。山崎、嵯峨、伏見の三方から京都を囲む布陣になった。20日以上の間、戦闘のためではなくあくまでも朝廷への恭順のつもりで京都市中には踏み込まずに、追放解除の嘆願を送り続けた。

しかしこの間に、幕府側は戦闘準備を整えていた。

やがてついに、双方が交戦を決意。7月19日の夜明け前、福原率いる700名の兵力が伏見を発して移動を始めると、これに対し大垣・会津・彦根藩兵が奇襲挟撃を仕かけ、進撃を阻止した。いっぽう、来島と国司が率いる精鋭800名は天龍寺を発し京都市中に突入していた。死を覚悟した来島たちは会津・桑名両藩兵を相手に優勢に戦い、御所に到達。御所西側の蛤御門《はまぐりごもん》を守る会津・桑名藩兵を後退させ、筑前藩兵の守る中立売御門《なかだちうりごもん》を突破し、御所内まで攻め込んだ。が、近代兵器を持ち込んだ薩摩藩兵の側面参戦によって形勢は逆転する。乾門《いぬいもん》から応援に駆けつけた西郷吉之助《さいごうきちのすけ》(隆盛《たかもり》)指揮の薩摩藩兵の銃撃によって来島又兵衛は戦死。久坂玄瑞は重傷を負った後に鷹司《たかつかさ》邸内で自決した。真木和泉もまた、幕兵の包囲網を破って従者たちと天王山に逃走するが、力尽きて自刃した。

やがて無傷だった益田隊に、敗残の国司隊と福原隊が合流。長州へと逃げ帰った。たった1日の戦いで、長州藩は壊滅的な打撃を受けた。またそれ以上に、京の街はその騒乱によって火の海になった。火災は折り悪しく吹き荒れた大風によって全域に広がり、2昼夜にわたって燃え続けた。その被災者の恨みは自然に長州へと向かった。

そしてこの時、市中の六角獄にいた囚人たちが、彼らの逃亡を恐れる役人に斬殺された。そのなかに激派志士の平野国臣《ひらののくにおみ》(生野の乱で捕縛)や古高俊太郎《ふるたかしゅんたろう》(池田屋事件で捕縛)がいたことは悲劇である。

こうして、禁門の変(蛤御門の変)といわれる事件は幕を閉じることになる。しかし長州の悲劇は始まったばかりだった。

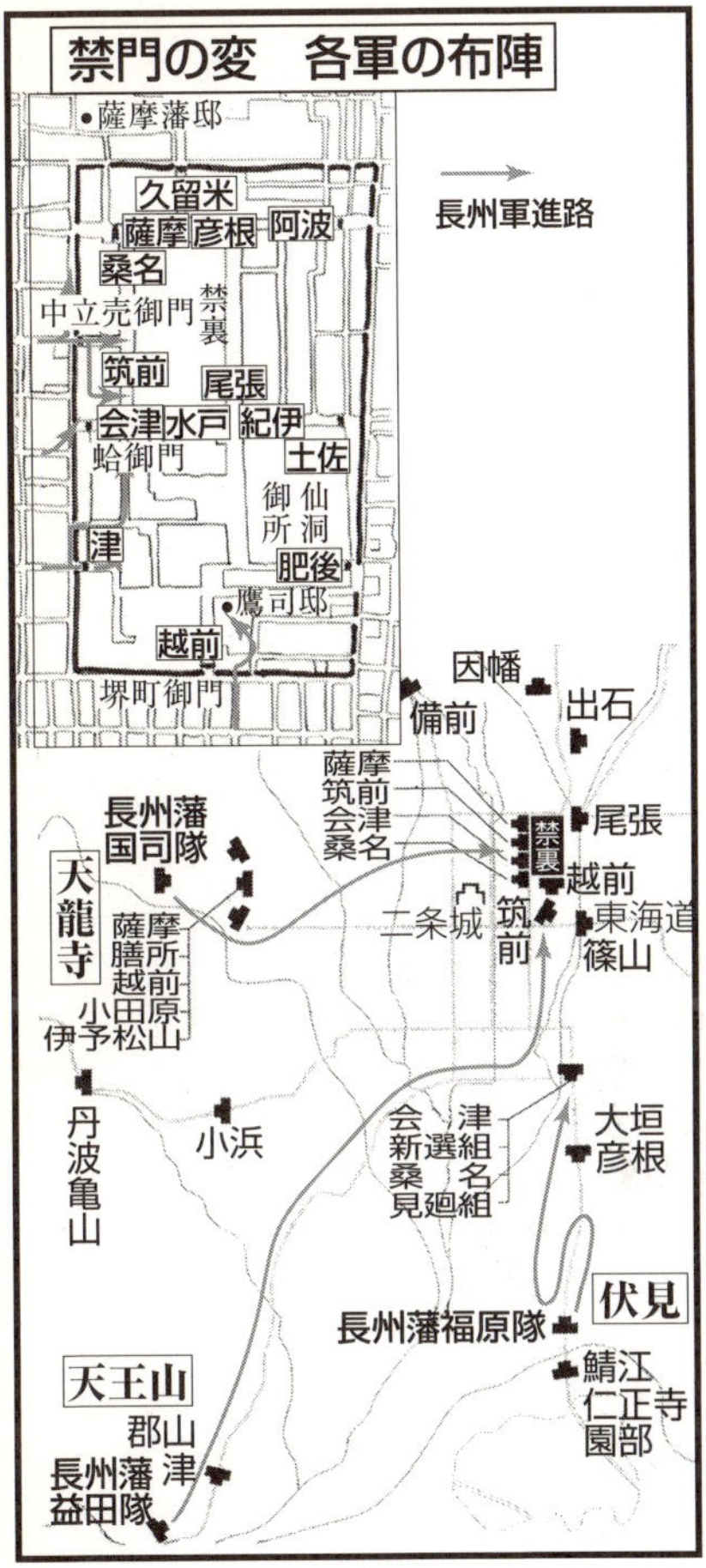

連続艦砲射撃で砲台沈黙
馬関戦争

文久3(1863)年5月の外国船への無差別攻撃で長州藩が喧嘩祭りに浮かれる少し前、藩政の中枢を担う周布政之助《すふまさのすけ》は5

名の藩士をイギリスに留学させていた。いずれ来る開国に備えて、少しでも異文化を知っておこうとする先見による違法行為だった。無論、幕府の許可などおりるはずもないから、密航になった。彼らは9月にイギリスに到着して勉強を始めるが、半年後にとんでもない情報をつかんだ。

　イギリス、フランス、オランダ、アメリカの4ヵ国が連合して、長州に戦争を仕掛けようとしているという。

　留学生のうち2名が日本に向かう船に乗り込み、密入国者として横浜に帰った。井上聞多《いのうえもんた》と伊藤俊輔《いとうしゅんすけ》。池田屋事件が起こる3日前の、元治元（1864）年6月3日のことである。

　このとき横浜ではすでに、4ヵ国連合艦隊の戦艦17隻と約5千名の戦闘要員が、出撃準備をほぼ終えていた。アジア地域における各国の主力部隊が横浜に集結していたのだ。全艦船の総砲門数は、288。薩英戦争時のイギリス艦隊の総砲門数の2・5倍以上になり、質量ともに長州側武装の数倍の破壊力を誇示していた。

　井上と伊藤はすぐにイギリス公使ラザフォード・オールコックに面会し、無理を承知で連合艦隊の出撃中止を要請した。しかしオールコックは、意外にも理解を示した。長州藩の説得を求めて、2人を下関まで軍艦で送った。本音は、長州藩の砲台などの偵察にあったのかもしれないが。

　6月24日、井上と伊藤は帰藩。上級士分の井上だけが山口の政事堂に出頭して4ヵ国艦隊のことを告げ、絶対に戦闘を避けるべきだ、と強く主張した。

　しかし池田屋事件直後の上洛騒動の最中において、開国主義に屈服するような意見は、感情的に認められることはなかった。結局、井上と伊藤の命懸けの報告を労《ねぎら》いながらも、藩首脳部はこれを無視した。

　そしてこのひと月後に、禁門の変（蛤御門の変）で長州藩は敗北するが、その少し前の7月22日に、連合艦隊が横浜を出撃した、という知らせが藩庁に届いた。

　朝敵の汚名はさらに濃くなったうえに、帰藩した兵たちは、重武装の外国勢力と戦わなければならないことになった。

　8月2日、4ヵ国連合艦隊は豊後水道の姫島《ひめしま》沖に集結した。長州軍も、民兵組織の奇兵隊《きへいたい》と膺懲隊《ようちょうたい》を中心に、2千名の兵を下関に配備した。

　そして8月5日の夕刻前、戦端は切られた。約1時間の連続艦砲射撃により、長州側の各砲台は沈黙した。破壊された台場もあったが、長州側の大砲が連続射撃により発射不能に陥ったためである。前田砲台にはイギリス陸戦隊の小部隊が上陸し、大砲を破壊して再び船に帰った。翌日朝にも、連合軍陸戦隊2千名が前田に上陸。ただちにそこを制圧した。

　やがて戦陣を整えた長州軍がこれを襲撃し、本格的な戦闘状態に入った。これが日本における、外国勢力との初めての本格的な銃撃戦となった。ただし兵力の差は、武器の差によるところが大きかった。長州藩が数年の間にとりあえずそろえた鉄砲の数は、たかが知れていた。ほとんどの兵は戦国時代並みの旧式の鉄砲をあてがわれていた。長州側の死傷者は、40名。連合艦隊側の死傷者は、48名。死傷者の数はともかく、砲台をことごとく破壊され、上陸・制圧されてみれば、長州側の大惨敗だった。

和議成立
賠償金は幕府に請求

8月8日、長州藩は休戦を提案。白旗を掲げた3人の使者が旗艦「ユーリアラス号」に赴き、艦隊総司令クーパー提督に面会を求めた。

使者のうち2人は、通訳の井上聞多と伊藤俊輔である。クーパー提督は降服を受け入れるつもりで応じたが、代表の宍戸《しど》刑《ぎょう》馬《ま》はとんでもないことを主張した。堂々とした態度で曰く、「以後の海峡の通行を認めてやる」と。クーパーは敗北の確認を要求すると、宍戸は拒否した。来艦の目的は攘夷の釈明と戦闘中止の申し入れであり、敗北など認めない、と朝廷と幕府による攘夷命令書を添付して主張した。

関門海峡に面した壇ノ浦砲台の「長州砲」（レプリカ、みもすそ川公園）

その場にいたイギリス側の通訳アーネスト・サトウによれば、不思議なことにクーパーは宍戸に対してある種のおもしろみを感じていたという。クーパーは停戦条件として賠償金300万ドルを要求したが、宍戸は「幕府が払うはずだ」と突っぱねた。馬関海峡の彦島《ひこしま》の租借をクーパーが要求すると、宍戸は、イザナギ・イザナミに始まる神話的民族性をとうとうとまくし立て、断固として拒否した。「そのためには戦闘再開も辞さぬ」と。宍戸の脳裏には、かつて自分の目で見た上海、あるいは話に聞く香港の姿が浮かんでいたと思われる。

いっぽうの連合艦隊側にも、長州攻撃には別の事情があった。幕府は貿易不均衡と駐在外国兵力の激増を問題視して、文久4（1864）年2月（20日に「元治《げんじ》」と改元）ごろから、朝廷の攘夷思想を方便に横浜閉鎖を密かに検討していた。外国勢力側がこれを知って猛反発し、長州への報復を方便に連合艦隊を横浜に並べた。

動機の本質は、幕府への砲艦威嚇にあった。横浜に大砲を打ち込むわけにもいかないから、代わりに下関を選んだ。あるいは誰かの入れ知恵かも……。思えば、長州藩の攘夷行動から1年以上も過ぎてから報復行動に出るなど、奇妙である。恐らくクーパー提督たちには、長州藩への恨みなどあまりなかったのだ。

結局3度の話し合いの後、宍戸の主張がおおむね通ってしまった。下関の通行権を確保し、さらに幕府に賠償金を請求するために、連合艦隊は意気揚々と横浜へと帰っていった。それを見送る宍戸刑馬こそ、奇兵隊創設者高杉晋作の偽名であった。

これ以降、イギリスと長州は緊密な関係を築いていくこととなる。かつて薩摩藩とイギリスが構築した関係と同じである。無論、長州と薩摩は犬猿の仲のままで。

また、連合艦隊による賠償金の請求によって、長州藩に対する幕府の憎悪はさらに膨れあがった。

長州の悲劇は、この勢いに乗って第三幕へとなだれ込んでいく。

進化する弾丸

戦争は科学や技術を著しく進歩させる。特に産業革命以降の世界において、量産される武器は戦争の機会を激増させ、戦術に変化をもたらし、さらに新たな武器の進化を促していった。常に最前線で用いられる小銃の進化は、その事実を雄弁に物語る。

かつては火縄銃に毛が生えた程度のものだった先込式の滑腔（スムース・ボア）銃は、螺旋の溝を銃身に刻んだ施条（ライフル）銃になって格段に命中率を上げた。弾丸の形がただの球体から椎の実型になり、高速回転しながら飛ぶことで空気抵抗が小さくなった。イギリス軍による実験では、４００ヤード先の標的への命中率は滑腔銃の４・５パーセントに比べて、施条銃では52・５パーセントにまで跳ね上がる。すなわち、螺旋を刻んだライフルでは命中率は10倍以上になる。火縄銃の時代では、命中率が低いために銃撃兵を大勢並べて、散弾を打つように大軍に向かって弾丸をばら撒くように発射していた。だが正確な射撃ができれば、無駄弾を撃つ必要がなくなる。単純に考えれば、10挺の滑腔銃は１挺の施条銃に劣ることになる。後込式ライフルが発明されると、操作効率は２倍以上に速くなった。先込式ミニエー銃が１分間に２発が限界だったのに対し、後込式スナイドル銃では５発が可能になった。単純計算では２・５倍。滑腔銃と比べれば、１挺で30挺ぶんの戦闘力を持つことになる。火縄銃の常識しか知らぬ軍師をミニエー銃で武装した参謀は笑うが、その笑みもスナイドル銃部隊の前では蒼白で引きつることになる。

19世紀の大きな戦いで使われた世界の近代兵器は、武器商人たちの手で幕末の日本に速やかに持ち込まれた。新式の銃器は高額だったが、旧式火器は大幅に値引きされた。比較的安価で日本になだれ込んだそれらは、新式兵器によって速やかに駆逐されていった。

つまりこの時代の最新鋭を誇る銃火器は、生鮮食品に似ていたのかもしれない。

PART 3

幕府滅亡

中村一朗

功山寺決起　長州藩内戦へ

「朝敵」となった長州藩は懲罰戦争を受けるも恭順。藩政を握った保守派に対し、諸隊が続々決起した

一戦も交えずに解兵した第一次征長戦争

禁門の変で京都を火の海にした長州藩に対して、幕府はその直後の元治元（１８６４）年7月23日に朝廷から追討の勅令を得た。

8月になると将軍徳川家茂《とくがわいえもち》が自ら軍を率いて長州に赴くと宣言。しかし4ヵ国連合艦隊の長州攻撃が先になってしまい、幕府はまず高みの見物に方針を切り替えた。ところがこれが裏目に出て、長州が払うべき賠償金のツケ３００万ドルが、幕府に回ってきてしまう。加えて、密かに画策していた横浜港閉鎖の目論見も長州と交戦後の異国勢力の武威圧力によって霧散してしまった。

自然に、幕府が恨みを晴らす対象は長州藩へと絞られていく。

家茂も、数ヵ月が過ぎると気も変わり、前尾張藩主徳川慶勝《とくがわよしかつ》を征長軍総督に、福井藩主松平茂昭《まつだいらもちあき》を副総督に任命して11月18日を期日に、35藩の軍勢15万をもって、長州を攻撃すると布告した。慶勝は全権委任を条件にこれを引き受けたという。

長府の功山寺境内に立つ高杉晋作像

幕命による征長軍総督の地位は武人の誉れだが、軍費は各藩が担わねばならない。この激動の時代、何かと出費がかさんで、徳川慶勝も松平茂昭も本音では戦いたくなかったのだ。

さらに薩摩藩の西郷吉之助《さいごうきちのすけ》（隆盛《たかもり》）が、蛤御門での戦いが認められて総督参謀として征長軍に加わった。幕府は、長州と犬猿の仲の薩摩人を征長軍に加えたほうがいいという程度の人選だったのだろうが、これが意外な誤算になった。

西郷は元来、長州消滅を望んでいたが、9月11日の幕府軍艦奉行勝海《かつかい》舟《しゅう》との会談でその考えを一変させる。勝は、現在の幕府には対外政務に対処する能力がないことを告げた。そして、有力藩による連合議会政治に移行すべきと教えた。西郷は驚愕した。幕府の要職にある人物から、徳川政権の終焉とその改革案が示されたのである。しかも、それには明

確な説得力があった。勝海舟はかつて鹿児島に赴いたときに、西郷が敬愛する故島津斉彬《しまづなりあきら》に大きな影響を受けていたのだ。

変革を迎えつつある長州を潰すべきではない、と勝は西郷に告げた。

やがて11月になると、征長軍は長州包囲の体制を整えた。

攻撃準備が整った14日、長州側からの使者が全面降伏を告げる書簡を持って広島の征長軍本営陣屋に到着した。書簡には、3つの生首が添えられていた。西郷は、長州の恭順姿勢を認めて征長軍を退くべき、と進言。戦いを望まぬ徳川慶勝と松平茂昭もこれに同調し、征長軍は一戦も交えずに撤兵した。

決起した高杉らが駆け下りた功山寺の石段

長州消滅を望む一橋慶喜《ひとつばしよしのぶ》と強硬派幕臣たちは、この知らせに激怒した。

「俗論派」の「正義派」粛清と功山寺決起、長州藩内戦

4カ国艦隊との戦争後、長州藩内の政治勢力に大きな変化が起きた。椋梨藤太《むくなしとうた》ら保守派グループ（倒幕攘夷グループからは「俗論派」「俗論党」と呼ばれた）が活発に動き出し、行きづまりを見せている倒幕攘夷グループ（自らを「正義派」と呼んだ）を追い落としにかかった。

9月25日、行政の中枢にいた周布《すふ》政之助《まさのすけ》は万策尽きて、自ら責任を取るかたちで自刃。同じ日、井上聞多《いのうえもんた》は「俗論派」の闇討ちにあって瀕死の重傷を負ったが、からくも一命だけは取り留めた。伊藤俊輔《いとうしゅんすけ》と高杉晋作《たかすぎしんさく》も同じ理由から命を狙われ、藩内から姿を消した。開国思想の彼らの命は、倒幕攘夷派からも狙われていた。皮肉な話ではあるが、とにかく、倒幕派の発言力が衰えたため、「俗論派」の権勢が台頭した。「正義派」の粛清は進んだ。

「正義派」諸隊が本陣を置いた大田金麗社

「俗論派」は禁門の変で長州兵を率いた福原越後《ふくはらえちご》、国司信濃《くにししなの》、益田《ますだ》右《う》衛門介《えもんのすけ》の3家老を切腹させ、降伏恭順の証にその首を征長軍に送った。11月14日に広島の征長軍本営に届けられた生首は、この3家老の変わり果てた姿だったのだ。

長州藩内は騒然となった。

3家老の死を知った高杉晋作は逃亡先の九州から戻り、自分が創設した民兵諸隊にクーデターの決起を促した。力士隊《りきしたい》の総督だった伊藤俊輔や、脱藩浪人で構成する遊撃隊《ゆうげきたい》の総督石川小五郎《いしかわこごろう》たちはすぐに呼応。まずは80名足らずの義勇兵が名乗りを上げた。

12月15日の雪の深夜。長府。いわゆる“功山寺《こうざんじ》決起”である。

功山寺を戦いのスタート地点にしたのは、いわゆる“七卿落ち”の亡命公家のうち5人が匿われていたからだ。5卿に見送られ功山寺山門を出撃した高杉たちは、下関新地の藩会所と三田尻海軍局を無血制圧してしまった。この馬関《ばかん》の占領によってそれまで形勢を傍観していた奇兵隊《きへいたい》なども決起軍に合流。

明けて元治2（1865）年の正月になると、長州藩正規軍との本格的な戦いになった。装備と戦略にすぐれた高杉たちは、数に勝る正規軍を次つぎに撃破していった。やがて農兵と町人志願兵もさらに決起軍に集って、いつの間にか兵力3千を超えていた。そして山口を拠点に萩を包囲すると、藩庁に対して「俗論派」の罷免を求めた。2月にこの請求が通って政務から「俗論派」は一掃され、不可能と思われた高杉たちの藩内革命は成功した。“そうせい候”毛利敬親《もうりたかちか》もこれに安堵した。

しかし、長州藩の政変に気づいた幕府側は、新たな討伐の準備を始めていたのである。

「天狗奔る!」水戸天狗党大長征

長州とともに尊王攘夷思想の本家たるべき水戸藩は内部分裂。軍旅の果てに天狗たちが得たものとは?

天狗と諸生、御三家水戸藩のなかの内紛

文久3（1863）年からたて続けに起きた過激攘夷派による事変のなかでも、水戸天狗党の挙兵は異質である。攘夷挙兵から事が始まり、水戸藩内の権力争いへと複雑に発展していった。

元治元（1864）年3月27日、水戸藩の中・下級藩士改革派170名が、攘夷祈願のために筑波山の知足院大御堂に集い、亡き藩主徳川斉《とくがわなり》昭《あき》の遺志を継いで挙兵を宣言した。横浜港を閉鎖し、神州日本を汚す異国勢力を力ずくで追い払うべし、と。

本来なら長州藩と連携する東西の同期挙兵を画策していたが、8・18政変による長州の失脚で予定が狂った。長州藩士桂《かつら》小五郎《こごろう》からは軍資金1千両が供与されていた。

挙兵の中心になったのは水戸学の権威藤田東湖《ふじたとうこ》の四男藤田小四郎《こしろう》、盟主は町奉行田丸稲之衛門《たまるいなのえもん》だった。尊王攘夷の思想を掲げて日光東照宮に向かって進撃し、各地に檄を飛ばして5月末に再び筑波山に戻ったときには兵の数は千を越えていた。老中板倉勝静《いたくらかつきよ》や、斉昭の子らが藩主となっている鳥取藩（藩主池田慶徳《いけだよしのり》）と岡山藩（藩主池田茂政《いけだもちまさ》）にも攘夷決行の嘆願書を出して支持を訴えた。

しかし急激に膨れ上がった挙兵軍に秩序を保つのは困難だった。血気にはやった一部の者たちはただの暴徒のように振る舞い、町々から軍資金と称して金品を強奪。手向かうものは容赦なく殺傷した。彼らは民衆から嫌われ、恐ろしい存在として〝天狗党〟と呼ばれるようになった。もともと〝天狗〟とは、学識を鼻にかける水戸学派への蔑称で、それが藤田たち一派への侮蔑的な呼称となった。

筑波山周囲を占拠した天狗党は、天然の要塞に潜む盗賊団のように扱われた。

水戸藩庁は藤田たちに行動中止を命じるが、彼らは聞き入れなかった。藩の中枢を担うのは〝諸生党《しょせいとう》〟と呼ばれる保守佐幕派である。斉昭の遺言に従う点では藤田たちと一致するが、解釈は異なり、改革派（天狗党）とは対立する関係にあった。この二派の対立に、江戸にいた藩主徳川慶《とくがわよし》篤《あつ》は振り回された。双方からの報告に混乱し、結局は判断を藩庁の家老たちに任せてしまった。

諸生党は幕府に天狗党討伐を要請。幕府側は若年寄田沼意尊《たぬまおきたか》を追討軍総括に任命して筑波に送った。諸生党の中心人物は、家老市川三左衛門《いちかわさんざえもん》（弘美《ひろとみ》）。討伐軍を指揮しつつ、同時に水戸の藩政を諸生党で独占した。改革派の重鎮だった家老武田耕雲斎《たけだこううんさい》は藤田たちを擁護したという理由で失脚した。やがて、7月7日に戦陣が切られた。事は攘夷の有無を越えて水戸藩の権力争いの色を濃くしていく。その流れに失望した一部の攘夷志士たちは天狗党から離れたが、新たに参集してくる勢力もあった。

藤田たちの主張は幕府による攘夷嘆願である。外様大名の薩摩や長州とは異なり、徳川御三家のひとつである水戸藩士には、たとえ過激派で

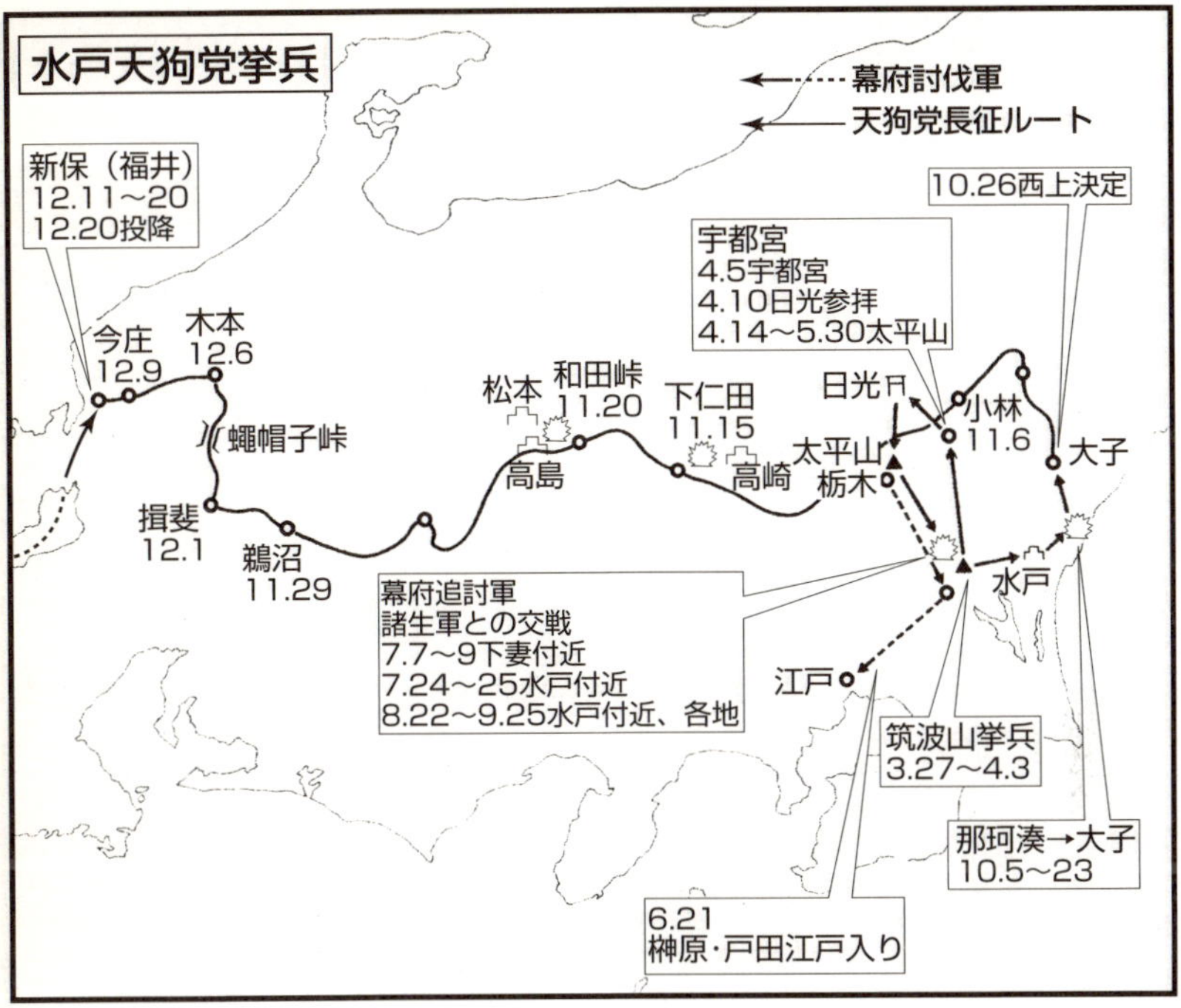

も倒幕の意志などなかった。しかし戦闘が進むに連れ、思想理念よりも目先の敵への憎悪が大きく膨らんでゆく。戦いは本来の目的を見失って、互いを殺し合う大規模な内乱に発展しつつあった。

京へ——、冬の山間部をゆく長征

この流れを断ち切るべく、藩庁で失脚した武田耕雲斎が藤田陣営に加わって実質的な指導者となった。筑波山から追われた藤田たちは潮来《いたこ》から水戸近郊でゲリラ戦を繰り返し、久慈、大子《だいご》へと逃げ延びた。

このとき、武田は62歳。藤田たちに武器を収めさせ、京都で禁裏御守衛総督の職に就いている一橋慶喜《ひとつばしよしのぶ》（斉昭の子）を頼って朝廷に陳情書を出すための京都行脚を提案した。無論、挙兵軍であるから街道を避けて歩くことになる。一党は、冬の山間部を行く苦難の旅を選んだ。

武田たちは幕府の追討令により各地での戦いを余儀なくされたが、彼らに同情する藩は、主要街道以外の通行なら黙認する、とあらかじめ通告していた。行軍の態度は武士らしいもので、天狗党の名に恐れをなして宿を提供した旅籠では、宿代が支払われたことに驚いている。

11月1日からひと月半、武田たちは雪中行軍に耐えた。彼らに暖を取らせないために、村を焼き払った藩もあった。雪中の野営がどれほどに厳しかったかは想像に難くない。特に、年長の武田には辛かったろう。やがて一行は力尽き、12月17日、越前新保《しんぼ》で加賀藩に投降した。このとき武田は、軍資金から200両を周辺の村に迷惑料として贈っている。

加賀藩は彼らを温かく向かえ、約束に従って陳情書を京都の一橋慶喜に送った。翌年の正月明けまで、客として扱った。苛烈になるであろう追及を知る立場の者の、せめてもの武士の情けだったのだと思う。

やがて田沼意尊率いる幕府軍が敦賀に到着。天狗党の身柄が幕府に引き渡しになると、肥料にするニシンを貯蔵する16棟の鰊倉《にしんぐら》に入れられた。田沼は恨みを晴らすような過酷な科刑を断行した。斬首350名、遠島37名、追放187名。少年11名が寺預かりとなった。武田の首は家族のもとに送られ、妻はその首を抱かされて一族すべて処刑された。この非道な処置に世論が沸騰した。この年、一橋慶喜が「横浜を閉鎖する」と口にして有力藩主たちを驚愕させたのも、この事件の良心の呵責が少なからずあったのかもしれない。

亀山社中は〝カンパニー〟じゃきに

長州に需要があり、余剰武器は薩摩を通じて供給される。間に入るのは、死の商人と素浪人集団。経済が動く

戦争終結と同時にもちあがったのは余剰兵器の処理だった

日本の開国に先鞭をつけたのはアメリカであった。しかし混乱する日本に対し、アメリカは列強として具体的な次の策を講じなかった。いや、正しくは、講じられなかったのだ。

南北戦争の勃発（１８６０年）である。貿易どころではなくなったアメリカは国内問題の対応に終始した。戦争は１８６５年まで続き、約3千万人の人口を有していたアメリカにおいて、北軍勝利での終戦時には全土で62万人の戦死者を出した。人道的見地からの黒人解放戦争のように思われがちだが、実態は奴隷制度に依存する保守的な南部産業体質と、近代工業技術に裏打ちされた改革派の北部産業体質の対立から始まった。奴隷解放運動は、戦争の中盤から人道派の海外へのプロパガンダとして付随してきたもの。それが、人権と平等主義を掲げる近代立法政治の中核的な位置に押し上げられていった。

戦いの序盤においては、多くの人材と富を抱える南軍が有利に戦線を展開していくが、工業技術に勝る北東部勢力が徐々に形勢を逆転していく。大量に作り出される近代兵器が各地の戦いで北軍に勝利を呼び込んでいった。

そして終戦。その後のアメリカは、荒廃した国土の再建のために内需拡大路線を突っ走っていく。無論、工業製品を海外に売ることで外貨を稼ぐ政策の推進は怠らなかったが、かつてと比べるとその力は弱く、国内市場優先志向の時期にあたっていた。

南北戦争とその終結は、日本にも大きな影響を及ぼした。もしアメリカが日本との通商条約締結後に本格的に交易を仕かけてきたならば、イギリスやフランス以上に大きな発言力を幕府に対して行使していたはずである。が、そうはならなかった。クリミア戦争のためにイギリスが無理な開国を日本に迫る機を逸したのと似ている。

しかしそれ以上に大きかった影響は、南北戦争後にだぶついた大量の中古兵器が、上海に拠点を置く武器商人たちのもとに流れたことにある。銃器や大砲、軍艦さえ安値で売りに出された。武器価格の相場は大きく下落した。

そして、それらの兵器は武器商人たちの手で、内乱に揺れる日本に向かうことになる。

武器大量密輸 運行は亀山社中

元治2（１８６５）年（4月に「慶応」と改元）になると、藩内内戦後に攘夷派の台頭した長州に対して、幕府が二次戦を仕かけてくることは誰の目にも明らかだった。そして、誰の目にも話し合いの余地さえない今度こそ、長州滅亡は必至に見えた。4月、幕府は5月16日を期しての将軍「親征」——長州再征を布告した。この状況を打開するためには軍備の増強が不可欠で、それには大量の洋式兵器を買い込む以外に手はなかった。

4ヵ国艦隊との戦争でイギリスと

関係が強化できた長州だったが、5月、下関遠征参加の英仏米蘭4ヵ国は「厳正中立」「絶対不干渉」共同覚書を交わした。幕府との関係を深めるフランス公使レオン・ロッシュの主導によるもので、長州との密貿易を禁じる取り決めである。その結果、長州は公式の貿易では、イギリスから洋式兵器の購入ができなくなった。

絶体絶命の窮地に陥った長州に救いの手を差し出したのは、一介の素浪人、坂本《さかもと》龍馬《りょうま》だった。坂本は、勝海舟《かつかいしゅう》の主宰した神戸海軍操練所（元治元〈1864〉年5月設立）の塾頭を務めていたが、操練所閉鎖（元治2〈1865〉年3月）後、5月には長崎を拠点に土佐脱藩浪士の仲間たちと「亀山社中《かめやましゃちゅう》」という〝カンパニー〟を立ち上げていた。勝を通じて薩摩藩と深い関係にあった坂本は、西郷吉之助《さいごうきちのすけ》（隆盛《たかもり》）や家老小松帯刀《こまつたてわき》を口説き、薩摩藩にスポンサーとなってもらったのだ。いっぽうで坂本は、長州に赴いて洋式兵器の重要性を説き、藩主親子からそれらの購入許可も獲得した。坂本は長州藩に、薩摩の協力で長州は近代兵器をそろえることができると説得。薩摩に対しては、現状の改革には長州の力添えが絶対に必要だと説いた。さらに7月、英語を理解する井上聞《いのうえもん》多《た》と伊藤俊輔《いとうしゅんすけ》を長崎に呼び、イギリス商人トマス・グラバーに引き合わせた。

商談は進み、長州藩はグラバー商会（「ジャーディン・マセソン商会」の長崎代理店）から最新式のミニエー銃4千300挺（7万7千400両）、西洋ではやや時代遅れのゲベール銃3千挺（1万5千両）、それに中古の木造蒸気型軍艦「ユニオン号」（3万7千700両）を購入した。いうまでもなく、グラバーの商品は上海にストックされていたものである。国家の方針などはどこ吹く風の、この時代の死の商人たちのたくましさがうかがえる。

購入したのはあくまで長州藩だったが、表向きの名義は薩摩藩になっていた。銃器を満載した軍艦「ユニオン号」が長崎に到着すると、坂本たちは船名を「櫻島丸《さくらじままる》」に変え、船首には「〇に十」の島津の家紋、亀山社中の面々が運航を担当して下関に赴き、積荷を下ろした。つまり、あからさまな密輸であった。長州藩の桂小五郎《かつらこごろう》は、謝礼の意味から大量の長州米500俵を薩摩藩に贈った。この年、薩摩藩では米が凶作で、いっぽうの長州藩では豊作だったのだが、西郷が辞退したことから「報国の資」として亀山社中がちゃっかりもらいうけた。

薩摩と長州の双方に硬く絡みついていた憎悪の糸は、少しずつ緩みはじめていたが、信頼関係の構築に至るほどの雪解けには、まだもう少し時間が必要だった。

亀山社中年表

1861	8	土佐勤王党結成。坂本龍馬も血判加盟
1862	3	坂本脱藩
1863	10	神戸に勝海舟の海軍私塾ができ、坂本は塾頭となる。帰藩命令に従わず再脱藩
1864	6	池田屋事件
	8	坂本、勝海舟の使者として京都に西郷隆盛を訪問
	10	勝、幕府軍艦奉行罷免、江戸召還。勝は坂本ら塾生の身柄を西郷に依頼。坂本ら大坂薩摩藩邸に潜伏
1865	閏5	武市瑞山、土佐で切腹
	6	坂本、中岡慎太郎ら薩長和解を周旋するも失敗。長崎に亀山社中設立
	10	英商グラバーより薩摩藩名義で長州藩船ユニオン号購入
1866	1	薩長同盟成立
	5	ワイルウェフ号が五島塩屋崎に沈没
	6	第2次長州戦争
	10	プロシヤ商人チョルチーより薩摩藩の保証で帆船大極丸購入
	11	坂本、五代才助（薩）、広沢兵助（長）らと会談、「馬関商社」議定書作成
1867	1	坂本、長崎で土佐藩家老後藤象二郎と会談
	4	坂本、脱藩を許され、亀山社中は土佐藩海援隊に発展解消。坂本は海援隊隊長に。大洲藩船いろは丸に武器商品満載し長崎を出航するも、鞆ノ津沖で紀州藩船明光丸と衝突。いろは丸沈没
	6	坂本、「船中八策」を建議

恩讐を越えて、薩長秘密軍事同盟

政治が経済を後追いする。物流面で結びついた薩長はついに同盟関係に。寺田屋襲撃は同盟成立直後だった

経済的結びつきはできても最後の関門は人心の壁だった

慶応元（１８６５）年7月以降、犬猿の仲と見られていた薩摩藩と長州藩の関係は、亀山社中による密貿易の仲介によって少しずつ改善されつつあった。物流が両藩を結びつけた。しかし互いに殺し合った傷を持つ人心は、そう簡単には開かれない。似た思想を持ち、ともに異国との戦争も経験した両藩だったが、現在の立場にはあまりにも大きな隔たりがあった。その隔たりを構築したのは薩摩藩のしたたかな政策である。理としては互いの存在を認めながらも、そうした過去の凄惨な経緯が双方の疑心暗鬼の温床になっていた。

――後の歴史を知る私たちは、幕末から明治維新にかけての内乱期を「幕府対薩長の戦い」だと考えがちだ。しかし、そういう図式が形成されるのは、幕末もやっとこの薩長の同盟が成立しようという時期にいたっての話であって、むしろそれまでは「幕・薩・長、三つ巴の覇権抗争」として見たほうが状況を理解しやすい。

さて、薩長双方で機運は高まり、同盟が互いにとって必要だという理性の認識はできた。だが、感情面の納得には時間がかかった。この清算を委ねられたのは、薩摩側が西郷吉《さいごうきち》之助《のすけ》（隆盛《たかもり》）、長州側は――このころ藩主から「木戸」姓を賜った――桂《かつら》小《こ》五郎《ごろう》だった。

下話は、以前からあった。亀山社中創設直後の慶応元（１８６５）年閏5月21に最初の会談が予定された。尽力したのは坂本龍馬《さかもとりょうま》と、やはり土佐脱藩の中岡慎《なかおかしん》太郎《たろう》や土方楠左衛《ひじかたくすざえ》門《もん》（久元《ひさもと》）だった。中岡は脱藩後、長州藩に身を寄せて活動しており、長州に広い人脈を構築していた。

中岡は鹿児島に赴き西郷を説得、土方は下関で木戸を説き、両者の会談をセッティングした。海路上京の途中で西郷は下関に寄港することを承知する。しかし、佐賀関《さがのせき》まで来たとき、西郷は「大坂直航」を言い出し、約束をすっぽかして京都に向かってしまった。桂は怒ったが、西郷が幕府による長州再征を阻止するために関西に急いだという事情は理解した。薩摩藩の名義で長州の武器を買う……物流による手打ちは、それからすぐ後のことである。

坂本龍馬　天保6（1835）～慶応3（1867）年＊

そして、西郷の使者として山口入りした黒田《くろだ》了介《りょうすけ》（清隆《きよたか》）をともなって木戸が三田尻（防府）を船出したのが12月27日。明けて慶応２（１８６６）年1月8日に木戸は密かに京都薩摩藩邸に入り、西郷らに迎えられた。薩摩側は酒席を設けて長州側を接待するのだが、毎日顔を突き合わせても、なぜか同盟を組むという話には至らなかった。「先に口にしたほうが負け」という異様な雰囲気のなかで、子どもの喧嘩のような意地の張り合いが続いていた。

10日後、ついに木戸は同盟締結を放り出し、帰藩しようとした。

下関から20日に京都に着いた坂本は、それを知って激怒した。西郷と木戸に対してというより、そんな状況に陥った事態に対しての癇癪だった。木戸は長州滅亡を覚悟していた。しかし滅亡後も、薩摩が日本を救ってくれる、とも信じていた。それだけの信頼を薩摩藩に寄せながらも同盟設立を言い出せない木戸は、坂本にその苦渋の心根を打ち明けた。負け組の自分たちが勝ち組にすがりつく。同盟締結を求めて先に請い願うのは、あまりにも惨め過ぎる、と。

木戸の言い分を聞いた坂本は、「長州が、かわいそうだ!」と、西郷に詰め寄ったという。この時、もし同盟が成立しなければ、坂本は西郷と木戸を斬り自分も死ぬつもりだったことを、知人に打ち明けている。

答えは常に、単純なところにある。木戸の心根を写しとった坂本の必死の言葉が、西郷のわだかまりを消し去った。西郷は、薩摩側から同盟締結の打診を長州側に申し入れることを約束した。

1月22日、倒幕を前提とした軍事条約、薩長同盟が成立した。

歴史は人びとの感情で動く。この件は、それを物語る大きなエピソードのひとつである。

伏見奉行所による寺田屋襲撃 坂本は重要手配人物に

薩長同盟成立の翌1月23日夜、坂本龍馬は伏見の寺田屋にいた。寺田屋は、かつて薩摩藩の激派が島津久《しまづひさ》光《みつ》の上意で粛清された宿だ。

坂本と同宿していたのは、長府《ちょうふ》藩（長州の支藩）士の三吉慎蔵《みよししんぞう》。宝蔵院流の槍の達人で、長州藩が坂本の護衛として下関から同行させた人物だが、長州としてはこれから同盟しようという薩摩の動向を探らせる意味もあっただろう。

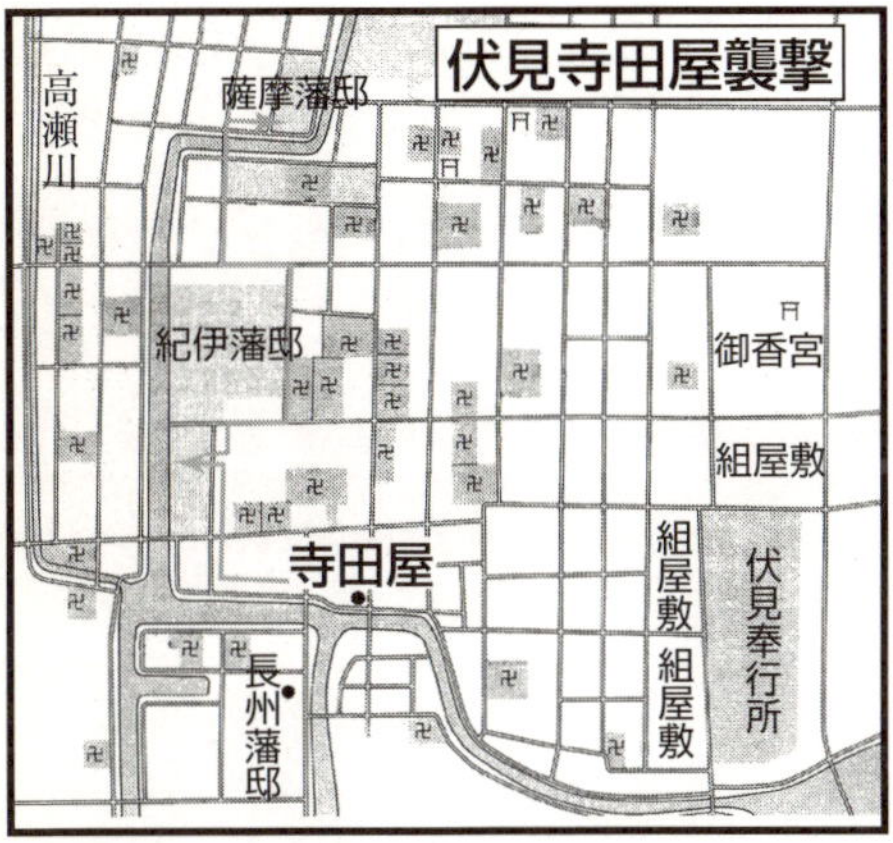

坂本は、大事を成した後でもある。油断していたのだろう。このころ幕府側は、薩長間に不審な動きのあることをふまえ、長州藩にしきりに接触する坂本を捕縛しようと人相書きを配布していた。幕府が長崎に送り込んだ間者「長吉」は、下僕になりすまして坂本たちと一緒に下関から伏見に到着。伏見奉行所に届け出た。

その深夜、約130人の捕吏が密かに寺田屋を囲んだ。最初に異変に気づいたのは、入浴中だった宿の女中〝おりょう〟。直後、おりょうは坂本たちのいる2階部屋に急報する。役人に囲まれていると聞くと、ふたりの腹は決まった。役人たちは寺田屋に踏み込んできたが、彼らは坂本たちを恐れていた。坂本は江戸の名門千葉道場で北辰一刀流免許皆伝の腕前である。しかし坂本は剣を抜かず、護身用に持ち歩いていた六連発拳銃を乱射。2名を射殺した。三吉も狭い室内での戦いには有利な短槍を自在に操り、防戦した。及び腰だった役人たちは大混乱に陥った。

やがてふたりは寺田屋裏手から脱出に成功する。が、坂本は役人側からの斬撃を銃身で受け止めたさい、骨まで達する深手を親指に負った。逃走中に出血多量で意識を失い、三吉の急報で駆けつけた薩摩藩士たちによって伏見の薩摩藩邸に担ぎ込まれた。月末には薩摩兵に護送され、おりょうも一緒に京都の薩摩藩邸へ移動。この後、おりょうは坂本の女房になる。そして薩摩藩の計らいで、坂本の傷の治療も兼ねて、ふたりは霧島《きりしま》に赴いた。これが日本人で最初の新婚旅行と言われるが、果たして……?

坂本たちを取り逃がした伏見奉行所だが、薩摩とのこの時点での関係を考えれば、それ以上の手出しはできなかった。幕府の坂本への憎悪は具体的なものになり、トップランクのテロリストに名を連ねた。

長州戦争開戦　幕府完敗

幕府側兵力は10万。だが戦意は低く薩摩は出兵せず。
敵を迎え撃つ長州には、近代兵学と近代兵器があった

高杉〝独立愚連隊〟大島口で、小倉口で、暴れまわる

先の征長軍撤兵から1年半後の慶応2（１８６６）年6月、幕府は長州再征の軍を動かした。

高杉晋作《たかすぎしんさく》のクーデターで長州の藩政が一変、「武備恭順《ぶびきょうじゅん》」（表では幕府に従うも裏では戦える実力をたくわえる）に藩論を転換したときから、幕府は長州再征を決め、前年閏5月には将軍徳川家茂《とくがわいえもち》自ら征長戦の指揮をとるため上洛。大坂城に入った。そのときは周囲の反対から出兵を控えたが、その後も、幕府は長州藩を恫喝し続けた。武器密輸を疑い、高杉や桂小五郎《かつらこごろう》たちを出頭させようとしたが、長州藩は無視した。居留守を使ったり、病や行方不明を理由にした。幕府が最後通牒を突きつけたのは慶応2（１８６６）年2月。いかなる理由があろうとも、長州藩主一族を4月21日の期限までに広島に出頭させるよう強要した。もちろん、長州はこれも無視した。

幕府は各藩に出兵を要請したが、薩摩藩などの有力藩がこれを拒否した。この合戦は徳川と長州の私闘であると断じて、出兵しなかった。それでも幕府軍の総兵力は10万を数えた。いっぽうの長州軍の総兵力は、民兵組織を含めて3千５００。本来なら勝負になるはずもなかった。だが、必死の引き伸ばし工作の間に大量の近代兵器を手に入れていた長州軍は、西洋戦術による軍事訓練を重ねた。大村益次郎《おおむらますじろう》が陣頭指揮に立ち、1年程度の短い期間で、侍でもない民兵の集団を強力な西洋式軍隊へと作り変えていった。

大村は周防国鋳銭司《すぜんじ》村の村医者の家に生まれ、緒方洪庵《おがたこうあん》の適塾で蘭学を学んだ。この蘭学の才により宇和島藩に登用され、やがて幕府の蕃書調所教授手伝に抜擢。兵学者として名をあげ、その知識を買われて万延元（１８６０）年に長州藩に引き抜かれた。

大村は、オランダの兵法書を翻訳・研究して独自の兵学を構築した。

……欧米では、フランス革命やナポレオン戦争、アメリカ独立戦争を経て、農奴制や身分の差別が廃止されていった。その過程でできあがったのは新しい概念の国民軍

だった。ナポレオン戦争以前の軍は傭兵が多く、彼らの逃亡や脱走を監視するため部隊は常に横隊《おうたい》だった。これでは各部隊の機動性など期待しようがない。それがアメリカ独立戦争など一種の〝解放戦争〟では、兵士に戦う目的が明確にあり、逃亡もない。そのため散兵して戦場の地理を利用し、自在に戦えた。機動力が違うのである――オランダ人クヌープの兵学書にはそういう新しい戦術が詳説されており、大村はそれを翻訳。テキストに用いて散兵の意義と合理的な方法論を長州藩の兵制改革に導入。指揮官たちに徹底的に叩き込んだ。個人の戦闘能力や個別の手柄を重視する戦国時代以来の日本の兵法とは根本的に異なり、集団戦法による目的遂行型の総合戦術である。

今度の長州戦争では、その大村が長州全軍の指揮を執る。実戦経験のない学者に藩の命運を委ねることに不安の声も上がったが、杞憂だったことがやがて証明される。

薩摩との軍事同盟も心強い後ろ盾になった。イギリスや亀山社中との濃密な接触により、情報戦でも優位に立つ長州の戦闘能力は、兵員数でははかれないほどの強力なものに育っていた。長州では、幕府の征長令に応じた藩の多くが必ずしも長州との戦争を望んでいるわけではないことをつかんでいた。幕権の綻びは、徳川サイドが考えているよりもずっと深刻な事態になっていたのだ。戦いの士気は、長州側が圧倒的に高かった。それらにも増して何よりも大きかったのは、数年来の悲惨な敗戦のなかで培われた実戦経験である。尋常ではない覚悟が、長州兵たちにはある。

そして戦いの火ぶたは、6月7日に切って落とされた。

戦線は4つ
祖国防衛戦争に長州の四民が立ち上がる

幕府軍は10万の兵力を4つに分け、陸の東側からは石見の〝石州口《せきしゅうぐち》〟と広島の〝芸《げい》州口《しゅうぐち》〟に、それぞれ3万と5万の兵員を配した。九州側の〝小倉口《こくらぐち》〟には2万。そして、瀬戸内海に浮かぶ周防大島の〝大島《おおしま》口《ぐち》〟には、旗艦「富士山丸《ふじやままる》」以下5隻の大型戦艦と上陸兵2千。もうひとつ、藩都萩を直撃する〝萩口《はぎぐち》〟も戦線のひとつに考えていたが、ここを担当すべき薩摩藩が出兵を辞退したため、4つの戦線となった。

幕府側が「長州征伐」と呼んだこの戦いを、長州側では「四境《しきょう》戦争」と呼んだ。

戦争は、大島への艦砲射撃から始まった。教科書どおりに、その後に陸戦部隊が上陸。大島は瞬く間に幕府軍に制圧された。上陸兵たちはそこで、暴虐の限りを尽くす。士官たちの制止を聞かず、無秩序な破壊と殺戮と強奪に酔った。大村は、あらかじめ大島口の戦闘を放棄していた。限りある兵力では、近代海軍が攻める大島を守りきることはできないのだ、と。しかしその直後、大村さえ予想しなかったことが起きた。初戦の勝利に浮かれる幕軍の隙を衝いて、高杉晋作たちが小型戦艦で夜間奇襲攻撃を仕かけ、幕府艦艇に大きなダメージを与えて沖に敗走させた。続いて、林半七《はやしはんしち》率いる第二奇兵隊２００名が奇襲上陸攻撃をかけ、2千名の幕府軍を駆逐して大島を奪還した。

芸州口では6月14日に、石州口では17日に戦闘が開始された。芸州口、芸周国境の小瀬川《おぜがわ》では、彦根藩や紀州藩などの5万の幕府軍に対して1千名、石州口では浜田藩や福山藩などの3万の幕府軍に対してやはり1千名の長州軍が迎え撃った。小倉口も2万対1千。ここでは長州海軍が総力をあげて小倉に先制艦砲射撃を敢行。高杉率いる奇兵隊が大久保海岸と門司浦の2ヵ所に上陸した。この馬関海峡戦では、グラバーから買った薩摩藩名義の軍艦「櫻島丸《さくらじままる》」が「乙丑丸《いっちゅうまる》」と名を改めて長州藩海軍局所属となり、亀山社中も高杉の指揮下に入った。坂本龍馬《さかもとりょうま》も高杉に協力して海戦を戦っている。政策企画から軍艦の斡旋まで、何でも屋の亀山社中は、傭兵職も引き受けていた。

独立愚連隊のような高杉晋作部隊以外の長州軍を統括するのは、大村益次郎である。大村の頭脳は、小瀬川口（芸州口）に攻め込んでくる旧式兵器の彦根藩兵など、どれほど数に頼ろうが1千名の守備隊で守りきれると予言していた。事実、その通りの結果になった。岩国兵や遊撃隊を主力とする長州藩小瀬川防衛隊は、戦闘開始直後から幕軍を圧倒した。防衛に専念するどころか逆に進撃して、幕軍を追いつめていった。

紀州藩主徳川茂承《とくがわもちつぐ》の指揮のもとで広島に本陣を敷いていた幕府側は、慌てて正規軍を投入した。だが、勢いに乗る長州側の攻撃でぶざまに敗走。序盤戦は長州側の圧勝となった。もともと長州に同情的だった広島藩は、いち早く長州藩と休戦協定を結び、戦線から撤退した。

しかし幕府側も戦陣を立て直し、陸軍奉行竹中重固《たけなかしげかた》が軍制改革で創設した幕府歩兵2千300や、紀州の新宮城主水野忠幹《みずのただもと》率いる洋式装備の兵が出てくると、芸州口の戦線は膠着状態に陥った。

石州口では、大村自ら陣頭指揮に立った。幕府側の先鋒に指名された津和野藩は、長州藩とは友好関係にあったため、長州軍に領内を通過させた。大村は南園隊《なんえんたい》、精鋭隊《せいえいたい》、そして長州藩支藩の清末《きよすえ》藩兵を主力とする軍を率いて進み、7月に入ると浜田城下に肉薄した。浜田藩は広島の征長本営に鳥取・松江両藩による援軍を要請。備前岡山藩にも援兵を求めた。備前岡山藩主池田茂政《いけだもちまさ》は出兵を拒否し、逆に長州との講和を勧める。浜田藩主松平武聡《まつだいらたけとし》はこれに同意して、長州軍に和議の申し入れが行なわれた。大村は受け入れるつもりでいたが、結局浜田藩は藩主を船で松江に逃がし、浜田城に火を放って松江領内に退却した。

小倉口の戦いは、四境戦争のなかでも最重要のものと大村は位置づけていた。小倉城攻略の是非がこの戦争の結果を決めるということだ。逆にいえば、小倉城を落とすまで、芸州口と石州口の戦線を支えなければならない。この2ヵ所は予想以上に幕軍が脆かったこともあって、比較的楽に目的を果たした。しかし残りの小倉口では、予想通りの厳しい長期戦になった。だからといって、芸州口と石州口から兵を呼び戻すことは不可能だ。幕府側の反撃を想定している防衛ラインの維持には、1千名の兵力を削るわけにはいかなかった。

小倉城には、幕府老中小笠原長行《おがさわらながみち》が九州方面総督として本陣を置いていた。緒戦において小倉領内に侵攻した高杉たちは、幕府海軍の海からの砲撃を警戒して長州領内に引き揚げていた。

近代化を進めている幕府海軍は、すでに東アジア最強の海軍力に生まれ変わっていた。高杉たちが大島口で損害を与えた船体も、すぐに修繕を終えて戦線に復帰した。機動力と士気では高杉たちが勝るものの、物理的破壊力では幕府側が圧倒していた。

局面打開のため、陸戦では長州藩奇兵隊がゲリラ戦を執拗に敢行。敵陣に乗り込んでは橋頭堡を確保し、しかしそれをすぐに放棄して長州領内に引き返していた。これを繰り返すことで、幕府側は長州に攻め込む気力を削がれ、防戦一方の心理に追い込まれていった。7月27日早朝、高杉は突然800名の兵を擁して小倉領に上陸。一気に大里《おおさと》を落としてそこを本陣にすると、2方向から小倉城下に迫ったが、熊本藩兵の参戦によって戦いは膠着状態に陥った。

しかしこのとき、大坂城では誰も予想していなかった一大事が勃発していた。

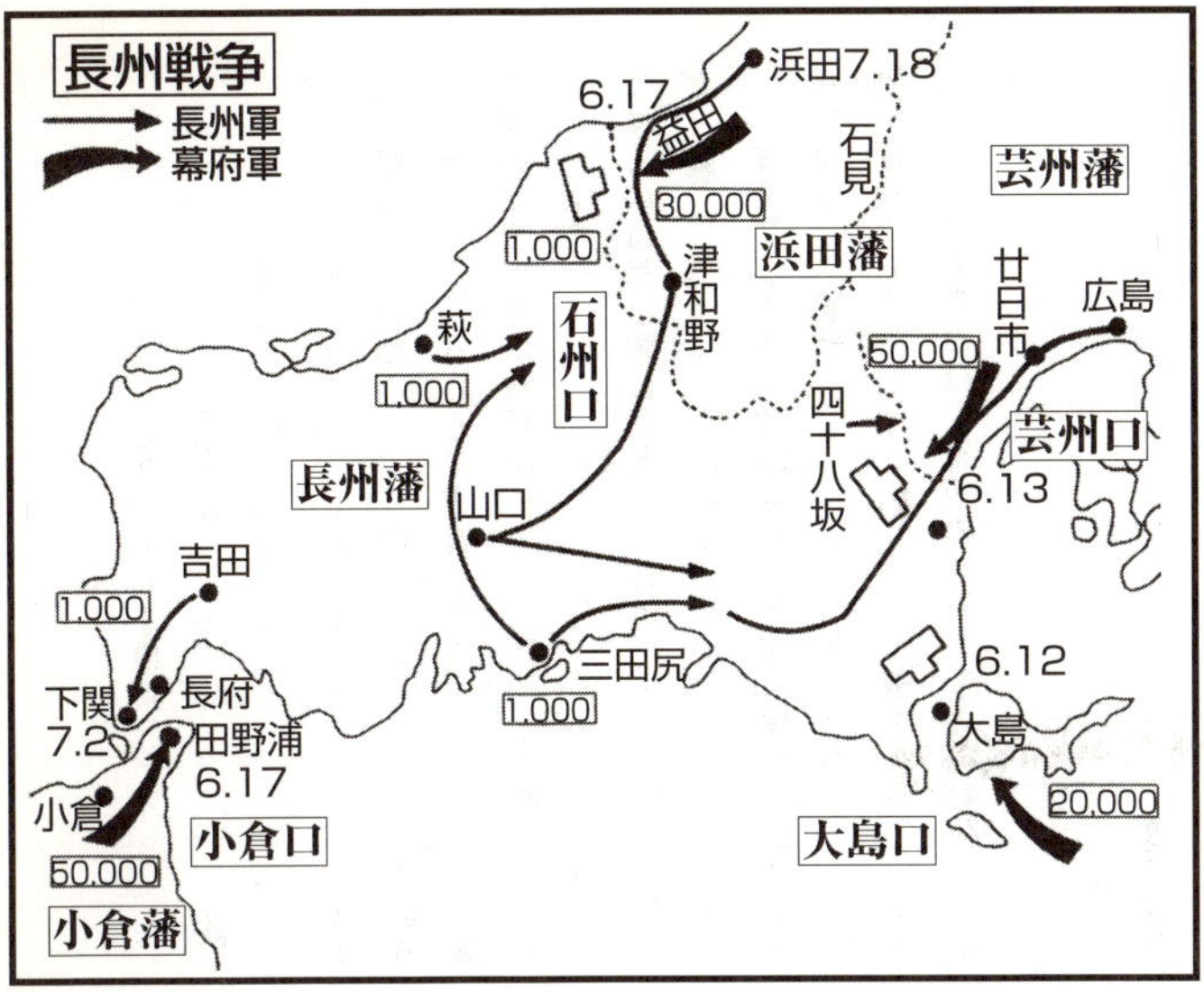

小倉落城 兵を退く幕府軍

7月20日、14代将軍徳川家茂《とくがわいえもち》が突然、病死した。戦争中ということもあり、一橋慶喜《ひとつばしよしのぶ》が徳川宗家を相続（15代将軍に就任したのは12月）。孝明《こうめい》天皇は家茂の弔い合戦を宣言した慶喜を支持し、長州追討の勅語と宝剣を授与した。慶喜自身も、この時は本気で討伐の最前線に赴くつもりでいた。

いっぽう九州では、戦いに疲れた小笠原長行が、家茂死去の知らせに衝撃を受け、30日の夕刻、あろうことか敵前逃亡してしまったのだ。幕府軍本陣をこっそり抜けて「富士山丸」に乗り、九州を後にして大坂まで逃げた。

九州軍総督が戦場から消えれば、各藩は堂々と兵を引くことができた。幕府正規軍さえ戦いを放棄した。残されたのは小倉兵だけだった。そもそもこの小倉口の幕府軍のなかで真剣に戦っていたのは、自領が戦場となる小倉藩くらいのものだった。

やがて8月1日、小倉城落城。幼い藩主小笠原忠忱《おがさわらただのぶ》は肥後細川家を頼って落ち延びた。しかし藩の家老ら14家は領内に残り、ゲリラ化して戦った。

小笠原長行の脱走と小倉城の落城が慶喜に伝えられると、彼は長州討伐を中止した。長州討伐軍は敗北し、ここに四境戦争は終了した。長く続いた長州の悲劇もようやくこれで、一応の幕を閉じたのである。

小倉藩と長州藩が、薩摩と肥後の仲介によって停戦したのは、12月に入ってからだった。

四境戦争で命を燃やし尽くしたような高杉晋作は、結核で倒れた。翌年4月に死去している。

幕仏同盟 小栗流の徳川絶対主義

薩長に接近するイギリスに対しフランスは幕府を支持。長州戦争に勝利した後のシナリオは……？

フランスの援助による軍備増強で長州、薩摩、諸藩を倒し……

長州戦争の敗戦によって幕府は、洋式兵器と練兵の威力を認めた。幕府の多勢が長州の無勢に負けた。薩英戦争と馬関戦争を通して奇妙な信頼関係を構築したイギリスにより、薩長両軍が猛烈に強化されていたことを思い知ったのだ。

勤王攘夷を口にしながら西洋兵法で武装する長州藩を卑怯だと非難しても、本格的な戦いになれば、やはり彼らが勝つ。再び戦いを交えても、同じ結果になることをじゅうぶんに理解した。

幕府勘定奉行兼海軍奉行小栗《おぐり》上野介忠順《こうずけのすけただまさ》は軍制全体の近代化を急務とした。

小栗ら幕府タカ派革新官僚たちは、親交の厚かったフランス公使レオン・ロッシュに依頼し、軍事顧問団の招聘と近代火器の大量輸入を実行した。慶応元（１８６５）年９月、フランス人技師たちの力を借りて、２４０万両をつぎ込んだ横須賀製鉄所の建設に着手。製鉄所とはいっても、ドック、造船所、兵器廠も備える軍艦建造・修理施設だ。征長戦を目前にした慶応２（１８６６）年５月には16門のカノン砲が到着する。

小栗忠順　文政10(1827)～慶応4（1868）年＊

しかし近代兵器を揃えれば勝てるというものではない。必要なのは、軍そのものの抜本的な改革と悟っていた。

ロッシュは、長州が近代兵器を手に入れた密貿易のからくりから、薩長が裏で手を組んでいることを見抜いていた。フランスとしてはイギリスとの対抗上、幕府側を支援する方針は当然であった。

――この19世紀の半ばから、ヨーロッパの蚕業地帯ではカイコの病が流行。フランスの養蚕業界も大打撃を受けていた。そこでアジア産の生糸が俄然注目されるのだが、７つの海を支配するイギリス海運の前にフランスは自由にアジア産生糸を手に入れられなかった。ロッシュは、横須賀製鉄所の建設費を捻出する方法として、生糸をフランスに直輸出する案を幕府に持ちかけた。小栗はこれを受けて、日仏商人による「組合商法（コンパニー）」結成を決める。フランスからの経済使節が、幕府が２度目の征長戦を始める直前に来日した。小栗は長州との戦争中も交渉を続け、慶応２（１８６６）年８月、６００万ドルの借款契約が成立した。陸軍の装備改良と軍艦購入、横須賀製鉄所の経費にあてる予定だ。

ロッシュは、長州討伐が成功したら、引き続いて薩摩藩を討伐する計画も幕府に進言していた。

この計画は、まだ続きがある。薩摩が討てれば、さらに諸侯を平らげる。小栗は、大名を廃止して藩をなくし、日本を郡県制の近代的な統一国家に生まれ変わらせようとする国家体制の抜本的改革を目論んでいた。封建制度の日本を、徳川氏による絶対主義国家に変えてしまう――。

小栗上野介の、時間との闘い
方向転換するフランス外交

慶応3（1867）年1月13日、15名のフランス軍事顧問団が横浜に着任した。彼らはフランス正規軍に籍を置く、若く優秀な将校たちだった。一行は横浜の丘陵地に拠点を構え、そこを陸海軍伝習所として厳しい指導を始めた。基本は〝歩兵〟〝騎兵〟〝砲兵〟の、いわゆる三兵伝習《さんぺいでんしゅう》。

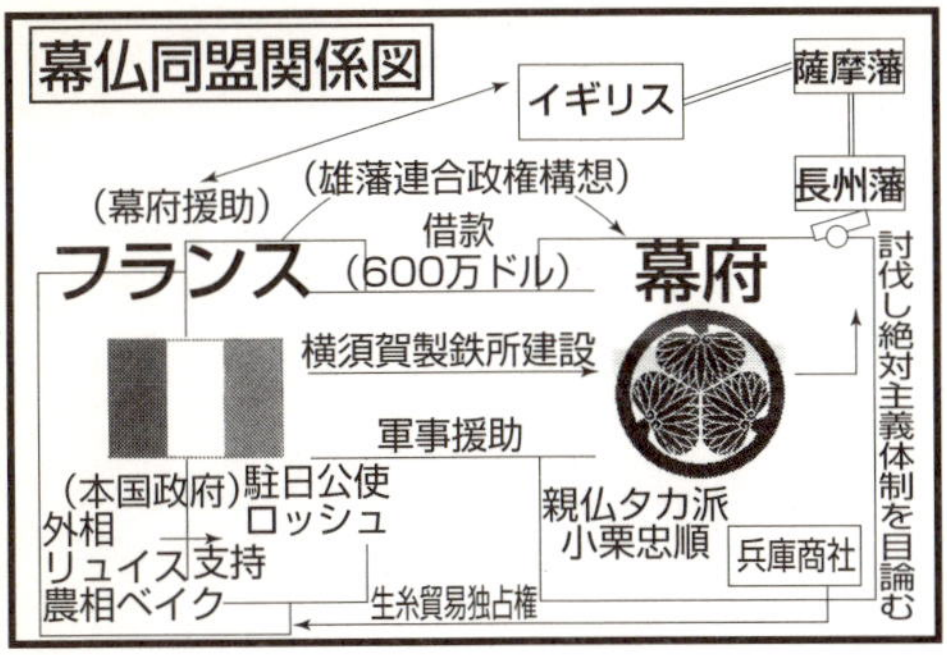

しかしそうした戦闘訓練もさることながら、上官の命令と軍規に従う集団行動の原則を徹底的に叩き込んだ。これらは皆、現在も行なわれている軍事訓練の基本と同じものである。最初は戸惑いながらも幕兵たちはフランス将校の指示に従い、砂が水を吸うように、その知識と技術を習得していった。

幕兵たちにすれば、長州との戦いに惨敗した直後のことである。いつ新たな戦いに駆り出されるかわからない日々なのだ。危機意識は尋常なものではなかった。将校たちは幕兵たちの学習能力に強い手ごたえを覚え、高い評価をくだしていた。伝習生のなかに大鳥圭介《おおとりけいすけ》がいる。

軍制改革は着々と進んだ。それを支える莫大な費用は、旗本たちの俸禄への課税でまかなわれ、1割の上納からやがて5割に引き上げられた。この提案者は小栗だったため、彼は旗本たちから深い恨みを抱かれることになる。それでも小栗は勘定奉行としての改革の手を緩めず、諸外国に約束していた兵庫開港を画策していた。兵庫が交易港として動き出せば、3年後には100万両の税収が期待できるからだ。その幕府による関税独占のため、鴻池善右衛門《こうのいけぜんえもん》ら20人の大坂商人による「兵庫商社」も6月には設立され、12月に決まった兵庫開港に備えた……。

近代洋式の軍を動かすのは、理念よりも経済原理が優先される。軍制改革にはさらに多額の資金がいる。そのために使われるのが600万ドルの借款だ。その見返りは、フランスによる「蝦夷地の独占開発権」といわれた。しかし、フランス側が要求したのは、「蝦夷地の産物開発権」だった。ここに大きな誤解があるのだが、「金のために国土を売る奸賊」という類の非難が小栗に押し寄せた。

天狗党事件で大きく人望を落としていた一橋慶喜《ひとつばしよしのぶ》が、他に将軍候補者がいなかったため15代将軍となったのが、慶応2（1866）年12月。それから間もなく、攘夷主義者ではあったが、極端に佐幕主義者でもあった孝明《こうめい》天皇が崩御した。

幕府上層部に対して、ロッシュはさまざまな政策を進言している。基本的な内容は、強力な軍事力に裏打ちされた徳川氏による絶対君主政治体制の確立である。ロッシュのあからさまな内政干渉だったが、フランス政府のためというよりは沈みゆく徳川幕府を少しでも支えたいと願う個人的信念から出たものだった。慶喜は大坂や江戸で幾度もロッシュと会談し、その助言に対して熱心に耳を傾けていた。

小栗も非難を無視して改革を進めたが、横須賀製鉄所が機能して強力な軍事力が作り出せるまで……小栗は、反幕府勢力や幕府内の抵抗勢力と戦っていたのと同時に、時間とも闘っていたのだった。しかし、時代の流れはロッシュや小栗たちの理想とは裏腹に、あまりにも早かった。

プロシアとの緊張が高まるフランス第2帝政では、外交方針が転換してしまった。ロッシュの支持者だった外相リュイスは更迭され、また幕府と締結した借款協定がイギリス議会でやり玉にあげられた。新外相ド・ムーティエは、英公使パークスが展開する日本の諸藩にも接近する外交姿勢を支持し、対英協調を示唆。やがて借款そのものも、フランス側から一方的に打ち切られてしまうのである。

慶応の「世直し」と「ええじゃないか」

長州戦争の敗北で幕府の終焉は誰の目にも明らかに。日本各地で一揆や打ち毀しが多発した

過去最大の185件 一揆が日本列島を呑み込んだ年

薩長同盟の成立や長州戦争など、慶応2（1866）年は、まさに「幕末も〝幕末〟」……。徳川260年の治世はこの年を境に、一気に崩壊の坂を落ち、最後の最後に向かって転がっていく。

影響は思想家たちの跳梁を許しただけではない。庶民の生活基盤を揺さぶり、破壊した。

戦争の危惧は食糧備蓄を促し、過度の買占めによって保存のきく穀物の価格を大幅に引き上げた。当然、抜け目のない商人たちが暗躍し、生活苦にあえぐ庶民から巨利を吸い上げて丸々と太る。米の価格は跳ね上がった。地域経済にとってもこれらは深刻な問題で、一揆の発生を恐れて幕府からの出兵要求を拒絶する藩も多かった。

一部資本の独占と大多数の貧困層の軋轢が、社会不安をいっそう煽った。そして実際に戦争が始まると、長州周辺の町や村は焼かれ、家族や財産を失った人びとが憎悪の視線を幕府に向けた。しかしそんな彼らに対しても、支配者たちは容赦なく税を取り立て、労役に駆り立てた。

庶民の忍耐は限界だった。そこに幕府の権威が失墜してくると、人びとを拘束していた秩序のタガが外れた。

これが、慶応2（1866）年に全国的に発生した大規模な一揆や打《う》ち毀《こわ》しの行動原理だ。中小まで含めると、この年に発生した一揆の数は、過去最大の185件になり、天保の大飢饉時の一揆数を上回っている。

不安と不満が誰の心にも渦巻いていた証である。特に思想的首謀者がいるわけでもない。むしろ突発的に集団が呼応して暴走状態に陥る。29年前の大塩平八郎の乱などとは根本的に異なるものだった。

最初の大きな発端は、動乱の中心に近い神戸・大坂周辺だった。5月1日の摂津西宮《にしのみや》の過激な小売米価引き下げ請求が、市街地での打ち毀し行動に発展していった。参加者は一般庶民だから、武器など持たない。破壊や略奪はするが、殺人には至らない。それでも攻撃対象は、庶民の恨みを買っていた豪商や質屋から、普通の米屋や酒屋へと拡大していく。

同様の事件が1週間後には兵庫湊川《みなとがわ》で、10日後には池田で、まるで伝染病のように発生した。5月14日に起きた大坂の打ち毀し事件では、大小850軒以上の商店が被害を受けた。

江戸近郊の大規模な世直し請求は、少し遅れて5月23日に川崎で起きた。周辺から集った大勢の庶民が商人たちに対して、米の小売価格を大幅に引き下げるよう詰めより、示談によって4割引き下げられたために、打ち毀しには発展しなかった。しかし28日の品川では、質屋や貿易商人たちの店が太鼓で呼集した暴徒たちに襲われ、打ち毀された。

江戸の米相場はこの年春、1石につき銀404匁。2年前の春には139匁5分だったのが、秋から高騰し、前年春が258匁、秋が308

幕末の一揆・打ち毀し(件数)

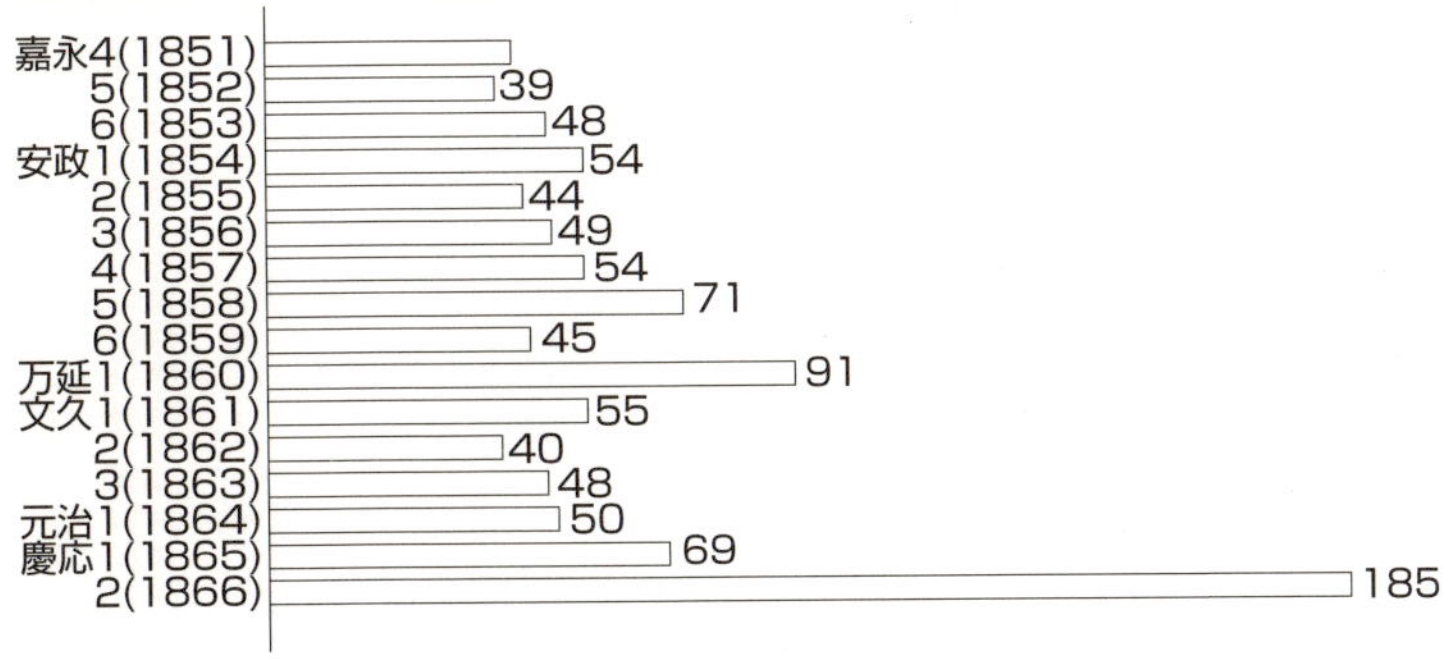

匁。この慶応2（1866）年秋に585匁にまで上がることになる。

その後、江戸の打ち毀しは立て続けに発生し、徳川政権の終末を誰の目にも感じさせていった。

そして、後に幕末最大の一揆といわれる悲劇的な騒乱事件が、翌月起きた。「武州一揆」である。

武州で、奥州で
歩兵の都市騒擾と「ええじゃないか」

慶応2（1866）年6月13日、東秩父の名栗《なぐり》村で発生した農民一揆は、東進して飯能《はんのう》の豪商たちを襲撃した。いつの間にか暴徒は10万人に達し、行く先も分散。川崎や日野、東は所沢や川越、浦和まで広がっていった。一揆の発生した村の数は202村に達した。

この大騒乱に対して幕府も本格的に鎮圧に出て、多くの死傷者を出した。ただし、鎮圧に当たったのは農兵や村の自警団だった。農兵は、時代の不穏な流れから各奉行所が幕府に申請して創設された武装農民たちの組織である。奉行所直属というよりは、庄屋たちの指揮に委ねられていた。鉄砲さえ持っていた彼らは、せいぜい農機具を手にした程度の打ち毀し軍を容赦なく制圧した。農民同士の殺し合いの果てに、「武州一揆」は6月19日に終結する。

しかし関東から東北にかけての一揆は更に続いた。奥州の信夫《しのぶ》と伊達で起きた信達《しんだつ》騒動、7月に起きた山形の村山騒動など、各地には庶民の憤懣による自然発生的な打ち毀しや一揆騒動が絶えなかった。

ただ、それらの騒乱は、けっして無秩序な暴徒とはならないように〝頭取〟という仮の指導者が指揮に立ち、まずは米価等の値下げ交渉から始まることを常とした。必要以上の暴力には訴えないように指示をしていたことも確認されている。殺人や放火はせず、店や家屋を打ち毀し、強奪する。律儀なことに、価格暴騰以前の小売価格のお金を置いていくこともよくあったという。あくまで「悪い奴を成敗する世直し」という意識でいたようである。

それでも幕府側は力ずくの制圧を常とし、治安基盤は大きく揺らいだ。この年10月には幕府歩兵が吉原で乱暴を働き、社会問題となっていた。この歩兵というのは主に町人から雇い入れられた1千人規模のもので、低賃金で雇われていたためか、その市中での騒動は翌年も目立った。

翌慶応3（1867）年の中ごろから始まる「ええじゃないか」運動は、力ずくの制圧をかわすひとつの知恵として、全国的な広がりを見せてくることになる。神社などの前で誰かが蒔いた御札を合図に、突然「ええじゃないか！　ええじゃないか！」と叫びながら踊り狂う〝祭り〟が始まるのだ。振舞い酒も出て、踊りは数日からひと月以上も続くことがあったという。

打ち毀しなどよりはずっと平和的に見えるが、秩序を管理する側に対しては脅威であったことに変わりはない。米が豊作になった慶応3（1867）年には、社会にも少しだけゆとりが生まれ、騒乱の形態もそれなりの進化を遂げていった結果なのだろう。

間一髪！ 大政奉還と倒幕の密勅

倒幕路線で一致した薩長間に、土佐も一枚噛む。政権を放り出した将軍も議会制に意欲を見せる

天皇崩御——これは幕府にも薩長にも「吉と出るか、凶と出るか」

慶応2（1866）年——長州戦争の敗北と、それに続く孝明《こうめい》天皇の崩御は、幕府にとって致命的な権威失墜に発展した。各藩の武家階級どころか庶民からの信頼も失った徳川幕府は、すでに公然の秘密になりつつあった薩長同盟による武力討幕の可能性にさえ怯えた。外国勢力からの圧力があり、庶民からの〝世直し〟の突き上げがあり、さらにはいつ裏切るかわからない全国の大名たちが幕府の背後を脅かす。

徳川政権にとって唯一の活路は、経済基盤を磐石にすること。経済力こそ、全国2千万石のうちの800万石と、貿易による巨利を占有する幕府にとって最大の武器。威信回復と経済基盤の強化のために、「兵庫開港」は絶対に貫きたい政策だった。

異国勢力と長州藩を忌み嫌った孝明天皇は、京都からも近い膝元の兵庫開港には強く反対していた。その崩御は、12月5日に15代将軍職に就任したばかりの徳川慶喜《とくがわよしのぶ》にとっては痛いことであり、しかし逆に、幸いでもあった。

慶応2（1866）年12月25日の吐血による天皇の急死には、当時から毒殺説がささやかれている。記録では、天皇は12月に天然痘による発熱で倒れたが、12月中旬以降は快方に向かっていた。病死ではない。そして暗殺の動機は、反幕派と佐幕派の双方にあった。

佐幕派の孝明天皇を消してしまえば、倒幕への道は開きやすくなる。だから暗殺は倒幕派によるものとされている。しかし天皇の崩御は、兵庫開港を列強に期限付きで確約してしまっていた幕府にとっても好都合だった。はっきり言えば孝明天皇の死は、幕府側にも望まれていた。他殺であろうが自然死であろうが天皇の崩御そのものが、攘夷思想が終焉に向かおうという時代の象徴的できごととして深い意味を持った。

徳川慶喜は武闘派ではなかったが、優秀な知力を買われた人物である。

幕府のさらなる権威低下を狙って兵庫開港に反対する薩摩藩などを議論で押し切り、まだ15歳の若い睦仁《むつひと》陛下（明治天皇）を説いた。慶応3（1867）年5月、ついに長州討伐取り下げと兵庫開港の勅許を獲得する。薩摩藩など反幕派は、朝廷を舞台にした政治折衝では、新将軍にかなわないことを痛感したはずだ。慶喜の弁舌に脅威を覚えた反幕派は、水面下で武力討幕への下準備を一気に加速させていく。

土佐藩も動き出す
窮地の策ともいえる、「海援隊」の誕生

いっぽう、時代の転換にうまく乗り切れない佐幕派の土佐藩は、苦悩の果てに脱藩浪士坂本龍馬《さかもとりょうま》に接近する。土佐藩は土佐勤王党弾圧後の京都動乱には関与しなかったものの、富国強兵に専念していた。そのために長崎に出先機関の「土佐商会」を設立。特産の樟脳《しょうのう》を売り、その利益で武器や艦船を購入する事業だった。その事業を取り仕切っていたのが、勤王党弾圧の中心人物、土佐藩参政の後藤象二郎《ごとうしょうじろう》だった。

慶応3（１８６７）年1月になって後藤は長崎で坂本に会い、土佐商会と「亀山社中」の合併を持ちかけた。2月には、土佐藩は福岡藤次《ふくおかとうじ》（孝弟《たかちか》）らのはからいで坂本と中岡慎太郎の脱藩罪赦免も決めている。

しかしこの合併は、亀山社中にとっては当惑する話だった。社中の大半は土佐勤王党出身者なのだ。武市瑞山《たけちずいざん》を死に至らしめた後藤には深い恨みを抱いている。しかし坂本は反対を押し切って、これを了承。土佐藩との個人的怨讐よりも、実利を取った。実利とは経済的なもの以上に、将来の社会的理想を求めてのことである。

亀山社中は、薩長同盟成立後に勇んで海運業に乗り出したものの、フル稼働させる予定だった「櫻島丸《さくらじままる》」を長州藩に渡してしまってからは持ち船がなくなり業務停止状態だった。薩摩の援助で購入した「ワイルウェフ号」も処女航海時に五島列島沖で沈没してしまうなど、経営困難に陥っていた。

4月、合弁貿易・企画会社「海援隊《かいえんたい》」が産声を上げた。

そして4月から10月にかけて坂本と後藤は頻繁に連絡を取り合い、幕府と薩長の駆け引きの裏で、驚異的な政策アイディアを構築していく。後に「船中八策《せんちゅうはっさく》」と呼ばれる、階級制度を超えた議会制共和政治の基礎コンセプトである。アイディアのベースとなったものは、アメリカの民主政治である。6月、長崎から大坂に向かう土佐藩の蒸気船「夕顔丸《ゆうがおまる》」のなかで坂本が後藤に示したものといわれている。

その実現の第一歩として、まずは幕府による大政奉還が必要だと坂本は後藤に説いた。大政奉還は、徳川幕府が行政権を放棄し、天皇に返上するというもの。徳川幕府どころか、鎌倉時代から７００年近く続いた武家政治は終焉を迎える。そしてあらゆる政治の決定権は、朝廷と議会に委ねられることになる。倒幕から徳川家を救う道は、政権を放棄する以外にないということは、佐幕派の土佐藩でも気づいていたのだ。

後藤はこれを山内容堂《やまうちようどう》に提出。時流に敏感な容堂は、すぐにそれを藩論として採用し、幕府に提案する決意を固めた。

あらかじめこの提案を知らされていた薩摩側は、一応この坂本のアイディアを了解していた。幕府がこの提案を受け入れるはずがないと判断したからである。逆に、この提案を幕府が蹴ることを期待し、それを方便に倒幕の勅許を得ようと画策した。慶応3（１８６７）年3月に京都への復帰が許された岩倉具視《いわくらともみ》や三条実美《さんじょうさねとみ》らの朝廷内

政治力が、すぐに発揮された。薩摩と倒幕派公家による朝廷工作は着々と進んだ。

後藤は薩摩とも会合し、今後の方策を練った。徳川家の自主的な政権返上と武力討幕の双方の可能性についてである。後藤もまた、徳川慶喜が素直に大政奉還を受け入れて政権を投げ出すなどとは考えていなかった。だがいずれにせよ、徳川政権は間もなく終わる。そして朝廷を中心に置いた国家体制を迎える――ということで合意した。

この時点で、薩摩と土佐の両藩は王政復古を視野に入れた。その後の準備を進めるために、土佐藩は6月22日に薩摩藩と同盟関係を樹立。薩土同盟の成立である。

薩摩藩としても、近代装備で武装した兵力を持つ有力藩との同盟は歓迎した。幕府側には侮れない兵力があることをじゅうぶんに承知していた。特にその海軍力においては、圧倒的に絶大であった。もし全面戦争になれば、薩長だけで幕府正規軍や会津藩などの佐幕勢力を撃破することは不可能であることを、西郷吉之助《さいごうきちのすけ》（隆盛《たかもり》）たちは了知していた。裏工作が必要だったのは、朝廷サイドだけではなかった。

大政奉還
幕府を棄てて議会制を採る将軍

慶応3（1867）年10月3日、後藤は大政奉還の建白書を幕府老中板倉勝静《いたくらかつきよ》に提出した。このとき、後藤が約束していた藩兵を率いてこなかったことで、西郷は土佐藩の真意を疑った。武力による恫喝がなければ、大政奉還を幕府が受け入れるはずがない。それならば土佐藩の建白書の提出は、単なる時間稼ぎのためではないのか、と。

後藤が兵を連れてこなかった理由は、藩首脳部から兵の引率を反対されたためだった。倒幕目的の挙兵行動と誤解されることを恐れたのだ。その誤解を、西郷は望んでいた。

西郷の疑心暗鬼の背景には、自藩内での意見統一に苦心していたことがある。武力討幕は、薩摩藩としても大きな賭けだった。いまだ藩の実権を握る島津久光《しまづひさみつ》は公武合体派で、かつて一橋慶喜《ひとつばしよしのぶ》を行政の中枢に据えようと進言したのも久光だった。その幕府を薩摩藩が倒そうというのだから、藩内から抵抗勢力が現われるのも当然だった。

この時点で完全に倒幕に向けて一枚岩で臨んでいるのは、まだ長州藩のみである。土佐藩が挙兵を覚悟している姿をあらゆる方面に示せば、薩摩の藩論もまとめやすくなるはずだったのだ。

西郷たちは武力討幕のために、朝廷による勅許を急いだ。

そして10月13日と14日、三条たちの工作により、それぞれ薩摩藩の島津父子と、官位復職した長州藩の毛利父子に対して、倒幕の密勅が下された。

しかし――間一髪！　時を同じくして、徳川慶喜が朝廷に対して大政奉還を上申したのである。12日、幕府役人に対して大政奉還の決意を固めたことを公表。13日には在京40藩の代表者が招集され、大政奉還が通告された。ともに場所は二条城大広間。関ヶ原の合戦後に徳川家康が築き、その家康が将軍宣下をした城でのことだった。14日に正式に朝廷に政権を返上する旨を伝え、翌15日、大政奉還は朝廷側に受理された。

突然の政務放棄宣言に、薩長はもとより全国の各藩が驚愕したことは間違いない。幕
慶喜の独断で決定されたことであった。

臣たちはうろたえた。激高した会津藩では、天皇を大坂に〝お連れ〟するクーデター計画さえ持ち上がった。恐らく、建白書を出した土佐藩も驚いたはずだ。坂本龍馬も、倒幕運動を支援するために1千挺のライフルを土佐藩に納品しようとしていた。

しかしこの判断が、わずかながら徳川幕府の命脈をつないだ。薩長は、幕府ではなくなった徳川家を葬る方便を失った。

だが徳川慶喜は、絶望のなかで大政奉還を決断したわけではなかった。むしろ逆に、これを好機ととらえた。

5月の兵庫開港の会議において、慶喜は自らの弁力に自信を深めていた。議会制共和政治の下でなら、発言力は実際の武器よりも大きな力を発揮させることができる。早い話が、口の達者な政治家の徳川慶喜には、渡りに船の状況になるのだ。幕府が負った外国からの借財や賠償の責任も、これから作り上げる共和制議会に転嫁できる。

大政奉還宣言の前日、慶喜はオランダで法を学んだ経験を持つ側近西周助《にししゅうすけ》（周《あまね》）と欧米諸国の議会政治について検証していた。そして大政奉還後の政治を見極めていたらしい。西は明治政府樹立後に啓蒙運動に身を投じていくが、幕府でも飛び抜けた先見の明を持っていた。天皇を象徴的立場に位置づけ、政策決定の実権は議会に持たせるという発想だった。その議会を誰が仕切ることになるのか、という点が慶喜の関心の中心にあったのだと思う。つまるところ、慶喜は幕府という〝名〟を捨てて議会政治という〝実〟を取ろうとしていたのだ。

西周　文政12（1829）～明治30（1897）年＊

大政奉還の拒絶を武力討幕の方便に利用しようとした薩長勢力には大きな誤算になったが、実は薩長側も、倒幕の密勅が下された時点ではじゅうぶんな準備ができてはいなかった。

大政奉還による時間稼ぎは、薩長勢力にも有利に働いた。振り上げた拳の前から相手が突然消えてしまったわけだが、その拳もまだ硬く握れてはいなかった。相手が再び現われるときに備え、薩摩はこの機会に強く拳を握り直すことができた。密勅が「朝廷にとっての賊臣慶喜を処刑せよ」という内容だったため、倒幕というよりは慶喜討伐の勅許であると解釈された。政権を投げ出されても追討の方便は残っていた。薩長両藩は、他藩にも訴えて将軍家討伐を正式に宣言できる根拠を手に入れた。薩摩の藩論は、これでひとつになった。

逆に土佐藩の立場は、微妙なバランスの上にシフトしていく。本来は佐幕思想だった土佐藩に対して、薩長はいっそう疑惑の視線を向ける。土佐藩は徳川家を擁護するのではないか、と。そしてそれを平然と口にしていた人物が、土佐藩籍に復帰した坂本龍馬だった。内乱を阻止したいと願った坂本は、慶喜の判断を英断と賞賛した。

これを機に、薩長同盟の立役者だった坂本龍馬と倒幕派重鎮たちとの蜜月関係にも、秋風が吹き込むようになる。大政奉還という伝家の宝刀は、両刃の剣となったのだ。

近江屋の惨劇 坂本龍馬暗殺

大政奉還の立役者坂本は、佐幕派・倒幕派双方から命を狙われていた。複数の人物に存在する殺害動機

近江屋を襲撃したのは見廻組関係者7人……

慶応3（1867）年11月15日夜、京都、河原町蛸薬師《たこやくし》下ルの醤油商近江屋《おうみや》で、坂本龍馬《さかもとりょうま》は暗殺された。享年33。

三太刀による、ほぼ即死に近い斬殺。背後からの肩口の傷と、眉間を縦に割られたふたつが致命傷になった。この時、風邪で臥せっていた坂本のもとを陸援隊隊長の中岡慎太郎《なかおかしんたろう》が訪ねてきていた。中岡も、突然の襲撃に後頭部と腕に重傷を負いながら、窓から隣家の屋根に逃れた。事件の経緯は瀕死の中岡によって語られた。が、傷の悪化によって中岡も2日後に死去した。

襲撃者たちは十津川《とつかわ》郷士を装い、名刺を出して「坂本先生」に面会を求めたという。2階にいた坂本たちに来客を告げようとした小間使いの藤吉は、背後から一刀を受けて倒れた（翌日死亡）。藤吉が倒れる物音に坂本は騒ぎに気づくが、狭い階段を一気に駆け上がった襲撃者3人は、部屋にいたふたりに斬りかかった。近江屋におけるこの急襲での死者は3人。

現在定説となっているのが見廻《みまわり》組《ぐみ》犯行説だ。

近江屋を襲ったのは、京都見廻組与頭《くみがしら》の佐々木只三郎《ささきたださぶろう》以下7人といわれている。2階に駆け上がって直接刀を振るったのは、渡辺吉太郎《わたなべきちたろう》、桂隼之助《かつらはやのすけ》、高橋安次郎《たかはしやすじろう》の3人。このうち、渡辺と高橋は正式には見廻組隊士ではない。渡辺は近在の道場主であり、高橋は桑名藩の腕利きの剣客。絶対に坂本を仕留めるための保険的存在だった。

見廻組は、幕府の京都治安組織である。会津藩直属の浪士隊新選組に似ているが、旗本など上級武士の非家督相続者たちで構成されていた。隊士たちは社会的肩書きを持つ反面、実戦または暗殺の戦闘経験は、どうしても新選組に劣った。

事件直後、坂本の支援者たちは混乱し、犯行は新選組によるものと決めつけていた。

谷干城　天保8（1837）～明治44（1911）年＊

実際に土佐系の過激分子たちが、坂本の仇討ちとして、坂本に恨みを抱いていた紀州藩公用方の三浦休《みうらきゅう》太郎《たろう》と新選組隊士たちの会席に襲撃をかける事件も起きた。12月7日夜。場所は、油小路花屋町《はなやちょう》の天満屋《てんまや》。襲撃したのは、海援隊の陸奥陽之助《むつようのすけ》（宗光《むねみつ》）や陸援隊士、それに坂本暗殺に名前を使われた十津川郷士ら16人だった。激しい斬り合いの末、双方に死者が出たが、三浦は無事だった。

また、少し後の話になるが、慶応4（1868）年4月に流山《ながれやま》で新政府軍に出頭した新選組局長近藤《こんどう》勇《いさみ》は板橋の東山道軍総督府へ護送されたが、新政府軍の内部でも土佐藩幹部の憎悪はすさまじいものがあ

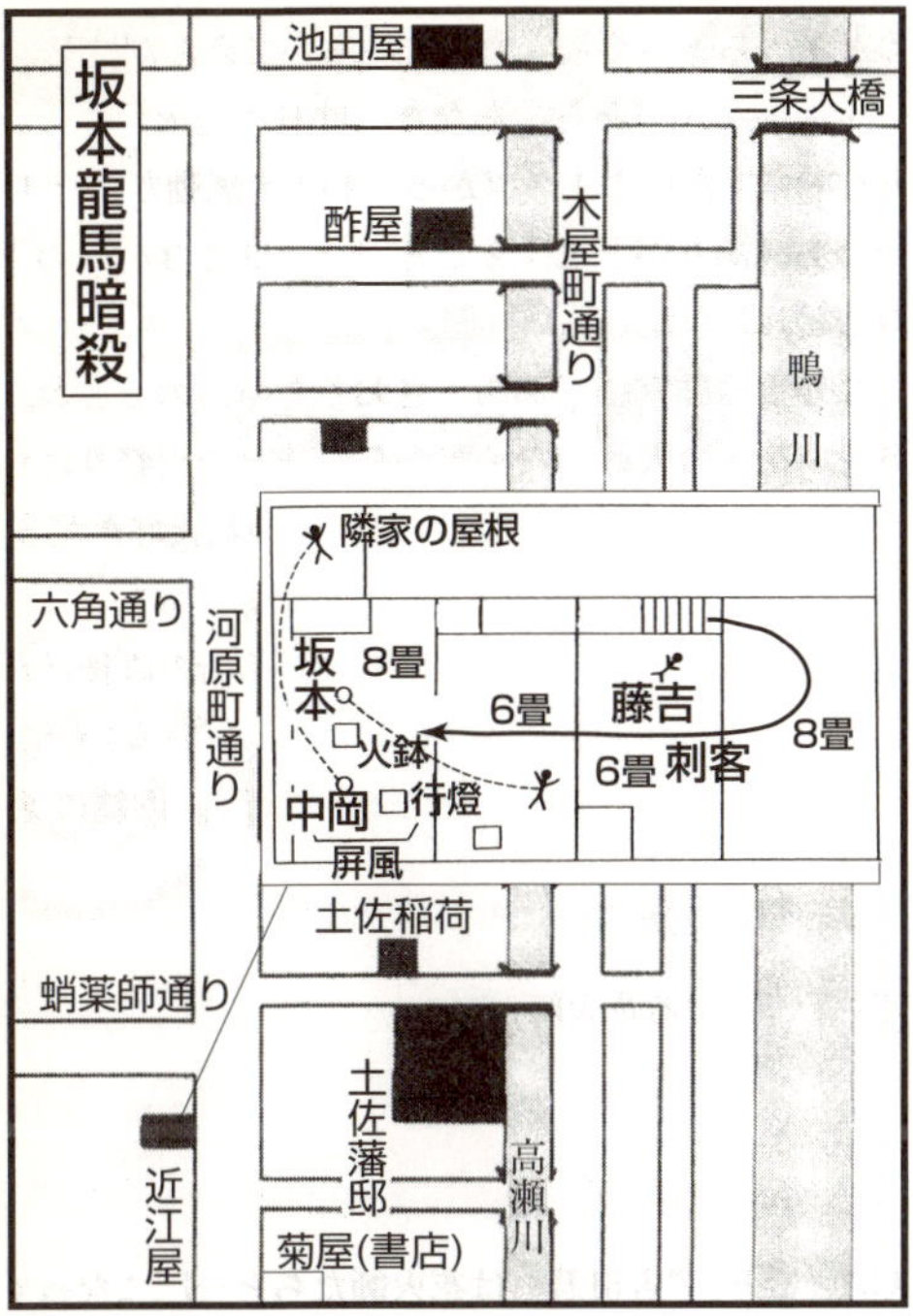

った。土佐の軍監谷守部《たにもりべ》（干城《たてき》）は坂本暗殺の件を厳しく取り調べた。近藤は徹底して否定。谷は、近藤を京都に移送して市中引き回しのうえの処刑を主張した。結局、すでに直参旗本の身分となっていた近藤だが、切腹を許されず、斬首されて三条河原に3日間晒された。極刑重罪人の扱いだった。これも、坂本を殺したと信じる谷の、新選組局長への報復措置だった。

坂本龍馬暗殺の真相がある程度まで明らかになったのは、維新後である。箱館戦争の生き残りのなかに、襲撃の見張り役だった今井信郎《いまいのぶお》がいた。今井の名は、別件で捕縛されていた新選組隊士大石鍬次郎《おおいしくわじろう》の口からすでに出ていた。坂本暗殺は、今井信郎たち見廻組の仕業である、と。明治3（1870）年、今井は厳しい尋問を受けてすぐに自白した。見廻組の新参だった今井は、佐々木只三郎の命令で見張りをしていたことを証言。幸か不幸か、鳥羽伏見の戦いで佐々木たちがすでに戦死していることも、今井の口を滑らかにしたのだろう。実際に手を下してはいなかったということで、刑部大輔《ぎょうぶだゆう》となっていた土佐出身の佐々木高行《ささきたかゆき》は、今井に禁錮刑の軽い判決を下している。

しかし、坂本暗殺の指示がどこから出ていたかは、現在でも謎のままである。

龍馬暗殺の〝謎〟よりも さらに深い〝維新史の〝闇〟

坂本龍馬は、大政奉還の実質的なプランナーだった。坂本暗殺の動機を持つ勢力は、佐幕派、倒幕派の双方にあった。そのいっぽうで、大政奉還は双方にも大きなメリットを残したことも事実である。得たものと失ったものの帳尻合わせで、差し引きゼロの状況になり、政治的駆け引きの舞台はすでに第2ラウンドへと移行した。

……とするならば、問題の動機は大政奉還の後にあったのかもしれない。すなわち、徳川慶喜《とくがわよしのぶ》の新政権への参加意欲と、それを支持した坂本の思想変異である。

坂本は新政府要人人事の試案に、副関白として徳川慶喜の名を記している。ちなみに、関白は三条実美《さんじょうさねとみ》。岩倉具視《いわくらともみ》などの有力公家や各藩主はその下の議奏《ぎそう》、西郷たちはさらにその下の参議に位置づけていた。

武力討幕を希求する薩長中枢と激派公家の憎悪は慶喜に焦点を合わせており、それを支援する坂本への疎ましさはじゅうぶんにあった。また佐幕派は大政奉還そのものを否定することから、坂本を恨む。そして大政奉還の基礎アイディアを坂本の耳元で囁いた勝海舟《かつかいしゅう》でさえ、深読みすれば、慶喜の新政府参加を望まなかったはずである。

誤解のないように申し上げるが、勝海舟が坂本暗殺の黒幕だなどと言うつもりはまったくない。ただ、すべての者たちが動機を持ち、誰かがふとしたことから何かを発言し、その言葉を誤解した勝手な〝手足〟が、〝道具〟を使って動くような状況ではあった。

幕末の自由人とも言うべき坂本龍馬は、時代の流れのなかを思うままに遊び、やがてその渦に抱かれて〝闇〟に沈んだ。たぶん、そういう理解でいいのではないかと思う。

王政復古のクーデター完遂

禁裏は倒幕派5藩の兵が制圧。旧幕側は二条城に拠る。
将軍の「辞官納地」が決定され、江戸では都市テロが

実権を握ろうとする前将軍と阻止せんと進められるクーデター

大政奉還という切り札を使った徳《とく》川《がわ》慶喜《よしのぶ》に対して、西郷吉之助《さいごうきちのすけ》（隆盛《たかもり》）らはいったん京都から薩摩に戻り、藩論をひとつにまとめあげた。結果、新しい政府から慶喜を排除するために武力行使を決意。藩主島津茂久《しまづもちひさ》は、慶応3（1867）年11月23日、藩兵3千を率いて、上洛した。

12月には、薩摩と同盟関係にある長州藩の兵2千500が、摂津西宮《にしのみや》と備後尾道《おのみち》に陣を敷いて京都に向かう態勢を整えた。この時点では、〝七卿〟（8・18クーデターで都を追われた7人の公卿のうち、錦《にしき》小路頼徳《こうじよりのり》は元治元〈1864〉年に死亡。沢宣嘉《さわのぶよし》は、生野の挙兵の総帥に担がれるも脱出し長州に潜伏。残る5人の〝五卿〟が第1次長州戦争後に大宰府に滞在していた）の追放解除と長州藩の入洛許可・官位復旧はまだ正式には宣言されてはいない。5年前に洛中追放になった岩倉具視《いわくらともみ》も、〝七卿〟と同様の立場だった。

いっぽう、徳川慶喜も新政府の政権コンセプトを着々と練っていた。後に慶喜は新政府へ参加する意思はもとからなかったと主張したが、信じられない。大政奉還の折には、皆で力を合わせて国難を乗り切ろうという趣旨の宣言をしていたし、11月には西周助《にししゅうすけ》（周《あまね》）に新たな国家の政治構造を考案させて「議題草案」にまとめている。また11月中ごろには慶喜の政治参加を坂本龍馬《さかもとりょうま》が擁護しようとしていると聞き、すぐに重要手配リストから外すように若年寄永井尚志《ながいなおのぶ》に指示している（しかし永井が新選組と見廻組に慶喜の意を伝えようとした直前に、坂本の暗殺劇が起きてしまった）。慶喜は新政府への参画に意欲的だった。

水面下では、薩摩側はさらに周到な根回しを実行していた。大久保一蔵《おおくぼいちぞう》（利通《としみち》）と岩倉具視が中心になって倒幕派のみならず公武合体派の有力藩にも渡りをつけ、次期政権から徳川慶喜とそれに従う会津、桑名などの佐幕勢力を排除するクーデターの準備を着々と急いだ。

政権は砲口から生まれる――御所制圧後の「王政復古」

12月8日夕から始まった朝議で、五卿、長州藩、岩倉の赦免が可決されると、ただちに岩倉は天皇に拝謁。日づけが変わった9日未明、禁裏内外を薩摩以下、土佐、安芸、越前、尾張の5藩の歩兵と砲兵が軍事制圧。それまで宮門を守っていた会津と桑名の藩兵を追い払ったうえで、天皇臨席のもと御所内学問所で「王政復古の大号令」が発せられた。

その内容は、摂政・関白・幕府とその付属機関の一切を廃絶し、代わって総裁《そうさい》・議定《ぎじょう》・参与《さんよ》の三職を置き、天皇を中心とした公武合体による絶対君主政治へと転換するものであった。

会津・桑名両藩は激高するが、前将軍慶喜が彼らを説得して二条城に撤収させた。

さらに追い討ちをかけるように、9日夕から御所内の小御所《こごしょ》で天皇臨

席のもと、新しい政府による初の三職（総裁・議定・参与）会議が開催され、徳川慶喜の「辞官《じかん》（官位辞任）」「納地《のうち》（徳川家所有地の朝廷への返還）」が決定された。この「小御所会議」では、新たに議定のひとりに補任された山内容堂《やまうちようどう》が、大政奉還の最大の功労者である徳川慶喜の会議への参加を強硬に主張。「辞官納地」を阻止すべく熱弁をふるったが、参与のひとりとなった岩倉を「幼冲《ようちゅう》の天子を擁して権柄《けんぺい》を竊取《せっしゅ》せんと欲する」と非難したその言葉尻をとらえられて「不敬」とされ、沈黙。倒幕派によるクーデターが完遂された。

徳川慶喜は恭順的な態度を示して二条城から大坂城に移り、成り行きを見守った。

このときはまだ、新政府内部では薩長が政権を完全に握っていたわけではない。岩倉具視の先制攻撃的な勢いで、いつの間にか一方的な議決に流されていたことに藩主たちも気づいた。やがて薩長は慶喜の首級《くび》さえ要求したが、そのころになると公武合体派も朝廷工作によって巻き返しを図り、12月26日には山内容堂らの工作で一度は下された徳川慶喜の「辞官納地」を白紙に戻させた。逆に、過激な発言を続けた岩倉と大久保が、誕生したばかりの新政府で孤立する状況に陥った。朝議は、慶喜の政権復帰さえ選択しつつあった。

しかしここで、西郷が仕かけていた第2の裏工作が効力を発揮してくる。10月ごろから西郷は、江戸でならず者や浪人たちを使って強盗や火付けなどの無法行為を繰り返していたが、旧幕府への憤懣が爆発寸前だった時節には有効だった。目論見どおり、江戸の治安は雪崩が起きるように悪化――。

その裏に薩摩藩の動きがあることに気づいた旧幕府は、12月25日に薩摩藩邸と傘下の佐土原《さどはら》藩邸を、庄内藩兵を中心にした2千名で包囲。焼き討ちにした。約150人の薩摩藩士と浪士たちは捕縛あるいは斬殺され、無事に江戸を脱出したのは30名程度だったという。

この知らせが大坂に届くと、いきり立った佐幕派は薩摩藩への宣戦布告を慶喜に嘆願した。慶喜は、討薩行動に打って出る決意を固めた。

西郷の江戸攪乱計画は幕府側を戦いに引き込むための挑発作戦だったといわれるが、少し疑問がある。

諸藩の世論を新政府側に完全に傾けさせていない状況での開戦は、質量ともに新鋭装備を誇る旧幕府正規軍側に有利と考えるはずだからだ。また、火付け強盗が薩摩藩の工作と明かされた時点で、世論は薩摩を敵対視しかねないし、旧幕兵の攻撃の矢面に立つことになる薩摩藩邸の藩士たちは確実に見殺しになる。江戸での騒乱工作は、治安崩壊による人心攪乱を目的にしていた単純なテロ行為だったのではないか。

いずれにせよ、これを機に慶喜は積極的に戦う姿勢を見せた。逆に慶喜のほうこそ、討薩のきっかけを望んでいたのかもしれない。

薩摩藩への敵対行動が天皇に対する反乱行為と解釈した新政府は、討薩戦を呼びかけた徳川慶喜を敵とすることで方針を統一する。当然、山内容堂たちの徳川救済工作は水泡に帰した。もしこのときの慶喜が朝議の状況を知っていたなら、軍事行動には出なかったはずである。

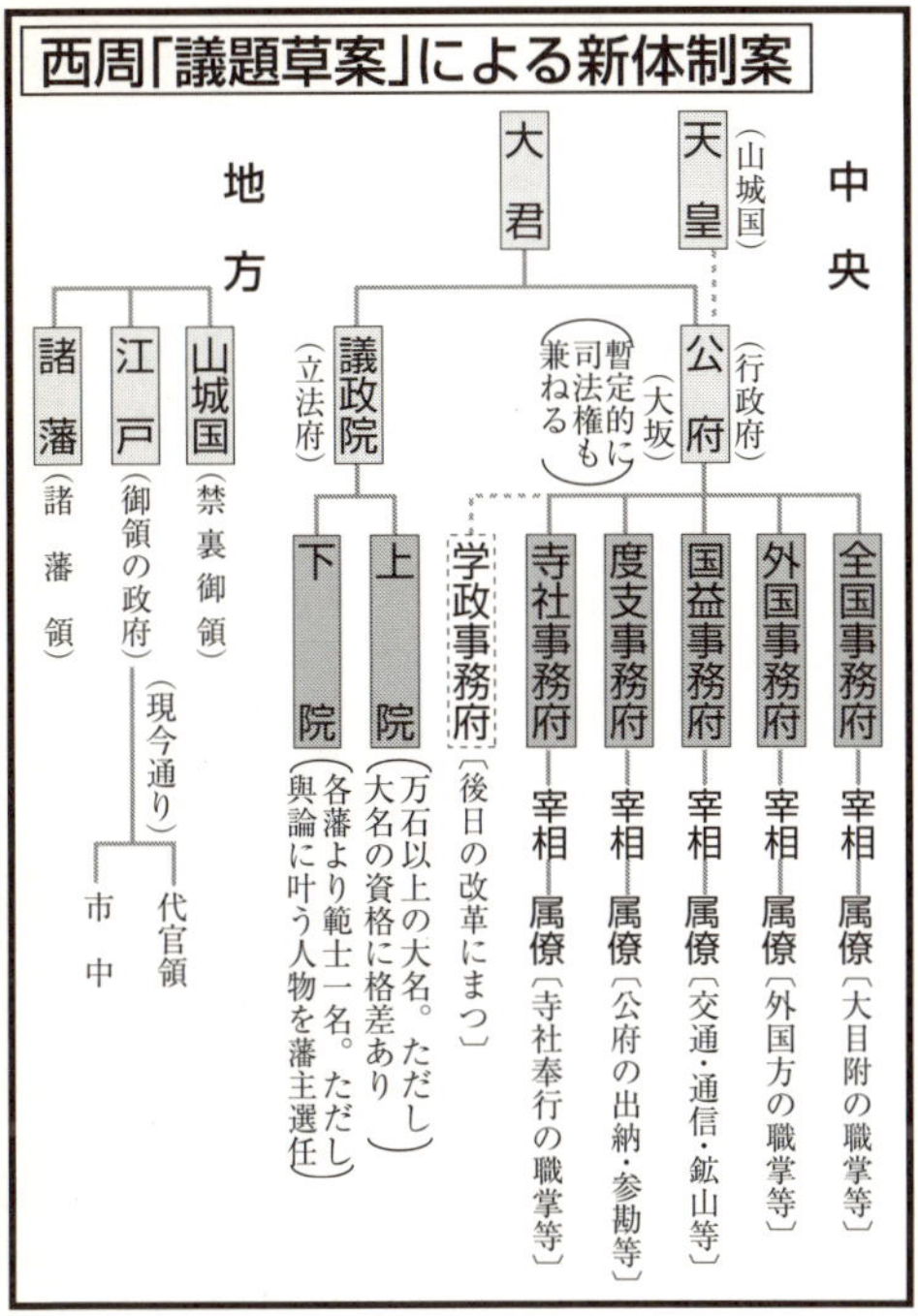

鳥羽伏見の戦い　戊辰戦争始まる

都の南郊で勃発した戦争は薩長にとっても賭けだった。「錦旗」の前に寝返りも続き、旧幕府軍は完敗する

３倍の兵力……
幕府側が有利な戦争のはずだった

慶応４（１８６８）年元旦、大坂城の徳《とく》川慶喜《がわよしのぶ》は佐幕派の諸藩に対して討薩出兵を依頼した。

これに呼応して集まった兵の数は、新鋭装備を誇る旧幕府正規軍と合わせて１万５千。わずか１週間程度でこれだけの兵員をそろえることができたのは、「王政復古の大号令」以前からの周到な準備が行なわれていたからである。いっぽうの薩長両軍の兵力は４千５００。後から到着した土佐藩の増援兵力３００を加えても、総兵力は４千８００。慶喜は、勝てる、と踏んだ。

新政府軍からすれば、勝算は確実にあるとはいいがたかった――と、後の世に政府要人となった者たちの多くが証言している。

同じ条件での力比べの勝負なら、間違いなく旧幕府軍に利があった。ある意味では、新政府側は背水の陣に追い込まれた状態だった。決死の覚悟が、唯一活路を切り開いていく。実質的な最高司令官の西郷吉之助《さいごうきちのすけ》（隆盛《たかもり》）は、京都にいて総指揮を執っていたが、開戦とともに伏見まで出た。

慶応４（１８６８）年１月２日、徳川慶喜は「陰謀によって混乱を起こした薩摩藩の討伐」を求める嘆願書「討薩表《とうさつひょう》」を朝廷に提出するために、１万５千の軍勢に京都への進撃を命じた。この「討薩軍」の総督には老中格大河内正質《おおこうちまさただ》が就任した。

大坂と京都を結ぶ街道は、京に入る直前の淀《よど》で分岐する。旧幕府軍はまず淀まで進み、老中稲葉正邦《いなばまさくに》の居城である淀城に布陣、拠点とした。翌３日、旧幕府軍は二手に分かれた。淀からそのまま淀川沿いに京都へ向かう鳥羽街道（大坂街道）には本隊（幕府歩兵隊に大垣藩兵、見廻組など）を。もうひとつ、東の伏見街道には別働隊（会津・桑名・鳥羽藩兵）を配し、それぞれ北に向けて京を目指させた。鳥羽方面の司令官は大目付滝川具挙《たきがわともあき》、伏見方面は陸軍奉行竹中重固《たけなかしげかた》である。

３日夕刻、鳥羽で伏見で
緒戦から新政府軍に押される旧幕府軍

開戦の火ぶたは、その日の夕刻に鳥羽街道で切られた。

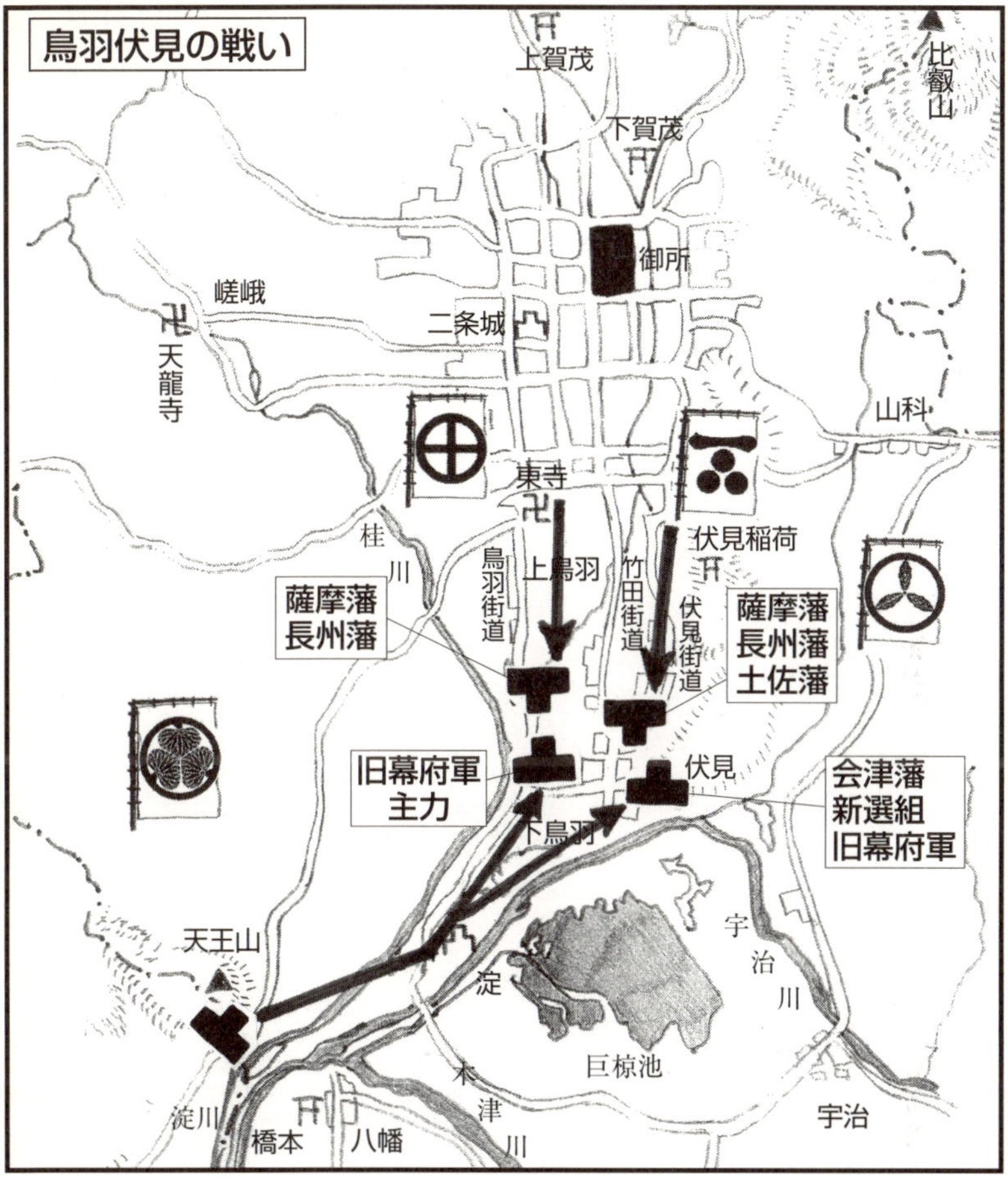

滝川隊は、鴨川にかかる下鳥羽の小枝橋《こえだばし》を守る薩摩藩前哨部隊と接触。すでに戦時下の状況であるにもかかわらず、滝川は敵の警告を無視して堂々と押し通ろうとした。直後、薩摩藩兵は警告通りに砲撃を開始。恐らく偶然だが、その砲弾が旧幕府兵の引く大砲の火薬を直撃した。

大地を引き裂くような大音響が、戊辰戦争開戦のゴングとなった。戦いに不慣れだった旧幕兵は大混乱に陥り、その隙を突いて薩摩兵は一挙に銃撃戦を仕かけた。このとき、一触即発の状況だったはずなのに、滝川は兵たちに銃撃の準備をさせていなかった。弾込めの間もなく撃ち崩され、旧幕兵たちは敗走する。旧態依然の鎧甲冑を着けた一部の将兵は剣を抜いて斬り込んだが、鉄砲の一連射によって射殺されている。フランス式訓練を受けた最新鋭装備の兵力を持つ反面、五月人形のような戦国時代の戦闘認識の部隊が混在している……という姿が、1万5千の旧幕府軍の実態だった。

いっぽう、伏見方面に向かった竹中隊は戦うことなく伏見に到着。伏見奉行所に守備隊として入っていた、副長土方歳三《ひじかたとしぞう》率いる新選組と合流した（このとき局長の近藤《こんどう》勇《いさみ》は銃創を負い、治療のために大坂城にいた）。徳川慶喜が二条城を出て大坂城へ退去したのが慶応3（1867）年12月12日。新選組も一度は大坂へ下ったものの、16日には伏見奉行所を本陣とした。ここが京の薩長軍に対しての最前線となる。このとき新選組は150人ほどだったが、薩長側の挑発行為に乗らぬよう強く言い含められていた。竹中は、土方たちの労をねぎらうどころか、奉行所に入るさいには新選組の退去を勧告したという。浪士隊の新選組などと共闘できないと考えたのだろうか。竹中は、戦国の名軍師として名高い竹中半《たけなかはん》兵衛重治《べえしげはる》の嫡流で代々幕府の要職を占めた血筋だった。この後、戊辰戦争を転戦、土方とともに箱館まで戦うことになる人物だが……。

伏見奉行所の目前、すぐ北には御香宮《ごこうのみや》があり、薩摩兵800が駐屯（参謀は吉井《よしい》友実《ともざね》）。御香宮の東の高台にある龍雲寺《りゅううんじ》にも大山弥助《おおやまやすけ》（巌《いわお》）の薩摩軍砲兵陣地があった。御香宮の伏見街道沿いの背後には、長州兵1千人。夕方、鳥羽方面から轟音が響いた。先の、大砲による火薬の炸裂である。これを合図に、奉行所へも新政府軍から砲撃が開始された。御香宮は伏見奉行所を見下ろせる位置にある。至近距離から銃砲で撃ち下ろされ、反撃できない。伏見奉行所を中心に、市街の各所に火の手が上がった。

土方は夜陰に乗じた剣撃による白兵戦に活路を見出そうとするが、その状況を想定していた薩摩側の巧みな布陣に翻弄され、奉行所は陥落。敗走を余儀なくされた。

戦いの序盤において、旧幕府軍は手痛い打撃をこうむった。4日、滝川具挙が指揮する幕府歩兵隊や、伏見方面から後退した会津藩兵と新選組は、下鳥羽の北の小枝橋付近で鳥羽街道を南下しようとする薩摩兵と交戦。富ノ森《とみのもり》まで後退を余儀なくされるも、なんとか踏みとどまった。しかし信じがたい指令が後方から送られてきた。「夜も近いので、戦いを収めて撤兵せよ」。本音は、不安に駆られた本陣が戦線を縮小して防備を固めたかっただけなのだろう。この的外れな撤退により、押され気味だった新政府軍は息を吹き返した。

鳥羽の戦場にひるがえる 威力絶大の新兵器――「錦旗」

5日、淀の北の千両松《せんりょうまつ》に布陣した新選組が得意の抜刀で奮戦するが、鳥羽街道の新政府軍に「錦旗《きんき》」が出た。〝皇軍〟を象徴する〝錦《にしき》の御旗《みはた》〟。初日の圧勝を受けて、その夜に仁和寺宮嘉彰《にんなじのみやよしあき》親王が正式に征討大将軍に任命され、あらかじめ用意されていた「錦旗」の登場となったのである。

〝錦の御旗〟は、慶喜が大政奉還を宣言したころから岩倉具視ら倒幕派の公家によって準備されていたという。余談になるがその歴史は古く、最初の登場は承久3（1221）年、後鳥羽《ごとば》上皇が鎌倉幕府討滅を図って挙兵した「承久の乱」にさかのぼる。その後も後醍醐《ごだいご》天皇が足利尊氏《あしかがたかうじ》を攻めるさいなど、乱世において天皇の威光を担う勢力がしばしば用いてきた。

霧の白闇に浮き上がる天皇家の家紋を記したこの旗は、京都近郊の戦場においては大砲以上の絶大な効果を発揮した。自分たちが朝廷の敵にされたという現実を、末端の兵士までが思い知らされた。滝川隊は富ノ森からじりじりと後退を続けた。

態勢を立て直すために淀城に入ろうとするが、あろうことか淀藩は入城を拒絶した。京都近郊に位置する淀藩としては、〝皇軍〟に敵対することはできなかった。やむなく旧幕府軍は南に撤退。すると淀城は新政府軍に対し城門を開く。旧幕府軍は淀城を攻め落とすわけにもいかず、さらに撤退して木津川を渡った。

新政府軍を足止めるため、旧幕府軍は淀大橋を壊して美豆《みず》村南西にある男山《おとこやま》山麓の八幡《やわた》・橋本《はしもと》まで戻り、宿営した。東の男山と西の天王山《てんのうざん》にはさまれた隘路で、ここが京―大坂間の関門である。

6日、新政府軍の攻撃が橋本に集中する。

京都市内から淀方面を望む。右の山が天王山、左が石清山八幡宮のある男山

すると、天王山の麓の山崎に布陣していた津藩（藤堂家）の大砲が、あろうことか男山の旧幕府軍陣地へ撃ち込まれた。さらに津藩兵は船で川を渡って鉄砲隊を送り込み、本格的な側面攻撃を敢行。当然、この機を逃さずに新政府軍も追撃戦を再開し、旧幕府軍は散逃した。

7日の夜までに、現場の指揮官や将兵が陸続と大坂城に逃げ帰ってきた。いよいよ大坂城で最後の決戦——とはならなかった。

すでにそこに総大将の徳川慶喜の姿はなかった。6日夜、戦闘中一歩も大坂城から出なかった慶喜は、会津藩主松平容保《まつだいらかたもり》や桑名藩主松平定敬《まつだいらさだあき》たち数人の側近を連れて、密かに大坂城を抜け出し、翌7日の朝には軍艦「開陽《かいよう》」に移り、8日に江戸に向けて逃げ帰ったのだった。指揮官たちは激怒したが、少なくとも彼らとて、最前線で闘った兵士たちから見れば五十歩百歩の存在である。

無傷の旧幕府海軍を率いる榎本武揚《えのもとたけあき》は、大坂城に残された18万両を軍資金として奪取し、敗残兵を「富士山丸《ふじやままる》」や「順動丸《じゅんどうまる》」に乗せられるだけ乗せて江戸に向かった。もちろん大坂にいた旧幕陸上兵力のすべてを艦隊が収容できるはずもなく、陸路をひたすら徒歩で江戸を目指した旧幕軍部隊もいた。

ここにおいて、鳥羽伏見の戦いは旧幕軍完敗となって終結した。「錦旗」の力により、それまで日和見的なスタンスで成り行きを見守っていた諸藩も、新政府軍を支持するようになった。新政府のもとに外様や譜代大名から、徳川御三家のひとつだった紀州藩までが参集した。

1月7日、徳川慶喜追討令が発せられた。東征軍兵士の数は、5万。鳥羽・伏見の戦い時の10倍になった。慶応4（1868）年2月11日を期して、兵力は東海道《とうかいどう》軍、東《とう》山道《さんどう》軍、北陸道《ほくりくどう》軍の3軍に分けられて順次、京都を出発した。東海道軍は3月12日に、まったく戦闘を経験することなく品川に到着した。東山道軍と北陸道軍は小競り合い程度の戦いを経て、3月13日に、それぞれ甲州街道沿いの府中と川越街道沿いの板橋に到着。江戸城攻撃の陣を敷いた。

新政府軍は、江戸城総攻撃の期日を3月15日と予定した。

江戸無血開城

日本人がおそらく初めて国際法の存在を知った戦争。江戸を焼けば外国人居留区も焦土となるが……

列強の「局外中立」宣言下の首都攻防戦

鳥羽・伏見での旧幕府軍大敗の知らせを聞いたときの徳川慶喜《とくがわよしのぶ》の失意は、「家康の再来とさえいわれたエリートの挫折」などという表現では軽すぎる。

本気で戦えばまだじゅうぶんに勝算がある、と徹底抗戦を主張する榎本武揚《えのもとたけあき》やフランス公使ロッシュたちの助言にも耳を塞いで、慶応4（1868）年1月12日に江戸に帰還。

江戸城での評定でも小栗忠順《おぐりただまさ》ら主戦派の徹底抗戦の主張を斥け、2月12日には上野の寛永寺《かんえいじ》に引きこもってしまった。慶喜は恭順的態度を示す謝罪嘆願書を新政府に送り続けるが、その返信は来なかった。

新政府軍首脳部は、是が非でも徳川慶喜の首級《くび》を欲していた。

しかしこのとき、新政府軍側も鉄壁の戦陣を敷いて江戸を包囲していたわけではない。

江戸湾には、東洋一を誇る旧幕府の榎本艦隊12隻が集結しており、いつでも徳川慶喜を連れて江戸を離れることができたし、艦隊の火力によって攻め込んできた新政府軍を江戸もろとも火の海に落とす焦土戦術さえ可能だった。戦況的には江戸での徳川の敗北は必至でも、新政府軍の最終目的となる「慶喜の首級を取ること」は不可能な状況だった。

またこの時点では、諸外国との交渉権は旧幕府側が握っていた。出先機関の諸外国公使館では、日本の政変に対してどう対応するかを速やかに決めることは情報的に無理で、当面の成り行きを静観することで各公使間合意が成立していた。1月25日、各国代表は「局外中立」を布告。旧幕府側も新政府側も、勝利が確定しないうちは正式な政府として認めず、国際法上は「交戦団体」となった。

ただ、ここで少し矛盾が起こる。徹底抗戦を助言したロッシュの立場だ。公使の立場を逸脱して佐幕的発言を繰り返すことで本国に疎んじられたロッシュは、他の公使たちの間でも浮いた存在になっていた。ロッシュは新政府軍の江戸攻撃を止めようと各国行使にも働きかけるが、期待とは異なる反応が返ってきた。明らかに、フランスの国益よりも徳川幕府への同情で奔走していた姿が透けて見える。しかし、ロッシュの志はフランス正規軍所属の軍事顧問団にも伝わり、部下を見捨てられなかった一部の将校は、フランス軍籍を離脱して旧幕府軍とともに日本の内戦に身を投じていくことになる。

江戸包囲軍を翻弄する勝海舟の戦略

この外国人勢力の国際ルール尊重による不協和音に敏感に反応したのが、勝海舟《かつかいしゅう》だったのではないか。

〝江戸焦土作戦〟の立案者も勝だった。そのために勝は、江戸庶民の脱出計画や放火の手配を鳶《とび》や火消したちと打ち合わせていた。

横浜には外国人居留区がある。江戸が焦土と化せば、諸外国は「居留民保護」を名目に武力による横浜閉鎖を実行するだろう。介入である。日本の国土の一部が外国人の手によって占領されることになる。勝の読みは、江戸焦土後の新政府と外国勢力との交渉を視野に入れていた。占領された横浜を交渉で奪回するには、旧幕府官僚の力が必要になる。慶喜の延命を、そこで図ることができると考えたのではないか、と思う。

新政府軍による江戸包囲網が形成される直前の3月6日、勝海舟の使者として旗本の山岡鉄太郎《やまおかてつたろう》（鉄舟《てっしゅう》）が駿府にいた西郷吉之助《さいごうきちのすけ》（隆盛《たかもり》）を訪ねている。山岡が勝に託されたものは、条件付降伏と江戸が焦土になる可能性を示唆した内容の手紙と、放火などによる江戸攪乱の実行犯だった薩摩藩士益満休之助《ますみつきゅうのすけ》の身柄だった。益満は薩摩藩邸焼き討ちの際に捕縛された後に、なぜか勝の屋敷に預けられていた。そこで益満は、勝の思想に感化されていく。勝もまた、後の薩長勢力との交渉の可能性を考慮していたのだろう。

江戸焼き討ちによる治安崩壊を狙った西郷だからこそ、勝の狙いの真意に気づいたのかもしれない。益満という生き証人が、勝による江戸の焦土作戦の真意を雄弁に物語った。元来、幕府と長州の戦争の際に、西郷に薩長同盟と倒幕思想を吹き込んだのも勝だった。西郷は勝に一目置いていた。

手紙の内容と山岡の熱弁により、西郷は揺れた。おおよその合意がなされたが、慶喜の蟄居先と武器引き渡しでは意見が分かれた。それでも下話の役目を終え、山岡は悠然と江戸に戻った。

そして総攻撃予定日（3月15日）直前の13日と14日、勝海舟と西郷は芝三田《しばみた》の薩摩藩邸で邂逅した。

結論からいえば、西郷側が折れた。後に慶喜の蟄居先は故郷の水戸に決まり、武器の引き渡しについては「榎本を説得できない」という信じられないような理由で先送りにされた。またこのとき、イギリス公使パークスから、西郷が依頼した江戸攻略の際の野戦病院の手配を正式に拒否する知らせが届いた。「すでに謹慎降伏している徳川慶喜を攻め殺そうという行為は、国際ルールに反する」という内容のものだった。絶妙なタイミングで届いたパークスの手紙も、勝の根回しによるものかもしれない。

こうして新政府側は作戦中止を決定。4月11日に流血の惨事もなく江戸城は新政府軍に引き渡された。

しかし無血開城の前日、徹底抗戦を主張する徳川残存兵5千名は城内に保管されていた近代火器を持ち出して脱走。新たな戦いに備えて各地に散った。当時、新政府軍が江戸湾に回航してきた船は、軍艦は佐賀藩の「孟春《もうしゅん》」だけで、他2隻の輸送船がある——という、たった3隻のみだった。勝海舟の説得で榎本武揚は「富士山丸《ふじやままる》」など老朽艦4隻を新政府に引き渡したが、最新鋭の「開陽《かいよう》」を含む8隻の引き渡しは断固として拒否した。

榎本は艦隊を品川沖に停泊させたまま新政府軍の出方を睨み続けた。また、寛永寺のある上野山では、江戸の治安維持を方便に旧幕府軍の武装勢力3千名が集結し、〝彰義隊《しょうぎたい》〟を名乗って新政府軍との間で小競り合いを繰り返していた。

無血開城直後の江戸とその周辺には、次の戦いの予兆が渦巻いていたのである。

徳川慶喜　天保8（1837）～大正2（1913）年＊

勝海舟　文政6（1823）～明治32（1899）年＊

新政府に立ち向かう奥羽越列藩同盟

会津と庄内を守るため東北33藩が結集、同盟した。だが江戸の彰義隊、北越が敗れ、戦場は会津に向かう

東北25藩、奥羽列藩同盟結成 北越6藩も加わり、奥羽越列藩同盟に

勝海舟《かつかいしゅう》の政略により徳川慶喜《とくがわよしのぶ》の首級《くび》を斬り損ねた新政府軍は、憤りのはけ口を東北に求めた。幕末期に募った会津藩への怨念を晴らすために軍事行動を開始したのだ。

慶応4（1868）年4月、奥羽鎮撫総督九条道孝《くじょうみちたか》は仙台に赴き、東北で優勢を誇る仙台・米沢両藩に対して会津藩を、秋田藩に対しては庄内藩を討伐する勅令を下した。会津藩と庄内藩は、このときが来ることを予想して、4月10日に軍事同盟を結んでいた。

仙台藩と米沢藩は会津藩とは古い付き合いがあり、以前から同情的な立場をとっていた。そのため新政府の権威を誇示するために、九条はあえてこのような命令を出した。やむをえず出兵した仙台藩兵は、やがて土湯峠《つちゆとうげ》などの藩境で会津藩兵と対峙する。しかし戦うことなく話し合いを繰り返し、会津藩主松平容保《まつだいらかたもり》に対し新政府への恭順と謝罪を強く勧めた。

容保もこれに同意し、謝罪嘆願書を作成した。閏4月11日、奥羽14藩の代表者が白石（仙台藩領）に集まり、仙台・米沢両藩から奥羽鎮撫総督府に嘆願書が提出された。仙台・米沢両藩の添書と東北諸藩の嘆願連判状が添付されていた。

しかし、総督府の参謀世良修蔵《せらしゅうぞう》の猛反対によって嘆願は拒絶されてしまう。世良は長州藩士で、第二奇兵隊の軍監を務めた人物。鳥羽伏見では八幡・橋本で旧幕府軍を撃破していた。そういった経歴から会津藩に対して深い恨みを抱いていたのだろう。閏4月19日、世良は福島城下投宿中に同僚の参謀大山格之助《おおやまかくのすけ》（綱良《つなよし》、薩摩藩士）に「奥羽は皆敵である」という密書を送るが、その内容が仙台藩士たちに伝わり、直後に暗殺された。

世良の暗殺で開き直った仙台藩は、総督府の命令を拒絶して、会津戦線から撤兵。東北全域の各藩に号令を出して5月3日に東北25藩からなる奥羽列藩同盟を結成した。5月4日（6日とも）には、長岡など北越6藩も加えて31藩からなる奥羽越列藩同盟が成立した。

——会津藩と庄内藩を守るために、北越

と東北の全藩が盟約を結んだ。

そして新政府に対し、朝廷への忠義を訴えながらも「薩長の私闘に与するつもりはない」と宣言した。名目上はこの同盟に会津藩と庄内藩は入っていないが、実質的にはこの両藩を加え33藩からなる一大勢力を形成したのである。

これに江戸から脱走した元幕府歩兵奉行大鳥圭介《おおとりけいすけ》とその兵500や土方歳三《ひじかたとしぞう》率いる新選組などが加わり、新政府に対して、事実上の宣戦を布告した。もっとも大鳥圭介や新選組はすでに各地でゲリラ戦を展開しており、新たな開戦ではなかった。新選組局長近藤勇《こんどういさみ》は流山《ながれやま》で新政府に出頭し、すでに4月25日に板橋で処刑されていた。4月29日に会津若松に入った土方は、近藤の墓を天寧寺《ていねいじ》に建立している。罪人として斬首された近藤への、せめてもの供養だった。

奥羽越列藩同盟ができた時点で、すでに交戦状態だった戦線は2ヵ所。会津の南東に位置する白河口の攻防線と、長岡藩の守備する朝日山近郊の信濃川周辺に勃発した北越戦線である。

小競り合いの続いた白河口では、5月1日に大きな戦いが起きた。大砲9門をそろえた800名の新政府軍が会津・米沢・棚倉《たなぐら》藩連合軍の守備する白河城に総攻撃を仕かけ、700名近い死者を出した同盟軍は敗走、白河城は新政府軍の手に落ちた。以後、同盟軍は白河城奪還を狙って、繰り返し5千名近い大兵力を白河口に集結させた。

北越戦線では長岡藩が奮戦していた。当初、長岡藩は中立的立場を取ろうとした。だが、新政府軍が長岡藩の陳情に耳を傾けず、同盟に加わった。長岡藩は小藩ながら、新たに開港した新潟港（港の管理は米沢藩）から輸入したアームストロング砲やガトリングガン（機関砲）などの最新鋭の武器をそろえていた。新潟港は物資供給の要だった。列藩同盟軍の応援部隊を入れても5千に満たない兵力で、長岡藩が3万を越える新政府軍を相手に互角の攻防戦を展開できたのも、この港があってこそであった。

長岡藩家老河井継之助《かわいつぐのすけ》の巧みな用兵戦術にも翻弄され、指揮権をめぐって不協和音の出た新政府軍は、予想外の苦戦を強いられていった。長岡藩は会津との付き合いも古い。隣接する越後魚沼《うおぬま》郡と蒲原《かんばら》郡には会津の領地があり、さらに小出《こいで》には会津の郡奉行が置かれていた。長岡藩の参戦以前から、すでにこの地で会津軍は新政府軍と戦闘状態に入っていた。

いっぽう江戸では、彰義隊《しょうぎたい》との小競り合いに業を煮やした新政府が、長州戦争で大活躍した大村益次郎《おおむらますじろう》（軍防事務局判事）を東下させ、大総督を補佐することを命じた。閏4月1日に汽船で大坂を出航した大村は、4日には江戸入り。上野に立てこもる彰義隊に対して、5月15日を期日に予告して全面攻撃を宣言した。

この警告によって3千名いた彰義隊は半減、上野の防衛能力は著しく後退した。予告当日……市民を巻き込む混乱を避けるため江戸市中とは逆の東北方向、三河島《みかわしま》方面に退路を設定したうえで、大村は全面攻撃を開始。徹底した砲撃の後に歩兵部隊を踏み込ませ、彰義隊を壊滅した。上野は新政府軍に占領され、これを機に新政府軍の威信も回復に向かう。大村は江戸にあって奥羽戦線の兵站参謀を担うことになる。

列藩同盟勢力は南北に分断 北陸戦線も瓦解

奥羽越で戦線が膠着していたのは、6月中ごろまでだった。

物量に勝る新政府軍はじわじわと兵力を増強。本来の力を発揮し始めた。列藩同盟軍の反撃をひと月半にわたって防ぎ抜いた白河城に新政府の援軍が到着すると、新政府軍参謀板垣退助《いたがきたいすけ》は７００名の兵で攻撃し、6月24日に棚倉城を制圧した。これを皮切りに、泉藩や湯長谷《ゆながや》藩などの弱小藩は次つぎに新政府軍に蹂躙されていった。

7月になると、仙台で情勢を静観していた奥羽鎮撫総督九条道孝と首脳部は、盛岡に脱出した。さらに秋田（久保田藩）まで逃げ、そこで新政府正規軍1千数百名を連れて戻った副総督沢為量《さわためかず》と合流して反撃に転じた。これを機に、7月4日に秋田藩は列藩同盟から離脱。新政府正規軍は南下し、半月の間に亀田藩、本庄藩、矢島藩、新庄藩を下して庄内藩の東に陣取った。さらに弘前藩も降伏。列藩同盟勢力は南北から分断されつつあった。

そのころになると北越戦線でも大きな動きがあった。5月19日に長岡城は新政府軍の手に落ちていたが、河井継之助の采配で長岡藩軍は巧みなゲリラ戦を展開。7月25日には奇襲攻撃によって長岡城の奪回に成功した。

しかし翌日には参謀黒田《くろだ》了介《りょうすけ》（清隆《きよたか》）率いる1千２００名の新政府軍が、同盟から寝返った新発田藩の手引きで新潟湾の松ヶ崎に上陸し、北面から攻め込んで圧力をかけた。新政府軍の力押しに抗しきれなくなった列藩同盟・長岡混成軍は29日に再び長岡城を放棄して、会津方面に敗走した。河井継之助はその敗走の途中で、奇襲攻撃の際に受けた傷のために落命。享年42。8月16日のことだった。

北陸戦線は瓦解し、新潟港を手中にした新政府軍は、会津藩領に向けて進撃を開始する。

米沢、仙台が新政府軍に降伏 会津、庄内も軍門に下る

8月に入ると会津包囲網ができあがり、新政府軍は全方面から会津に攻め込んでいった。

本格的な会津戦争の幕開けである。福島側から北上する新政府軍勢力は7月29日に二本松城を攻略し母成峠《ぼなりとうげ》へと進撃していた。二本松は、18歳以下で構成された少年兵（二本松少年隊）たちの悲劇的最期が今なお語られる戦場になった。

会津藩は必死の防衛線を展開した。が、近代装備で武装する多勢の兵力に抗することができず、8月22日になると若松城（鶴ヶ城）での籠城戦へと追い込まれていく。

このときに起きたさまざまなできごとは、数多い維新史の悲劇のなかでも特筆されるものばかりだ。籠城の際に足手まといにならぬようにと自刃した武家の家族は２３０余人にも上った。筆頭家老西郷頼母《さいごうたのも》の家族は、姑やまだ年端も行かぬ娘まで21人全員が自害した。死に切れずに息のあった長女の細布子《たきこ》は、屋敷に踏み込んできた新政府軍の中島信行《なかじまのぶゆき》（土佐藩士、のち自由党副総理、初代衆院議長）の手で介錯された。虫の息で「お味方ですか」と問う細布子に、中島は「そうだ」と答え、介錯を求める彼女の望みをかなえた。籠城直前に出陣した

少年兵の白虎士中二番隊《びゃっこしちゅうにばんたい》が戸ノ口原《とのくちがはら》ではぐれ、飯盛山南斜面に出たとき、鶴ヶ城が炎上していると誤解して20名（19名死亡）が自刃した悲劇もそのひとつである。

9月4日に米沢藩が新政府軍に降伏し、続いて米沢藩の口利きで15日に仙台藩が降伏した。そして松平容保は1ヵ月の籠城戦の後に降伏勧告を受け入れ、9月22日に降伏。23日には城明け渡しが行なわれた。

この後、新政府軍は会津への憎悪から会津兵の屍を埋葬することを許さず、山野に放置させていた。24日には秋田に攻め込んでいた盛岡藩も孤立を知って降伏した。

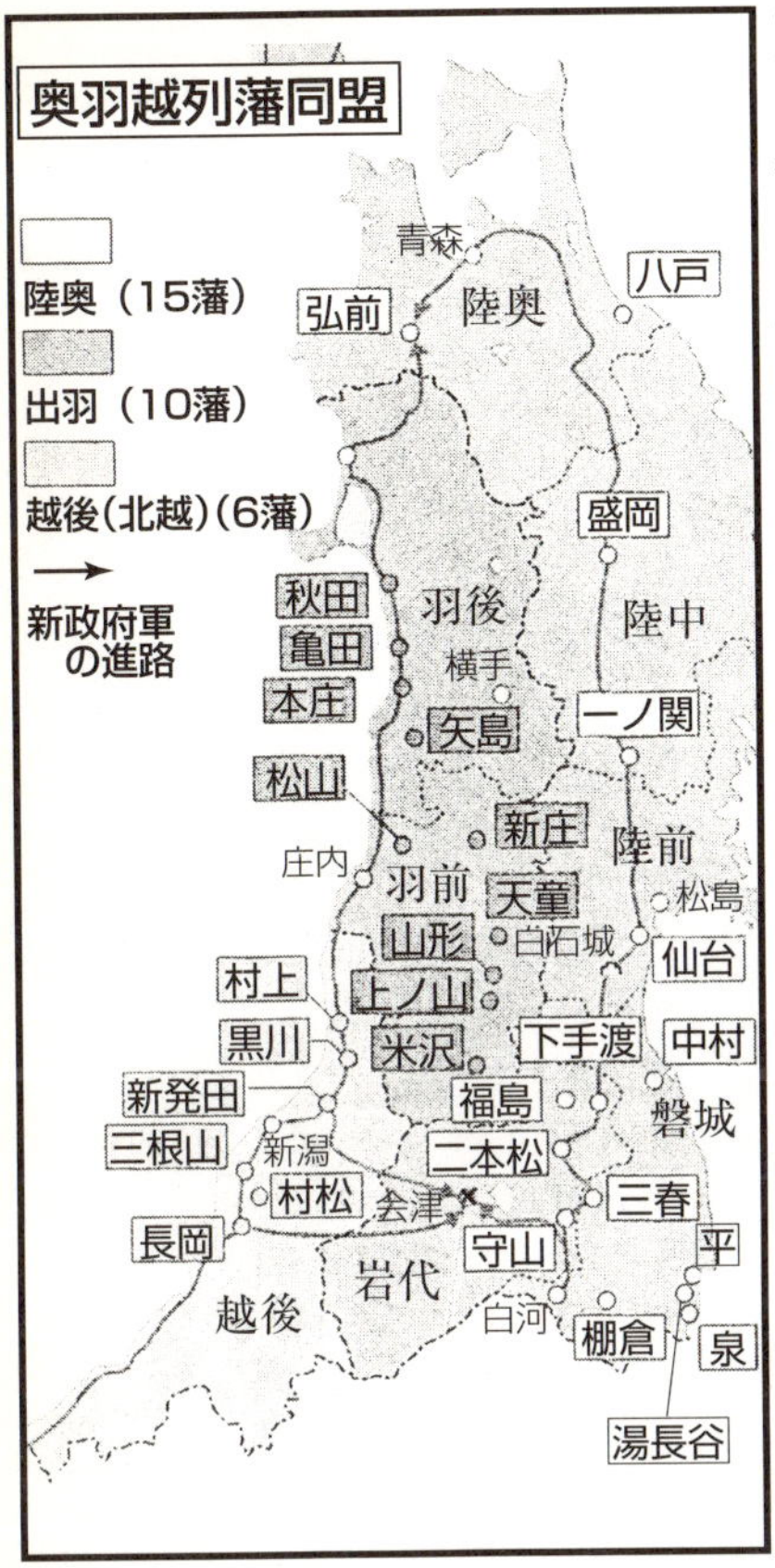

こうして列藩同盟が崩壊していったなかで、唯一庄内藩だけは精力的に戦闘を続けていた。しかも、本格的な戦闘が始まった7月中旬以降、破竹の勢いで勝ち続け、23戦場を疾走してすべてに勝利した。最強の精鋭庄内藩二番大隊を率いていたのは、家老の酒井玄蕃《さかいげんば》。やがて新政府軍からは〝鬼玄蕃〟と恐れられるようになった。

独立戦闘部隊として行動する酒井の部隊は、完全にゲリラ戦術を採った。新政府側は神出鬼没の彼らの行方を追いきることができず、やがて二番大隊は一番大隊と合流して秋田攻略を開始した。酒井たちは瞬く間に秋田領の半分を制圧し、総督九条道孝のいる久保田城にせまった。しかし共闘して秋田に攻め込んでいた盛岡藩が降伏すると、庄内藩も降伏する状況に至ったことを認め、玄蕃たちを庄内藩領内に引き揚げさせた。そして9月26日に、一度の敗北もないまま庄内藩は新政府の軍門に下った。

庄内藩の降伏により、奥羽越同盟藩だけで6千人以上の死者を出した北越・東北戦争は終結した。

敗戦処理では、同盟各藩のほとんどが禄高を大きく削られたが、会津藩以外は比較的寛大な処置で済んだ。散々暴れまわった庄内藩などは、西郷吉之助《さいごうきちのすけ》（隆盛《たかもり》）の寛大な処置に深い感謝さえ述べている。

東北戦争開戦直前、一部の新政府軍幹部による傲慢な態度がこの戦いをもたらした。戦いを望まぬ者を戦いに追い込み、そのために双方が辛い思いをすることになった。西郷たちの処置は、その反省によるものだったのかもしれない。

この年の9月に元号は「慶応」から「明治」に改められ、ペリー来航から続いた幕末の内乱は、ようやく終焉の光を最後の闇の彼方に見出せるようになった。

海軍と国際法によって立つ箱館政権

江戸を脱走し北に針路をとった旧幕府艦隊は、仙台で旧幕勢力を収容し蝦夷地へ。独立はたもちうるのか？

最新鋭艦開陽の脱走艦隊 乗員2千名が蝦夷地を目指す

慶応4（1868）年8月20日、旧幕府海軍副総裁榎本武揚《えのもとたけあき》は、旗艦「開陽《かいよう》」以下8隻（戦艦4、輸送船4）の艦隊で江戸湾を脱走した。4月11日の江戸無血開城以降、新政府は繰り返し武装解除と艦船の引き渡しを要求したが、「富士山丸《ふじやままる》」など4隻は引き渡したものの、榎本は拒否し続けた。ただ1隻で新政府軍の所有する艦船の全戦闘能力に匹敵する最強艦「開陽」を手にしていたことで、この無理が通っていた。

この4ヵ月余の間、榎本が何を考えていたかは謎である。徳川の没落によって路頭に迷うことになった旗本や旧幕臣たちを救済するために蝦夷地に移住しようと密かに画策し準備を進めていたといわれる。北の開拓は、以前からの榎本の夢であった。

そんな榎本たちのもとに7月、奥羽越列藩同盟の密使が派遣され、「海上からの援護・救援」を依頼した。榎本は江戸脱出の準備を早め、彰義隊《しょうぎたい》残党や旧幕府脱走兵約2千名を乗せて江戸を離れた。そのなかには新政府によって解雇されていたフランス軍事顧問団を脱走したブリュネ砲兵大尉以下8人のフランス軍人も含まれていた。中立の立場を崩さない新公使ウットレーの忠告を無視しての脱走だった。

予想外の悲惨な航海になった。台風のシーズンである。出航直後から海は大荒れになり、船団は散り散りになった。9月中旬、あらかじめ決められていた集結ポイントの松島湾にたどり着いたのは6隻だけだった。大量の軍事物資を積んだ輸送船「美嘉保《みかほ》」は座礁して沈没。「咸臨丸《かんりんまる》」も大破して漂流しているところを追撃してきた新政府軍の「富士山丸」に拿捕された。

このときすでに奥羽越列藩同盟は総崩れになっており、榎本たちの到着は遅すぎた。それでも仙台で多数の敗走兵を受け入れて陸戦力を増強し、脱走艦隊は蝦夷地（北海道）へと向かっていく。その兵たちのなかには、桑名藩主松平定敬《まつだいらさだあき》、元老中板倉勝静《いたくらかつきよ》、元老中小笠原長行《おがさわらながみち》、伝習隊など旧幕府脱走兵を率いた大鳥圭介《おおとりけいすけ》、新選組副長土方歳三《ひじかたとしぞう》、遊撃隊長人見勝太郎《ひとみかつたろう》、仙台藩額兵隊《がくへいたい》の星恂太郎《ほしじゅんたろう》らの顔ぶれがあった。

榎本は仙台藩から汽船「大江丸《おおえまる》」と帆船「鳳凰丸《ほうおうまる》」を借用して、失った2隻分を補い、再び8隻の艦隊として10月12日に松島湾を出発。16日に宮古湾を経て、10月20日に蝦夷地に到着した。新暦でいえば12月3日、北の大地はすでに雪深い極寒である。

榎本たちの最初の目標は、箱館を占領することだった。箱館山に設置された弁天砲台からの砲撃を避け、脱走艦隊は箱館から小さな山2つを隔てた北部40キロに位置する鷲ノ木《わしのき》村沖に停泊し、吹雪のなかを新政府知事清水谷公考《しみずだにきんなる》に到来目的を告げる使者を送った。同時に榎本は、箱館駐留の各国代表にも声明書を発し、「徳川家臣救済のための蝦夷地開墾と、箱館の外国人居留地および外国人の蝦夷地旅行に対する安全の確保」をうたい、自分たちは賊徒ではなく、交戦団体権を持つことと、戦争になった場合の中立を要請した。

続いて陸戦隊4千名を箱館に差し向け、新政府箱館軍を一蹴。清水たちは秋田藩を頼って青森まで逃げた。10月25日に榎本たちは、箱館奉行所を中央に構える五稜郭《ごりょうかく》に入城した。五稜郭は元治元（1865）年に完成したばかりの新しい城郭で、全方面からの攻撃に備えるために巨大な桜の花びらにも似た様式美を誇っていた。

箱館に現われた旧幕府家臣団とその声明を受け、10月29日、英仏蘭は「旧幕府家臣団の交戦団体権を認めない」という点で一致。30日に英仏は「旧幕府家臣団は交戦団体権を持たない」といった内容の覚書を作成した。

榎本は松前藩に使者を送り、自分たちへの理解と協力を求めたが、松前藩はこの使者を斬殺してしまう。榎本は松前藩を制圧するため、海陸の全兵力を送り出した。松前は北海道の最南端に近いところに位置し、箱館からは100キロ近い距離がある。

陸兵を指揮する土方歳三や大鳥圭介らの実戦経験が、序盤から松前藩兵を圧倒した。海軍からの砲撃もあり、榎本軍は11月初旬には松前城下に迫った。松前城は港に面している構造上、城内にも無数の砲台を有していた。湾の傍らには築島砲台があった。土方たち陸戦隊は制圧した拠点に砲陣を敷き、築島砲台と松前城内への砲撃を開始した。築島砲台が沈黙すると、湾内に突入した戦艦「回天《かいてん》」「蟠竜《ばんりょう》」とともに松前城内への砲撃戦が始まった。松前は11月5日に落城。藩兵たちは江差に逃れ、藩主松前徳広《まつまえのりひろ》一族は漁船でさらに青森に逃れた。

11月8日、榎本は、英仏公使の訓令を受けて箱館に入港した両国軍艦の艦長と箱館駐在の両国領事と会談。「交戦団体として認めない」という覚書の内容を通告された。その2日後に英仏代表は榎本に――旧幕府家臣団を、「内政不干渉の原則から『事実上の政権』（Authorities de facto）として認めるが、それとの関係は英仏人民の生命財産、ならびに貿易保護に必要なものに限る」――という文書を送っている。これで榎本たちは箱館を秩序を持って実効統治していることは認められたと解釈する。

榎本軍は11月15日に江差に入り、占拠。19日に藩主を脱出させた松前藩兵は、20日に降伏。榎本は降伏した松前藩兵を国際条約に基づく捕虜として遇し、藩主のもとに戻ることを希望した者は青森へ送り出した。

だがこの戦いで、榎本軍は致命的なダメージを負った。旗艦「開陽」が江差沖で大時化のため座礁し、結局沈没した。輸送船

「神速《しんそく》」も機関を大破して使用不能に陥った。榎本海軍の戦闘能力は半減した。

失意の榎本だったが、それでも12月14日、各国領事に「蝦夷地全域の領有」を宣言し、15日には入札《いれふだ》（選挙）によって政権の首脳部を選出する。榎本は総裁に就任し、国の内外に箱館政府の樹立が宣言された。

しかし、「開陽」沈没のニュースはすぐに横浜にもたらされた。12月27日、外国代表者会議は、局外中立の撤廃と箱館政権の交戦団体としての資格剥奪を決めている。

つかのまの〝春〟を、箱館政府首脳たちは冬の蝦夷地で過ごすことになった。

逆転した彼我の海軍力
宮古湾に特攻したアボルダージュ

暖かな春が来れば、再び戦いが始まる。それは箱館政権の誰もが体で感じていることだった。海軍力があってこそ――つまりは津軽海峡の制海権を握っていてこそ――本土と海で隔てられた蝦夷地が意味をなしてくる。箱館政権には強力な海軍力が絶対に必要なのだ。そのための要になるはずだった「開陽」を失った榎本は、多少のリスクを犯してでも新たな海軍力の増強を求めた。宮古湾に浮かぶ新政府軍の最新鋭艦「甲鉄《こうてつ》」の奪取を試みたのだ。

この船は、もともと幕府がアメリカから買いつけた装甲軍艦「ストーンウォール・ジャクソン」である。局外中立でどちらの手にも引き渡されずに横浜に繋留されていたが、局外中立の撤廃によって。明治2（1869）年1月に新政府に引き渡された。それだけでなく旧幕府が海外に発注していた武器弾薬は、すべて新政府軍に引き継がれた。

3月25日未明、「回天」はアメリカ国旗を掲げて宮古湾に侵入。「甲鉄」に接近すると、旭日旗に差し替え、船首から「甲鉄」の脇腹に突っ込んだ。旗の差し替えによる奇襲攻撃は国際法で認められている「アボルダージュ」という戦法。フェアプレイを旨とする榎本の作戦だったというが、どう考えても海賊的行為である。

それはともかく、「回天」よりもひと回り小型の「甲鉄」は、甲板の高さが3メートルほど低かった。また「甲鉄」には対人用にガトリングガンも備えられていて、榎本軍側の斬り込みは失敗。新鋭艦の分捕りなどできず、20名以上の死傷者を出して箱館に敗走した。

このとき、箱館政権の命運は尽きたといっていい。陸軍兵力で圧倒的な新政府軍に制海権をも握られれば、勝ち目は絶無である。恐らく榎本も覚悟を決めたものと思う。

春が来て溶けた
北の共和国の夢

4月9日、青森から出撃した新政府軍は江差の北西12キロに位置する乙部《おとべ》に上陸した。作戦参謀は、陸海軍を束ねる山田顕義《やまだあきよし》（長州藩士）。山田は軍を3分割し、北の二《ふた》股口《またぐち》、中央の木古内口《きこないぐち》、海岸沿いの松前口《まつまえぐち》にそれぞれ進撃を開始した。

最初の戦いは4月11日に、松前口で起きた。序盤は善戦した箱館政権側も、江差から上陸した新政府軍の第2、第3軍の増援と海からの艦砲射撃によって劣勢に追い込まれ、やがて松前城まで押し戻された。17日、ついに松前城は新政府軍に奪回された。このとき奮戦したのは、榎本によって青森に送られた松前藩士たちだったことは、フ

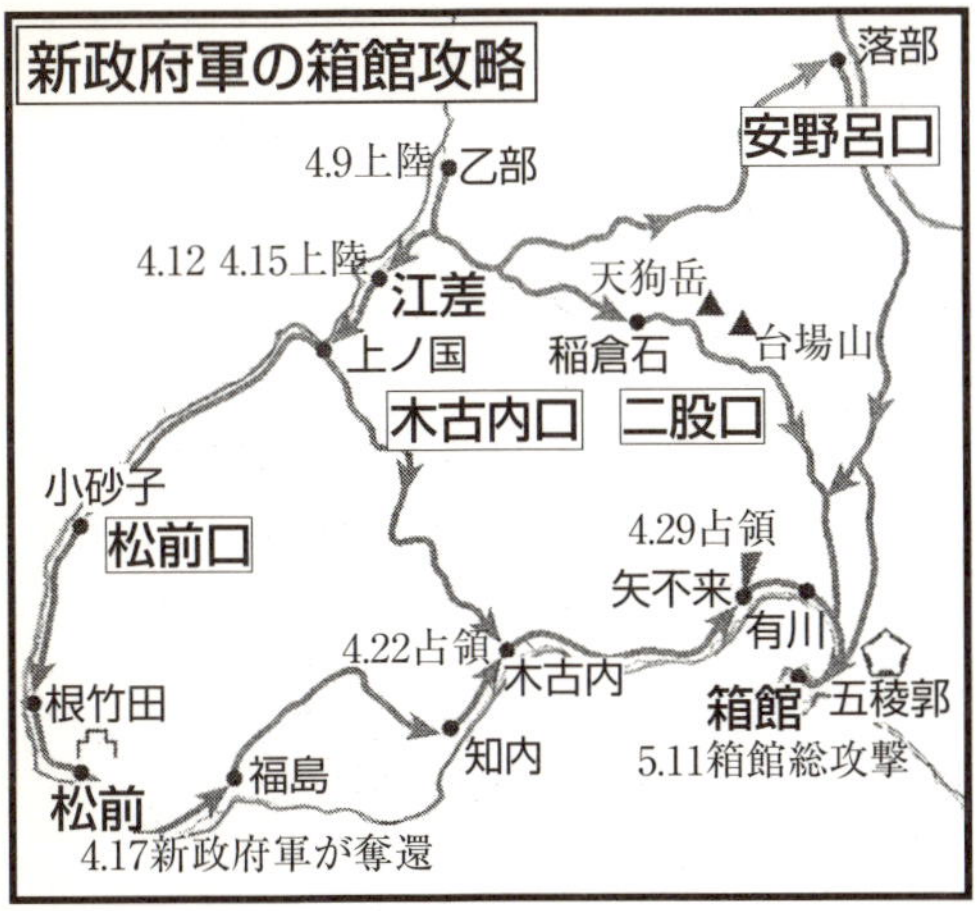

エアプレイ精神の皮肉な結果となった。

4月13日、二股口と木古内口でも戦端が開かれた。二股口の台場山《だいばやま》には土方歳三が陣取り、次つぎに増援される新政府軍の猛攻を防ぎ続けた。箱館と松前の中間に位置する木古内口では、稲穂峠を越えて進撃してきた新政府軍と大鳥圭介率いる守備隊が激突した。大鳥部隊は13日の戦いでは新政府軍を退けるものの、以後、一進一退を繰り返し、やがて新政府軍が木古内を占拠した。大鳥部隊は矢不来《やふらい》に撤退。しかしここも29日に新政府軍に制圧されてしまう。

勝ち続けていた土方は、矢不来が落ちたとの知らせを受け5月1日、挟撃を恐れて五稜郭への撤退を部隊に命令した。当然、これにより新政府軍は土方部隊を追うように五稜郭へと向かうことになる。

新政府軍は、着々と包囲網を狭めていった。そして5月11日、箱館総攻撃が開始された。このときの新政府側の攻略ポイントは3つ。海に突き出るかたちの箱館山の麓に構築された弁天砲台と箱館政権の中枢がある五稜郭、そしてこの中間に位置する千代ヶ岡砲台である。

この日の猛攻撃で、箱館政権の海軍力は瓦解。「回天」や「蟠竜」などの戦艦は、座礁するか破損のために戦闘不能に陥り、湾岸の浮遊砲台と化した。新政府軍は海沿いと山沿いの双方から箱館市街地になだれ込んだ。さらに新政府軍作戦参謀黒田了《くろだりょう》介《すけ》（清隆《きよたか》、薩摩藩士）の指揮で箱館山裏側の絶壁から奇襲部隊が現われ、瞬く間に箱館山を制圧した。

土方は箱館山を奪還するために出陣したが、馬上で銃弾に倒れ、落命。死に場所を求めて彷徨っていた新撰組副長の最期にはふさわしいといわれるが、その屍がどこに消えたかは今も謎のままである。

15日に弁天砲台陥落。16日には千代ヶ岡砲台が陥落した。ここにおいて、黒田は榎本に降伏を勧告する。籠城する榎本は拒否したが、黒田の送った使者を介してオランダから持ち帰った国際法の書『万国海律全《ばんこくかいりつぜん》書《しょ》』（海上国際法）を黒田のもとに送り届けた。今後の日本のために役立ててほしいとのことに、黒田は感激したという。

その夜、榎本は自刃しようとしたところを止められ、周囲の必死の説得で降伏勧告を受け入れた。榎本は、責任はすべて自分と箱館政権首脳部にあるとして、他の者たちへの罰を与えないことを条件に降伏した。18日、五稜郭は開城。これにより1年半に及ぶ戊辰戦争は、一応の終結をみた。

黒田は榎本たちの助命嘆願に奔走する。東京の獄中に2年半。明治5（1872）年3月6日、榎本以下は放免となった。2日後の3月8日、榎本は北海道開拓使四等出仕の辞令を得た。開拓次官は黒田で、その抜擢による。榎本は北の大地に戻った。

ビジュアル武器～しゃぐま

戊辰戦争での「官軍」の将校を象徴するコスチュームがある。歌舞伎の鏡獅子のような兜の飾り。あれは何なのか？　俗に「しゃぐま」と呼ばれるもので、四川やチベット産のヤクの尾の毛を赤く染めたのだという。そのため、「唐《から》の頭《かしら》」ともいう。

「赤熊」と書いて、「しゃぐま」。同様に、白いものは「白熊《は（く）ぐま》」であり、黒く染めたのが「黒熊《こ（く）ぐま》」。一説によると、赤が長州藩、白が土佐藩、黒が薩摩藩の幹部連中が使う――というような色分けがあったようだが、薩長土以外にも津、徳島、沼田などの各藩でも用いられた。京北の山国郷から因幡藩に属して戊辰戦争に参加した農兵「山国隊」も黒熊を付け、その格好が河童に似ていたのだろう……「河太郎隊」と揶揄された。

異形――。そして畏怖。ともかく、見る者の心を乱れさす。昭和初期のころまで、会津盆地では泣き止まぬ子に対して、「いつまでも泣いてっと、赤毛かぶったカングンが来っからな」と脅したというから、その狂気にも受け取れる不気味さの、後味の悪さがわかる。

戦国大名がそれを好んだ。龍造寺や鍋島の武者たちが被り、『甲陽軍鑑』には、織田信長が武田信玄に「からのかしら二十」を贈った記事もある。『九六騒動記』によると、永禄9（1566）年に三河の海岸に南蛮船が漂着、多数の「唐の頭」が見つかったという。この「唐の頭は安南国にありてすぐれて猛獣なり」、「その勇猛にあやからんが為」唐土で兜に付けたのに倣い、徳川家康はこの毛を配下の三河武士たちに分け与えたという。

それがなぜ、明治元年になって復活したか？　理由は意外に単純で、明け渡された江戸城に入った新政府軍が、城内の蔵で大量の「唐の頭」を見つけたからだという。戦国のころに輸入され、そのままになっていたものか？　ともかく、上野戦争からこの異形の飾りは戊辰の戦場に現われ、敵を威嚇する〝武器〟となり、歴史に名をとどめた。（春）

PART 4

新政の府

～改革と反動

成田　毅

山口藩脱隊騒動　奇兵隊の反乱

長州戦争と戊辰戦争で新時代のため戦った長州奇兵隊。なぜ彼らが反乱したのか？　鎮圧するのは木戸孝允だ

2千名が脱走！凱旋した奇兵隊に何が起きた？

示し合わせたかのように、突如2千名もの兵士たちが兵営を脱走した。ある者はピストルを、ある者は軍刀を、また大勢で大砲までをも持ち出し、防府に集結した。瞬く間に18もの大砲の陣地が築かれ、その砲門はすべて山口を窺っていた。目指す藩庁まで16キロの距離である。

彼らは戊辰戦争を勝ち抜いた「奇《き》兵隊《へいたい》」であった。官軍の主力である東征軍として従軍し、奥州各地を転戦した歴戦の兵《つわもの》たちだった。

明治2（1869）年5月、箱館戦争が終結する。新時代の幕開けである。彼らは胸を張って、故郷長州へ凱旋した。ところが、当時〝御屋《おや》形《かた》〟と呼ばれていた山口藩庁は、新政府の方針に沿って彼らに命令を下したのであった。

奇兵隊をはじめ全長州の「諸隊《しょたい》」を解散する。そして選抜によって新たに4大隊の常備軍を創設する、というものだった。

意気揚々と帰ってきたのに、これから何をすればいいのか？　どうやって生活すればいいのか？　先行きがまったく不安である。そればかりではない。期待していた恩賞は皆無であるし、新政府軍として以後も活躍したいという淡い夢も潰えた。流血の代償がリストラであった。あまりにも惨《むご》い話である。藩庁への嘆願書も拒絶され、11月、新隊の組織が強行された。

新政府は、戦死者の遺族にわずか3両ほどを支払ったのみ。当時、山口藩が占領していた浜田県や小倉からの年貢で、彼らを養っていた。だが「維新」の世になり、藩による占領地をいつまでもお上が許すはずはない。5千名もの兵士たちを養うことはこれ以上無理であった。新政府は常備軍として、2千名を長州から選抜し東京に置く、これが藩庁からのお達しであった。

翌明治3（1870）年1月、脱走兵たちは山口藩庁を幾重にも取り囲んだ。この知らせがすぐさま新政府にもたらされた。長州出身の新政府参議木戸《きど》孝允《たかよし》は急遽、東京から山口へと向かう。同時に、東京、大阪に出張中の長州の藩兵も呼び戻された。

木戸孝允　天保4（1833）～明治10（1877）年＊

反乱軍は数の上では勝っていた。だが、奇兵隊ほか諸隊の元隊長、指揮官はすべて鎮圧部隊側である。加えて、木戸への援軍と海軍による海からの砲撃で、反乱軍は総崩れとなる。2月、防府の勝坂《かっさか》が最激戦地となった。

やはり農民は切り捨てるのか——明治維新の本音が白日のもとに

……さかのぼること7年。文久3（1863）年に、山口藩（長州藩）は、幕府によって山陰側の萩に置か

れていた藩庁を、勝手に地の利のよい山口に移設した。そのさい、山口

防衛のために関門と砲台が築かれたのが、勝坂であった。

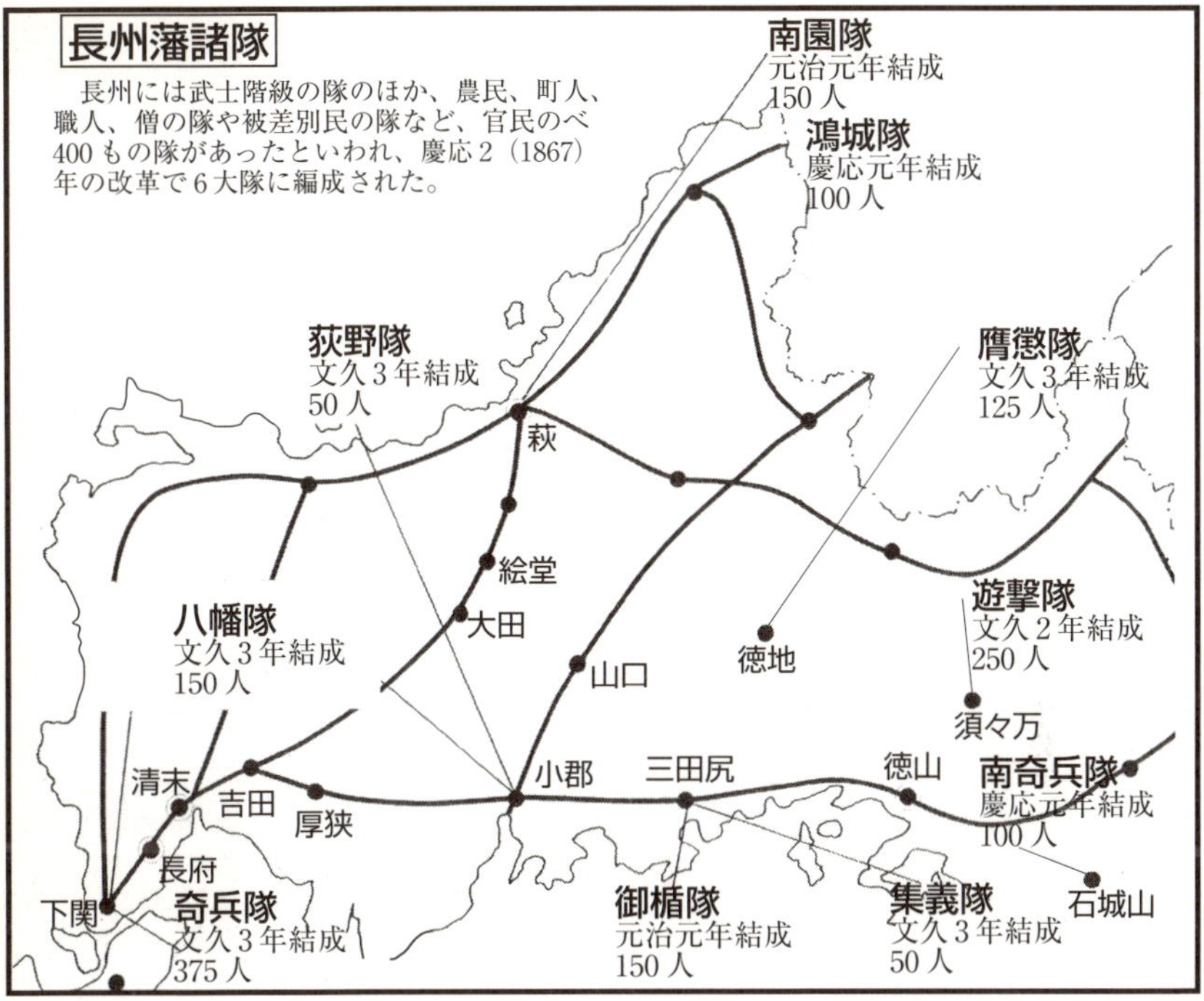

この文久3（1863）年、長州は激動と変革の年だった。攘夷論が優勢で、外国艦隊を砲撃する事件があった。5月、豊前田野浦《たのうら》沖に停泊中のアメリカ商船に砲撃したのを皮切りに、フランス、オランダの軍艦にも砲撃を仕かけた。ところが、アメリカ、フランスの軍艦が報復として下関を襲撃する。砲台は占拠され、ことごとく破壊された。

攻撃はこれ以後も続くかもしれない。そう思った高杉晋作《たかすぎしんさく》が藩庁の許可を得て組織し、周辺の防備にあたらせたのが「奇兵隊」であった。頭の古い侍は鉄砲嫌いである。あんなものは足軽のすることだ。おまけに大砲も嫌いである。だが、下関ではさんざんにやられたではないか。古臭い因習のない人間を集めよう。高杉はそれまでの門閥制度をやめ、農民や商人からも入隊させた。多くは次男坊、三男坊、あるいは職人や神主、僧侶も加わった。これを見習い、藩内各地に同様の組織ができ、「遊撃隊《ゆうげきたい》」「力士隊《りきしたい》」など161隊が組織された。こうして「諸隊」と呼ばれた民兵たちは、5千名もの規模にふくれあがったのである。

——その民兵たちを、今度は切り捨てるというのだ。

祖国防衛戦争ともいえる2度の長州戦争に応戦し、戊辰戦争では華々しい戦果を挙げた。庶民が公式に戦闘に参加した最初であった。「奇を以って兵を用いる」（『史記』）、まさに高杉の構想通りだった。だが、高杉は病に倒れ、「維新」の夜明けを迎えることができなかった。

天下にその名を轟かせた奇兵隊であったが、功労を認められず、生活の保障も一切ないという現実への不満は、日ごとに強まるばかりだったのだ。

3月朔日《ついたち》、山口郊外の柊《ひいらぎ》刑場で33名が死刑、他は投獄や流罪となった。逃亡者は全国に手配され、次つぎに逮捕されていった。死刑になった者の半数は農民であった。見せしめのため、晒し首となった。

奇兵隊反乱は、明治新政府を驚愕させ、全国を震撼させた事件であった。だが、拙速な改革を断行する新政府に対する不満は各地でくすぶり続け、やがて大きな火種となっていく。

王政復古に続くクーデター「廃藩置県」

急務である中央常備軍編制。「士族」兵か、「農兵」か。
薩長土の藩兵による「親兵」の力を背景に廃藩断行

内戦終結
天皇直属の常備軍創設が急がれた

戊辰戦争のさなかの明治元（1868）年10月、兵庫県知事であった伊藤博文《いとうひろぶみ》は「北地凱旋の軍隊を処するの策」を政府に建言した。

伊藤は北伐の兵を朝廷の常備軍にし、国内的には征討のために、また朝廷を守る近衛兵として、あるいは対外的には武威を示すため、常備軍創設の構想を温めていた。

大村益次郎《おおむらますじろう》も同じような考えをもっていた。諸藩の兵から精選して親兵を組織して常備兵とするものであった。

『陸軍省沿革史』によると、慶応4（1868）年2月――9月に明治と改元――軍防事務局所轄に「御親《ごしん》兵掛《へいがかり》」を置き、親兵は長州の亀山隊、致人隊《ちじんたい》を基盤にした郷士《ごうし》や浪士から構成された。4月には、陸軍編制法や諸藩の徴兵の細則を定めている。1万石につき3名を各藩から兵士として政府に差し出すというものだ。

だがこの決定も有名無実となり、翌明治2（1869）年には廃止されている。その後、非常時の警備以外、「私に諸藩兵を徴発する」ことを禁じ、明治2（1869）年2月、各府県の兵員の新設を禁止している。

当時の日本は藩によるいわば連邦国家で、軍隊は各藩がもっていた。つまり、新政府は独自の軍隊をもたず、薩摩、長州、土佐、肥前の雄藩に頼らざるをえなかった。戊辰戦争を戦った「官軍」も、薩長土肥を中心とする西南諸藩の軍隊であって、政府軍、天皇直属軍ではなかった。内戦が終わればそれぞれの所属藩に凱旋し、むしろ中央集権に対する障害となる。実際、彼らが凱旋してくると諸藩でも困ったことになった。財政窮乏で、戦時には必要だった莫大な数の兵士を養うことはできない――このあたりの事情は、「奇兵隊の反乱」の背景を見れば、理解できる。そして、中央政府さえ財政が思うにまかせず、なかなか直属軍をもてない状況だった。

明治2（1869）年6月には版籍奉還。大名から土地や領民の支配権を取り上げた。こうした以上、もう従来のような個々の藩兵でなく、天皇政府直属の中央常備軍編制は速やかに断行されねばならない。

新政府の兵制会議（6月21～25日）では、激しい議論が戦わされていた。大久保利通《おおくぼとしみち》ら薩摩派は、各地で頻発していた農民一揆を恐れ、「武士」の概念を壊して民衆に武器を与えるなど危険極まりないと考え、薩摩、長州、土佐から選抜して親兵にしようと画策していた。対する大村や木《き》戸《ど》孝允《たかよし》といった長州派は、不平士族を危険視し、農民を募って親兵にし、最終的には国民徴兵制による中央常備軍の創設を主張していた。長州派にとっては下関戦争や長州戦争での応戦に活躍した奇兵隊の経験があったからだ。

だが、大久保ら薩摩派の意見に大勢が決し、新たな新兵の取り立ての禁止を手始めに、兵制一定を布告、徴兵規則を設け、明治4（1871）

大村益次郎　文政7（1824）〜明治2（1869）年＊

年2月、「親兵」を兵部省の管轄下に置くことになる。鹿児島藩（薩摩藩）からは歩兵4大隊、砲兵4隊、山口藩（長州藩）からは歩兵3大隊、高知藩（土佐藩）からは歩兵2大隊、騎兵2小隊、砲兵2隊。これを中央に提供し、約1万の常備軍が編成された。4月にはふたつの鎮台を設置している。

この間、京都に操練伝習所を設け、長州、備前の藩士１００名が訓練を受け、また大阪に兵学寮をつくり、造兵廠の建設も決定。宇治には火薬製造所をつくることになった。

これらは当時不平士族の不穏な動きがあった西方への警戒感の表われであった。実際、東北平定を終えた藩兵が戻った所属藩では、藩主よりもその藩の実力者——たとえば西郷《さいごう》隆盛《たかもり》や板垣退助《いたがきたいすけ》——のもと中央政府に対して隠然たる敵対勢力に変わりつつあった。

またふたつの鎮台、小倉と仙台は、新政府にとって警戒すべき地域であった。だが、新政府にあって直轄の軍事力を掌握したいという願望とは裏腹に、諸藩の軍事力頼みという矛盾した現実が以後も付きまとう。

薩長士1万の親兵設置 可能になった第2のクーデター

この「親兵」の軍事力を背景に、新政府は王政復古に次ぐクーデターを起こす。

廃藩置県である。明治4（1871）年7月のことだった。

その2年前——先述したように——藩の領土（版）と人民（籍）が朝廷に返上された。天皇中心の国家建設のために、障害となる藩を潰しにかかったのだ。この版籍奉還以降、諸藩主を知藩事《ちはんじ》に任命して、形式上の政府の地方官に取り立てつつ、金札を藩に割り当てて藩直営の商業を禁止させている。また、各藩に年貢や産業、人口や戸数などを報告させ、中央集権への地ならしを行なっていった。

知藩事は総実収高の10分の1を禄高として与えられ、藩士もすべて「士族」として知藩事にならって禄を得る。とはいえ、ほとんどの士族は下級武士であるがゆえに、ただでさえ低い禄が10分の1になったのだから、生活は逼迫するばかりであった。そのうえ、大名は天皇の藩屏として「華族」に列せられる。大名を支配層に組み込むことで、政府も支配しやすくなるのである。

各地で農民一揆や奇兵隊反乱などの反政府運動が頻発し、政府要人の暗殺も幾度か起こっていた。次第に拡大する不満は世の中の矛盾を炙りだし、薩長よりは徳川のほうがまだましだとさえ囁かれた。そのうちに新政府の意向とは別の方向へ向かい始める藩も現われた。

こうしてなかで断行されたのが廃藩置県だった。２６１藩が3府３０2県になり、知藩事は免官され、東京への移住を命じられた。政府任命の知事や県令《けんれい》が代わって行政に当たることになる。だが、廃藩わずか20日にして広島県で約10万人が蜂起し、各地で廃藩反対の一揆が沸き起こっていった。なかには旧藩主を在地に引き留める要求もあったという。

徴兵制と血税一揆

士族の社会的特権だった兵役はいまや四民平等の義務。急がれる国軍建設に反して民衆は必死に抵抗を示した

徴兵令と四民平等 国民皆兵の〝痛さ〟

奇兵隊の反乱や折からの農民一揆を鎮圧するため、明治4（1871）年2月、「親兵」を国の管轄下に置いた。だが、直轄の軍隊とはいえ、それらは雄藩からの借りものである。そこで明治5（1872）年11月28日、全国に徴兵に関する詔書（「全国募兵の詔」）と太政官告諭（「徴兵告諭」）を発布した。

山県有朋　天保9（1838）～大正11（1922）年＊

これは山県有朋《やまがたありとも》が欧州で視察してきたプロシヤの軍制を参考にしたもので、国民皆兵を定めたものだ。このなかで、社会的特権としての兵役の任務を独占してきた武士を激しく批判し、新時代において四民は「均《ひと》しく皇国《こうこく》一般の民」として国に報いなければばらない、とある。

発布から15日後の明治6（1873）年1月10日、徴兵令が制定された。この年、太陰暦を廃して太陽暦を用いることにしたため、明治5年12月3日が明治6年1月1日となった。

満20歳の青年男子は3年間の兵役に服し、選考は徴兵検査と抽選で選ぶ。兵役期間内は常備軍とされ、3年が経たのちは第一後備役《こうびえき》（後の予備兵）、次いで第二後備役（後の後備兵）とし、これ以外の17～40歳のすべての男子は国民軍に編成された。こうして現役の正規軍4万6千名が強制的に編入された。

もちろん徴兵の免除規定もあった。官吏や学生といった支配層とその候補者、代人料270円を上納した者、戸主とその相続者、養子、および家族中特殊な関係にある者は兵役を免除される。「家族中特殊な関係にある」とは、承祖《しょうそ》の孫や独子独孫、兵役中の者の兄弟、あるいは病気や事故のため父兄に代わって家を治める者である。

貴重な働き手を3年間も取られては、生活が立ち行かなくなる。当然、徴兵逃れが横行するようになる。免除規定をいかに利用するか、これが知恵の絞りどころだった。

検査前に分家して戸主にしてしまう、他家に入籍して戸主に、絶家・廃家を再興して戸主に、あるいは免除された長男を分家・絶家・廃家に出して次男以下、次つぎに戸主にするという方法がとられた。あげくの果てには偽の診断書を作成したり、自らの体を傷つける者まで現われた。病弱な者や障害をもった者は免除されたからである。徴兵逃れが実に多いと、陸軍卿山県も憤激し、嘆いてもいる。まさに、あの手この手であった。生活がかかっているぶん、必死でもあった。

生き血を絞られ売り渡される 国民へ向けられた銃口

明治6（1873）年は、西日本で干ばつの被害に見舞われた。米価も高騰していく。徴兵とは、農民に

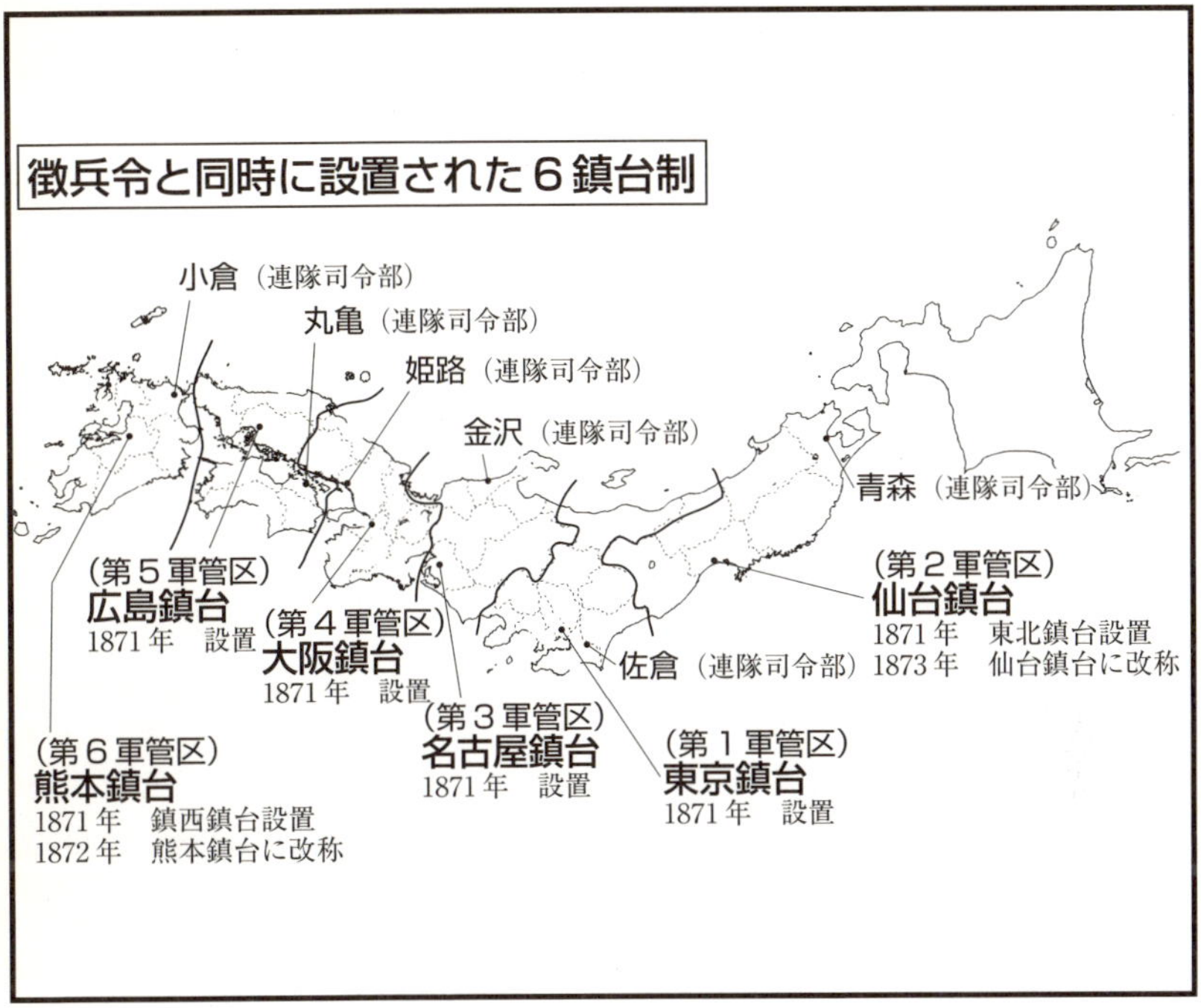

徴兵令と同時に設置された６鎮台制

とって、一種の〝夫役〟である。江戸時代には農民は兵事にかかわらなかった。そんなものはお侍さんの仕事であった。御一新の世の中で、高い年貢ですら支払えないのに、これ以上兵役を課せられるのは我慢ならない。加えて火に油を注ぐように、変な噂が持ち上がった。「血税《けつぜい》」の文字である。

「徴兵告諭」には「西人之を称して血税とす。その生血を以って国に報ずる謂なり」とある。幕末にオランダへ留学した開明派の知識人西周《にしあまね》が起草したのだが、もともと「徴兵」の意味でもある〝Blood Tax〟を直訳して「血税」とした。今では、血の出るような重い税金と誰もが理解するであろうが、当時の人びとにはそんな知識などない。

生血だの血税だの血生臭い言葉は、やがて「血を絞って外国人に売り渡す」「女の膏《あぶら》をとって外国に持っていく」などといった噂になり、各地に広がっていく。日頃からの不満は、徴兵反対で一気に沸騰し、さまざまな要求を掲げ、いわゆる〝血税一揆〟に発展していった。

3月14日には北陸の敦賀県（現福井県）、6月3日に北条県（現岡山県）、6月20日に福岡県。福岡の一揆では30万人が参加し、4千軒もの役場や家屋が焼き討ちされている。もはや内乱である。

6月26日、名東県（現香川県）でも騒動が勃発した。この讃岐の騒動は、髪を振り乱した女が近くで遊んでいた子どもを抱き、逃げ去ろうとしたことから一揆に発展している。折悪しく〝児《こと》取り〟といって小児の肝を奪う者がいるとの噂が流れていた。周囲の農民はこの女を取り押さえ、今にも打ち殺そうとしていた。これを見た村役人が止めに入ったものの、周りの殺気に押された。駆けつけた巡査や役人の説得にも怒気を抑えられず、そのうえ事件に立ち会わなかった者までが次つぎ押しかけ、「官憲はわれら農民の敵」とばかりに竹槍を携え、ついに怒りが爆発し戸長宅に火がかけられた。付近の3郡を巻き込み、ついには軍隊に鎮圧される。処罰されたものだけで1万6千人を超えているので、かなりの参加人数であっただろうと推測される。

一連の一揆は、まさに社会的な危機であった。徴兵された鎮台兵は、同国の国民へ銃口を向けたのであった。

新政府分裂　明治6年の征韓論政変

清国と冊封関係にあるため国交を拒む朝鮮国に対し、武力で開国させようとする征韓論は新政府を二分した

朝鮮国の国書受け取り拒否と対鮮政策三箇条伺の件

新政府の成立を知らせ、国交を結びたい旨の国書「書契《しょけい》」を対馬藩家老樋口鉄四郎《ひぐちてつしろう》らが携え、朝鮮へ出発したのは明治元（1868）年12月11日であった。政府の命令である。

ところが朝鮮政府は国書の受け取りを拒否した。この知らせを受け取る前から、日本には朝鮮を侵略すべしという考えがあった。

朝鮮へ国書が向かった3日後、新政府内では木戸孝允《きどたかよし》が岩倉具視《いわくらともみ》に朝鮮攻略を建言している。使節を朝鮮に遣わして無礼を問い、相手が不服ならば朝鮮を攻撃し、神州日本の威を伸長せよというのである。岩倉は日本・清・朝鮮は〝同文の国〟であるから「旧好を修め、もって鼎立《ていりつ》の勢いを立つべし」と漠然と連携を考えていた。

朝鮮は宗主国清と冊封《さくほう》関係にある。清から諸侯に封じられ、官爵を授けられていたのである。江戸時代には、幕府と朝鮮政府は対等な外交関係にあった。だが、明治政府の戴《いただ》く天皇は、幕府より上位である。朝鮮にしてみれば、宗主国清と同格の国とは国交を結べない。もとより昨日まで同格だった国が上に位するなど、もっての他であった。

これ以後も朝鮮政府はことごとく国書の受け取りを拒否する。明治2（1869）年12月には外交官佐田《さだ》白茅《はくぼう》と森山茂《もりやましげる》を釜山《ふざん》（プサン）へ派遣したが拒絶。同年、外交官吉岡《よしおか》弘毅《こうき》も交渉できずに帰国している。

明治5（1872）年8月には外務省高官花房義質《はなぶさよしもと》が軍艦を率いて向かったが、蒸気船で来航し、しかも洋服を着ている、これは華夷《かい》思想に反するとして交渉早々、暗礁に乗り上げる始末。数年にわたって空費された状態だった。

この間、明治3（1870）年4月には外務省が「対鮮政策三箇条伺の件」を提出している。第1条は日朝間の音信を完全に絶つ絶交論、第2条は戦争も辞さない態度で、軍艦や兵を率いて外交を展開する論、第3条は日本と清との交渉を先行させる論であった。外務省もしびれを切らせていた。

不満は募るいっぽうだった。外交文書の受け取り拒否とは無礼である。武力をもって開国させようとする「征韓論」派が政府内でも力を増していく。

明治6（1873）年は徴兵令に反対する〝血税一揆〟が頻発し、戊辰戦争の功を要求する士族の不満も爆発寸前であった。そのガス抜きのため、不平を外に向ける必要があった。朝鮮を圧迫することで、欧米列強から虐げられた今の不利な状況を有利な立場へ転換できる。政府の指導者たちはその絶好の機会ととらえたのだ。西郷隆盛《さいごうたかもり》をはじめとする薩摩派と土佐・肥前派である。

明治政府を分裂させた、征韓論争 西郷ら下野

この状況に驚いたのは明治6（1873）年9月に欧米視察から帰国した大久保利通《おおくぼとしみち》である。大久保らの

欧米視察中は、そもそも日本政府の組織や人事は一切変えず、改革は視察団が帰国してから行なう約束だった。ところが留守政府は気に留めるどころか、矢継ぎ早に改革を断行してしまっていた。四民平等、国民皆教育の着手、裁判所の設置、鉄道・電信の敷設、果ては憲法制定・国会開設の準備まで進められていた。

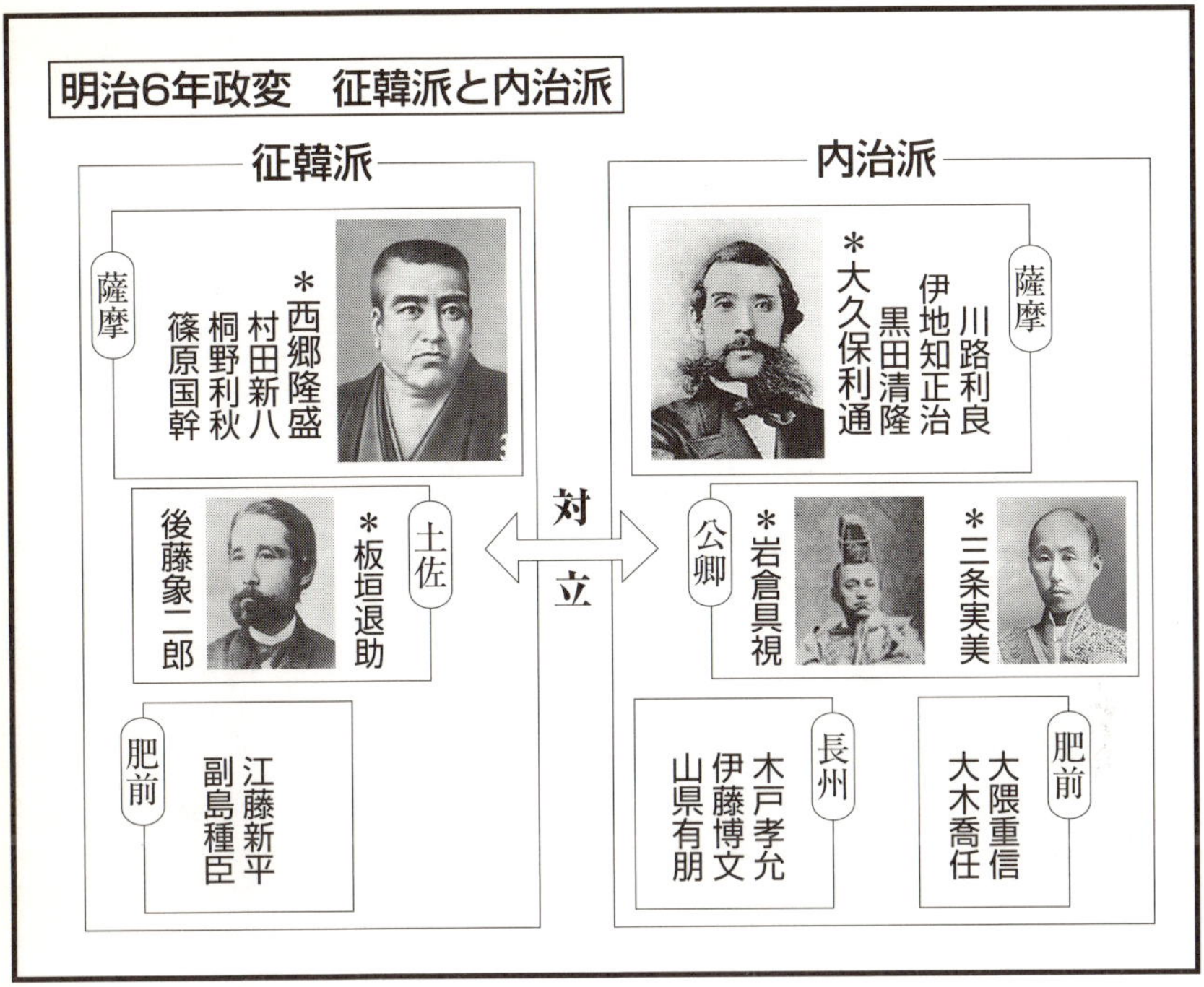

　欧米の文物や制度を視察した大久保や岩倉具視ら一行は、文明開化の必要を痛感していた。今は他国を攻めている場合ではない、何よりもまず「富国」こそ優先課題だ。西郷の盟友、大久保は国内を整備することが大切だと考えていた。

　明治6（1873）年8月、留守政府は西郷を朝鮮に派遣することを決定した。ところが、帰国した岩倉の奏上によって、西郷の朝鮮派遣は無期延期となった。事実上の征韓派の敗北である。廃藩置県から2年、いわゆる「明治6年の政変」である。

　怒った征韓派は辞表を叩《たた》きつけ、一斉に下野した。西郷隆盛、板垣退助《いたがきたいすけ》、後藤象二郎《ごとうしょうじろう》、江藤新平《えとうしんぺい》、副島種臣《そえじまたねおみ》の参議5人である。桐野利秋《きりのとしあき》や篠原国幹《しのはらくにもと》ら薩摩出身の軍高官も辞職した。この政変は、後に「自由民権運動」を生み、続発する士族の反乱の原因ともなる。

　朝鮮では国王高宗《こうそう》が幼少のため、代わって父李昰応《りかおう》（イ・ハウン）（大院君《たいいんくん》（テウォングン））が実権を握っていた。もともとは正学（朱子学）を守り、邪学（仏教や天主教）を排斥していたが、たびたびの欧米列強による侵略に対してもこれを夷狄《いてき》とみて排斥し、鎖国を堅持していた。「衛正斥邪《えいせいせきじゃ》」思想である。国内的には封建制度の再建のために規律や制度を強化し、対外的には鎖国攘夷政策を採るというものである。1866年と71年には、それぞれフランスとアメリカの軍艦を撃退している。日本も〝洋夷〟と同様に見られていた。

　ところが明治6年の政変の直後、朝鮮でも大きな動きがみられた。国王高宗による親政が宣布されたのである。父である大院君は退けられ、代わって王妃である閔妃《びんひ》（ミンビ）一族が政権に参画する。閔妃は開明派であった。これによって対日政策がやや軟化し始めた。

　だが、その後の対朝鮮外交の基礎は、不幸にも「対鮮政策三箇条伺の件」の第2条に沿ったものとなってゆく。

佐賀の乱と台湾出兵

明治7年の同時期に、佐賀と台湾で戦闘があった。内乱拡大を防ぎ、士族の不満を外征に振り向けたのだが

「憂国党」と「征韓党」
佐賀で噴き出した不平士族のマグマ

明治新政府は、版籍奉還によって諸藩から領土と人民を朝廷に返還させたが、同時にこれまでの身分制度「士農工商」を改め「四民平等」を高らかに謳った。

人びとは誰もが苗字を名乗ることを許され、職業選択や結婚も自由になった。

士族にしてみれば、家柄や血筋ではなく能力評価の人材登用を意味し、しかも命がけで「維新」に尽くしたのに、徴兵令によって軍人となる期待も裏切られてしまった。士族の特権が剥奪されたのである。特に薩摩や長州、土佐、肥前といった「維新」の功労藩で不平士族の活動が活発になっていた。

追い討ちをかけるように明治4（1871）年には「散髪脱刀令」が公布される。

公卿と薩長藩閥による〝有司専制〟政治、急激な文明開化と殖産興業による社会の変化に、士族の強い反感が募り、士族の特権を擁護しようとする動きが盛んになる。

江藤新平《えとうしんぺい》は、佐賀藩で尊王攘夷運動に身を投じ、戊辰戦争では軍監《ぐんかん》、新政府では文部大輔《たいふ》、左院副議長を歴任した。明治5（1872）年には司法卿となり、司法権の独立や改定律令の制定などに力を尽くした。早くから議会制度の必要性を痛感し、フランスの民法を参考に民法典の起草にかかっていたのである。

「明治6年の政変」によって征韓派であった江藤も下野し、参議を辞職する。同じく官職を辞した板垣退助《いたがきたいすけ》、後藤象二郎《ごとうしょうじろう》、副《そえ》島種臣《じまたねおみ》らとともに、翌明治7（1874）年1月、「民撰議院設立」を建白し、自由民権運動の口火を切った。連署の建白書を太政官左院に提出し、同時にこれを新聞『日新真事誌《にっしんしんじし》』に掲載して意見を世に問い、愛国公党《あいこくこうとう》をつくって活動の準備を始めたのである。

彼らの狙いは、議院を設けて公議を尽くすこと、政府と人民が一体となり国家を強くすることであった。したがって現体制である有司専制にはことごとく反対であった。無論、岩倉具視《いわくらともみ》、大久保利通《おおくぼとしみち》、木戸孝允《きどたかよし》ら政府側も、専制政治にとどまってはならず、国民の力を吸い上げなければ国家の発展は見込めないし、また急速な近代化はさまざまな混乱を招くことも予想はしていた。

明治6（1873）年11月、熊本鎮台鹿児島分営が焼失する事件が起こった。12月、今度は熊本鎮台の第11大隊で暴動が起こり、他の大隊にも波及して逮捕者60名を出す騒ぎとなった。近県や、西郷隆盛《さいごうたかもり》に従って辞職帰郷した薩摩の士族がこれに呼応すれば、大変なことになる。新政府は最大の危機に直面していた。

いっぽう佐賀では、封建制への復帰を要求する「憂国党」1万人と、征韓を主張する「征韓党」5千人が領内を二分していた。両者ははじめ対立していたが、征韓問題で政府が分裂したのを機に、互いに接近した。ともに反有司専制、反薩長で結ばれ、特に征韓派敗北で激怒していたところだった。

江藤は佐賀の士族に不穏の動きがあることを憂い、自ら佐賀に戻って不安を鎮めようとした。板垣の、「火に油を注ぐ」との反対を押し切っての帰郷であった。案の定、江藤は不平士族の首領に推されてしまう。

明治7（1874）年1月、佐賀の不穏を治めるために県令岩村高俊《いわむらたかとし》が任命された。

江藤新平　天保5（1834）〜明治7（1874）年＊

2月1日、憂国党が小野組（銀行）を襲撃する。この知らせが打電されると、2月4日、内務卿大久保利通はすぐさま鎮台兵の出兵を決意し、県令岩村に兵権を委任するよう手配している。

6日、大久保は大隈重信《おおくましげのぶ》と連名で「台湾蕃地処分要略」を提出し、同日の閣議で台湾への派兵が決定。そのいっぽうで10日、大久保は佐賀の乱を鎮圧する全権を任され、12日には大阪鎮台2個大隊、東京鎮台の砲隊に出動命令が下った。

2月13日、江藤と、憂国党を率いる島義《しまよし》勇《たけ》が佐賀へ入った。島は「北海道開拓の父」と呼ばれ、このときは秋田県令であったが下野し、江藤同様鎮撫のために佐賀に帰郷したのであった。15日には、岩村が熊本鎮台の1大隊を率いて突如、佐賀県庁（佐賀城）に入ると、約3千の反乱士族が県庁を襲撃した。平穏無事だった佐賀にいきなり鎮台兵が続々と入ってきたのは、ある種の挑発だったとみてよい。2月18日、岩村や鎮台兵が県庁を脱出すると、士族たちは県庁を占拠した。

だが、2月27日、憂国党と政府軍は境《さかい》原《ばる》で最大の激戦を繰り広げるも、形勢は憂国党にとって不利となり、政府軍は再び佐賀県庁に入城した。

江藤は島に後を託し、一路、鹿児島の西郷のもとへ赴く。西郷に援助を求めたものの断られ、旧友である土佐の板垣にも会っている。しかし、直接自分の意見を政府に訴えようと東京へ向かう途中、3月28日、土佐の野根《のね》村で逮捕された。4月13日に判決が下り、彼は晒し首となった。近代的な司法制度を作り上げようとした彼だが、ろくな裁判も受けられずに死刑が下されたのであった。

征韓派士族を外征に向かわせる不平士族分断策

——国書の受け取りを拒否し続ける朝鮮

との外交をいかに有利に進めるか。

そのためには、宗主国である清と条約を締結する必要があった。外交官を清へ派遣し予備交渉が開始されたのは明治3（1870）年であった。翌明治4（1871）年、全権伊達宗城《だてむねなり》が原案を清に示す。予備交渉では対等な条約であったはずが、この原案では全くの不平等条約になっている。清の全権李鴻章《りこうしょう》（リ・ホンチャン）は原案を受け入れなかった。結局、清国案に日本が従い、7月29日、仮条約が締結された。互いの領土保全と相互援助、領事裁判権と協定関税を互いに認め合う内容となっている。

日本と清が対等な条約を結んだことで、清を宗主国に仰ぐ朝鮮は、日本より地位の低い後発国となった。明治6（1873）

副島種臣　文政11（1828）～明治38（1905）年＊

年4月には「日清修好条規」が正式に締結される。

ところが、問題が持ち上がった。

仮条約締結後の明治4（1871）年11月、宮古島の船が難破し、台湾東南海岸の八瑤湾《パッヤワン》に漂着した。乗組員69人のうち3人が上陸時に溺死、だが地元民「牡丹社《ぼたんしゃ》」によって54人が殺害、略奪された。明治6（1873）年3月には、備中小田県（現岡山県）の船が台湾に流れ着くと、またも略奪されている。

事件を解決するために、外務卿副島種臣《そえじまたねおみ》が北京に派遣された。表向きは「日清修好条規」の批准書の交換であった。微妙な関係にあった琉球問題の解決も副島の北京ゆきの要用に含まれていた。中世以来、清とは冊封《さくほう》関係にあった琉球王国は、17世紀の島津家の侵略以来、薩摩藩の支配下にもあった。廃藩置県によって琉球は鹿児島県に編入され、明治5（1872）年には国王尚泰《しょうたい》を〝藩主〟として「琉球藩」を設置していたのである。

副島は清国外務省での談話のなかで、ある言葉を引き出す。台湾の先住民（原住民）について清は「化外《けがい》（国の統治の及ばないところ）に置き、はなはだ理解することをなさざるなり」と。

清は責任を回避したのであったが、清は台湾先住民を支配していない、したがって日本は台湾へ出兵すべきである――と副島は日本政府に申し立てた。

明治6（1873）年10月、征韓派の敗北で副島も下野したが、翌明治7（1874）年2月6日、佐賀の乱の対応に追われるなか、「台湾蕃地処分要略」が決定された。

佐賀の乱を治めた後の4月4日、陸軍中将西郷従道《さいごうつぐみち》（隆盛の実弟）に出兵の本部長、熊本鎮台司令官谷干城《たにたてき》（後の農商務大臣）と海軍少将赤松則良《あかまつのりよし》に軍事参議官の命が下る。軍艦「日新《にっしん》」「孟春《もうしゅん》」をはじめとする

西郷従道　天保14（1843）～明治35（1902）年＊

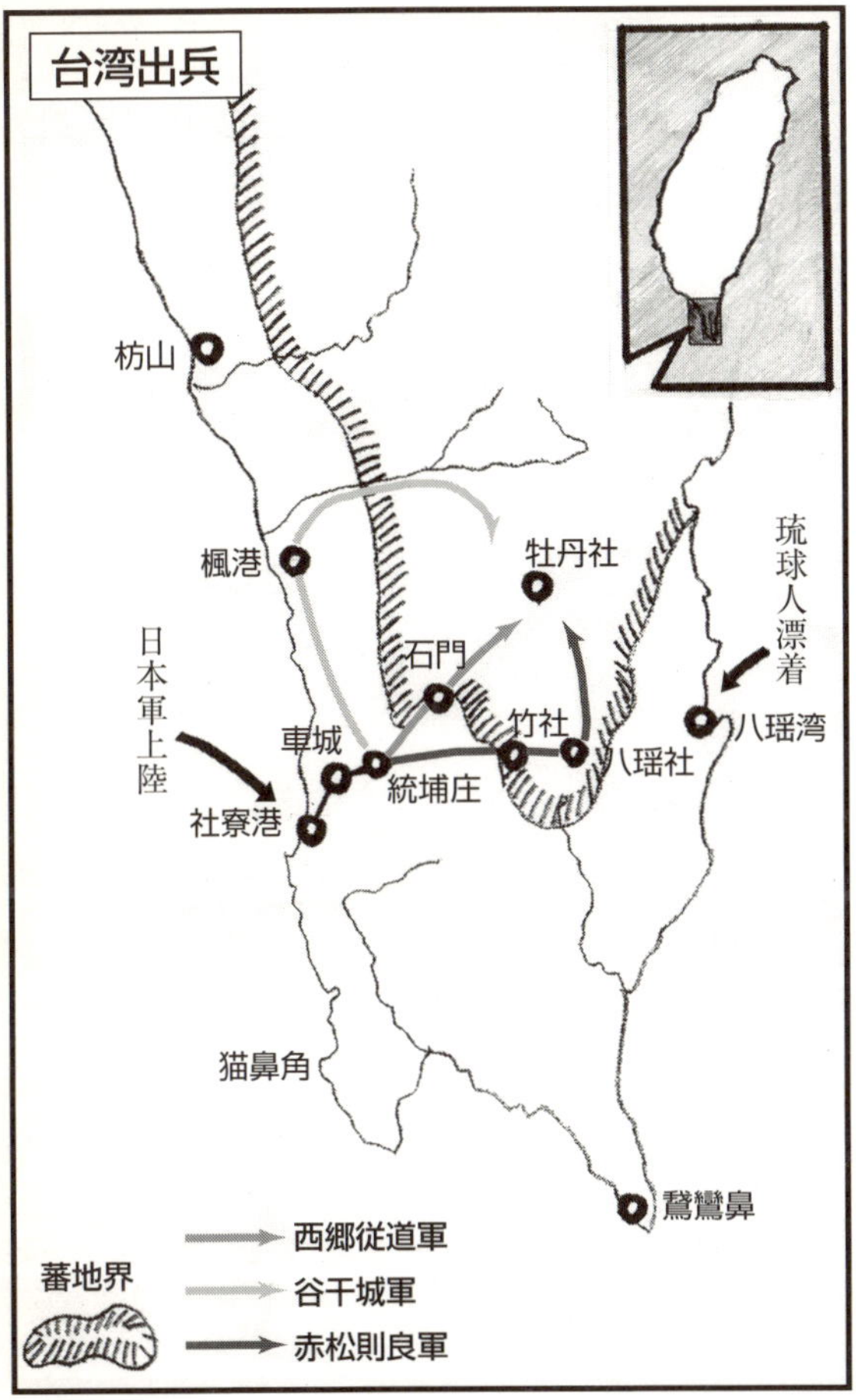

諸艦艇と兵士、総勢3千658名に出兵が発令された。このなかには、6個小隊の鹿児島士族も徴募兵として参加していた。

大久保利通は、佐賀の乱を早期に鎮圧することで国内反乱の拡大を防ぎ、征韓派不平士族の拠点ともなっていた鹿児島の士族を台湾出兵に振り向けることで、その不満を外に向けさせた。江藤に梟首《きょうしゅ》（晒し首）という判決が下されたのが4月13日。つまり政府は、征韓の不平を台湾出兵にかわし、国内では反徒に対し極刑をもって見せしめにすることで、不平士族に圧力を加えることも忘れなかったのだ。

山県有朋《やまがたありとも》と伊藤博文《いとうひろぶみ》は台湾出兵には反対であった。九州で反乱が起こっているときに、外征は根本的に間違っているという意見だった。イギリスの駐日公使ハリー・パークスもアメリカ公使ジョン・ビンガムも台湾出兵に反対したこともあって、出兵は中止となった。

ところが、西郷は長崎を出港し、出兵を強行してしまう。

5月22日に台湾上陸。「牡丹社」の頭目親子を殺害し、ついにその本拠地を制圧する。

すぐさま日本と清の国際問題に発展した。9月、大久保利通自らが全権として北京に入った。当然ながら交渉は泥沼となり、八方塞がり、希望の光はまったく射してこなかった。イギリスの駐清公使トマス・ウェードの仲介で何とか打開の糸口がほの見えた。結局、清が償金50万両を支払い、日本の出兵を「義挙」として承認するというものであった。償金50万両は実際の戦費の10分の1にも満たなかった。10月31日、和議が成立。12月3日には日本軍が台湾から撤退した。

この結果、日本は琉球を得ることになり、清は台湾を主権下に置くことになる。だが、「日清修好条規」の領土保全に違反したことは明白だった。清の不信感はこれ以降、次第に強くなっていく。

江華島事件と日朝修好条規締結

欧米と結ばされた不平等条約よりももっと過酷な条約を朝鮮に強いた新生日本。欧米もそれを黙認した

かたくなに国を閉ざす隣国に対し、ついに砲艦外交を主張

朝鮮は、華夷《かい》の秩序を固持しようとしていた。政治の実権を握る大院君《たいいんくん》（テウォングン）は「衛正斥邪《えいせいせきじゃ》」思想の持ち主。朱子学を「正学」として守り、他を「邪学」として排斥していた。朝鮮にとって開国は、欧米列強に植民地にされる恐れがあり、また宗主国清への怖れもあった。そこへ来て明治7（1874）年5月の日本による台湾出兵で、日本への警戒感はいや増しに増した。

近代的な国交関係を設定しようとしていた日本に対して、このような理由から、朝鮮は明治政府の外交文書「書契《しょけい》」の受け取りを拒否し続けていた。

明治6（1873）年10月の、いわゆる「明治6年の政変」によって日本は内治政優先となったが、この政変の直後の12月、朝鮮でも大院君の失脚という大きな転換が起きた。

開明派が実権を握り、対日政策も和らぐ兆しが見えてきた。翌明治7（1874）年9月、これまで受け取りを拒んできた「書契」に対する何らかの返答か、あるいは使節が朝鮮から来ることとなった。

ところが、突然この約束も反古にされてしまう。

明治8（1875）年2月には、外務少丞理事として明治2（1869）年に続いて森山茂《もりやましげる》が朝鮮に派遣された。副官は広《ひろ》津《つ》弘信《ひろのぶ》（作家広《ひろ》津《つ》柳浪《りゅうろう》の父）である。だが、交渉は暖簾に腕押し。まったく進まなかった。森山は、朝鮮に前年の約束に対する〝背約反信〟であると抗議。森山と広津はたまりかねて、意見書「軍艦を発遣し対州（注：対馬）近海を測量せしめ以て朝鮮国の内訌に乗じ以て我応援の声援を為さんことを請うの儀」を日本政府に建議した。軍艦の威嚇でもって開国を迫るというものである。

南下するロシアを食い止める緩衝材 江華島事件

当時の日本の周辺では、欧米列強が植民地を虎視眈々と狙っていた。清はアヘン戦争の敗北によってイギリスに蝕まれつつあ

り、朝鮮には、南下政策を進めるロシアの食指が伸びようとしていた。日本は台湾出兵によって台湾侵略は失敗するものの、琉球を得ることになった。だが、北の守りはおぼつかない。大国ロシアの南進を食い止めるためには、まずもって国境を確定しなければならなかった。

　幕末に結ばれた「日露和親条約」や「樺太島仮条約」によって、樺太《からふと》は日露双方の雑居の地とされてきた。

黒田清隆　天保11（1840）〜明治33（1900）年＊

榎本武揚　天保7（1836）〜明治41（1908）年＊

　ところが1860年に、ロシアは北京条約により沿海州を獲得する。日本はこの動きを牽制するため、明治3（1870）年、樺太開拓使を設置した。特段の成果は見られなかったこともあって、開拓次官黒田清《くろだきよ》隆《たか》は、樺太を放棄し北海道の開拓に専念することを主張しはじめる。イギリス、アメリカもこれを支持し、明治7（1874）年、榎本武揚《えのもとたけあき》を駐露特命全権公使とし、明治8（1875）年5月7日、ロシアと「樺太・千島交換条約」に調印した。

　その直後のことだった。5月25日、突如日本の軍艦「雲揚《うんよう》」が朝鮮の釜山《ふざん》（プサン）に入港した。次いで6月、「第二丁卯《ていぼう》」も釜山に入った。

　そして9月19日の樺太譲渡式が無事終わった翌日、かねてから狙っていたかのように9月20日、「雲揚」の武装端艇（ボート）が塩河を遡航し、首都ソウルの表玄関にあたる江華島《こうかとう》（カンファド）の朝鮮陣営の第3砲台まで進み、さらにソウル方面へと無断で分け入った。

　朝鮮側はこれを発見するとただちに砲撃を開始、武装端艇もすぐさまこれに応戦した。9月21日、「雲揚」は艦砲射撃を開始。同時に日本側は陸戦隊を送り込み、頂山島にあった第2砲台を焼き打ちした。翌22日には、永宗鎮《ヨンジョンジン》の第1砲台を焼き払い、大砲や弾薬を奪って長崎に帰還してしまった。

　これが「江華島事件」で、あたかも樺太の代償を朝鮮で受け取ったごときである。

　飲み水を求めようとして砲撃された、というのがことの発端とされたが、後の報告書でこれは書き加えられたものだという。明らかな国際法違反であり、朝鮮側からの砲撃を挑発する行為であった。日本がペリー来航でされたことを、今度は朝鮮に、しかもそれ以上の攻撃をもってしてなされた。暴挙以外のなにものでもない。

　事件後、森有礼《もりありのり》を清国駐在公使として派遣し、李鴻章《りこうしょう》（リ・ホンチャン）との交渉にあたらせた。李を通じて朝鮮に助言してもらい、妥結を引き出す狙いであった。

朝鮮には耐えがたい日朝修好条規も欧米列強は支持した

　明治9（1876）年1月、陸軍中将兼参議・開拓使長官黒田清隆を全権に、元老

院議官井上馨《いのうえかおる》を副全権に、交渉団が軍艦6隻とともに朝鮮に差し向けられた。

黒田は大久保利通《おおくぼとしみち》と同じ薩摩出身。明治6年の政変では大久保と行動をともにした。征韓派の西郷隆盛《さいごうたかもり》に対する戦略としても、また内治政優先論のためにも、日朝間に新たな関係をつくることが大前提であった。そのためには条約締結を何としても成功させなければならなかった。大久保が、信頼できる黒田を全権に任命したのには理由があった。

交渉に先立って、政府から太政大臣（三《さん》条実美《じょうさねとみ》）の「訓令」が渡されていた。

その訓令とは、日本政府は朝鮮と旧交を続け、和親の関係を築きたい。だが、朝鮮が「書契」を退け、使節に会おうともしない。そのうえ、「雲揚」が砲撃された。これは日本の国旗が受けた汚辱でもあり、本来ならば賠償ものである。とはいえ、こうした事件にもかかわらず釜山の日本人へは危害も加えられず、また「雲揚」もかなり防戦した。全権は和約を結ぶことが主眼である。朝鮮が平和的な態度で貿易を広めたいというのであれば、賠償にはこだわらず、条約締結を優先するべし――このような内容だった。

2月2日、全権団が江華島南岸の仁川《インチョン》沖に到着し、朝鮮側と接触した。10日、江華島の宿舎へ移動する。11日、紀元節の祝砲とともに、江華府演武堂にて交渉が開始された。

席上、まず黒田が「雲揚」の事件に対する謝罪を要求した。これに対し朝鮮側は、「旧例」によって「防守」したのであるから、謝罪や賠償の対象とならないと応酬した。黒田は、維新以来の「書契」の受け取り拒否と、反古にされた明治7（1874）年の約束にすぐさま話題を変えた。〝背約反信〟を詰問したのである。答えに窮した朝鮮側は、1866年に朝鮮侵攻を唱えた中国在住の八戸順叔という日本人の言（中国の新聞に寄稿したとされるが、流言ともいわれている）を盾に拒否した理由を連ねたものの、「今こうして全権団が来航し、疑心やわだかまりがさっと消えた」といった。

太政大臣の「訓令」がすんなりと達成されたのである。

2月12日、日本側は条約案を提示した。10日以内の回答を求め、もし回答がない場合には軍事的圧力もありうることを黒田は示唆した。翌日、念を押すように、条約案を承認しなければ軍隊を首都ソウル付近の仁川、富平《プピョン》に上陸させると黒田は迫った。

朝鮮政府内部では反対勢力の運動や激しい要求もあったが、明治9（1876）年2月26日、閔妃《びんひ》（ミンビ）政権は「日朝修好条規」に調印した。日本の軍事力に屈したのである。

条約の内容は、その第一として、「朝鮮国は自主の邦にして、日本国と平等の権を保有せり」とある。「自主の邦」とはつまり、清の宗主権の否定を意味している。表向き相互の平等を掲げてはいるが、無論、朝鮮の主権を尊重するものではなく、裏には日本による朝鮮支配の目論みがあった。

条約ではその他、釜山のほか2つの港を開港すること。日本人の「往来通商」を認めること。日本による朝鮮沿岸の自由測量を認めること。日本の領事裁判権を認めること、が記されていた。

同年8月24日には「日朝修好条規附録」などが調印される。

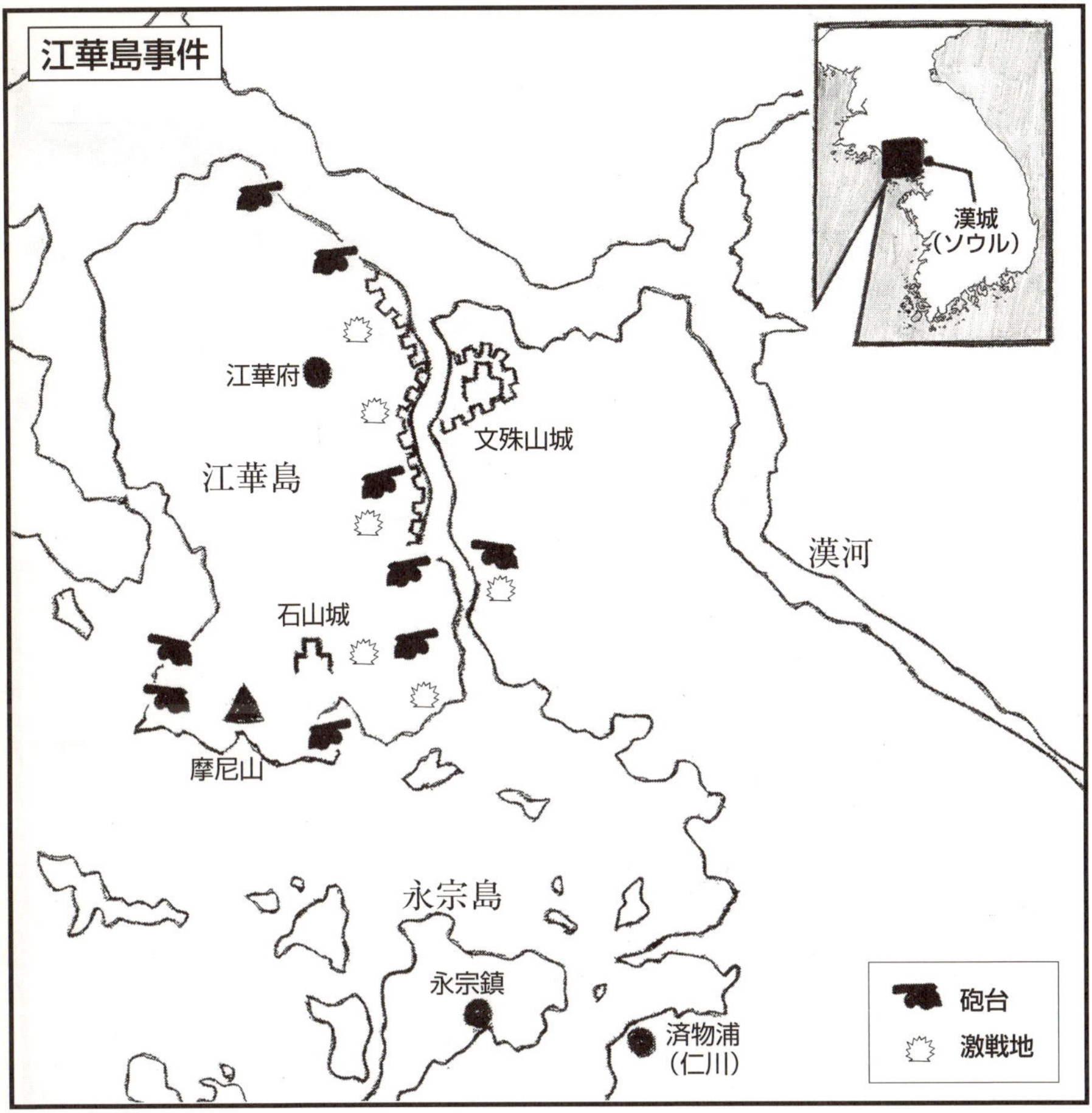

日本人の朝鮮開港地での治外法権、日本の貨幣の朝鮮での流通、関税自主権を認めず輸出入商品に関税を一切かけないことが明記されていた。これによって食糧の無制限の売買が可能になった。朝鮮国内は深刻な米不足に陥り、国民の生活が急速に逼迫していった。しかも、この条約附録には次のような文言もあった。「永遠に及ぼす」と。条約は無期限で適用されるというのだ。

この3年前の１８７４年、フランスと越《えつ》南《なん》（ベトナム）の間に条約が結ばれていた。清の宗主権を無視したものだった。この対立はやがて清仏戦争に発展する。日本もこの条約にならって清の宗主権を埒外に置こうとしたのである。とはいえ、日本が欧米と結ばされた不平等条約よりも、朝鮮にとってはるかに過酷なものだった。

日本の朝鮮進出は、イギリス、アメリカ、フランスの望むところでもあった。ロシアの南下を食い止めるためには、とりあえず黙認できる行動だった。手を焼いてきた朝鮮の開国も、日本が切り開いてくれた。彼らもこれで朝鮮と貿易ができると期待したのであった。

続発する士族の反乱

俸禄は削減、特権的地位は剥奪、刀も差せぬ――
熊本、福岡、またも萩で。士族の不満は沸点に達した

家禄支払い停止、廃刀令……くすぶるマグマ

佐賀の乱は瞬く間に政府軍によって鎮圧された。が、不平士族の不満は募るばかりだった。

廃藩置県によって、諸藩の年貢は新政府の収入となった。同時に、旧藩の負債も政府が引き継いだ。旧藩主や藩士には政府が家禄を支給することになったが、徴兵令によって平民に兵役の義務が課せられる。士族も例外なく兵役が課せられることになった。したがって士族に俸禄を支払う理由がなくなった。

新政府は「秩禄《ちつろく》処分」に踏み切る。士族の家禄支払いを止めようというのだ。

まず手始めに、明治6（1873）年から翌年にかけて、家禄を奉還した者に一時的な賜金や秩禄公債を交付した。これによって全士族の3分の1を整理することができた。

明治9（1876）年8月には金《きん》禄公債《ろくこうさい》を発行する。家禄の返上の代わりに金券を交付するというものである。支給総数は31万3千人で、総額1億7千400万円にものぼった。ちなみに明治39（1906）年に償還を完了している。

金禄公債の発行は、結果的に、上に厚く下に薄いものとなった。金禄高が1千円以上の者は全体のわずか0・2%だが、交付金総額の18%を占めていた。たとえばこの層の人びとが1人平均6万円の支給とすると、他のほとんどの者は平均400円程度。多額の公債を受け取る者はほんの一握りであり、公債だけで何とか生活できるものは全体の5%に過ぎない。残りの大半の者は、進行するインフレで困窮し、公債をすぐに売り払って現金化しなければならなかった。

明治9（1876）年9月、俸禄の支払いはついに停止される。半年前の3月には廃刀令《はいとうれい》が言い渡されていた。軍人と警察官以外は、大礼服の着用時の他は帯刀を許されない。違反者は刀を取り上げられるというのだ。士族にとって、これほどの屈辱はなかった。

没落する士族の貧苦をよそに、政府首脳は富を貪っている。彼らの目にそう映っても不思議ではなかった。くすぶるマグマは、わずかな裂け目から一気に噴火する。

反乱が反乱を呼ぶ――神風連、秋月、萩の乱

「維新」の本流ではない地域、草莽から起こった士族の蜂起は、阿蘇の麓の熊本を舞台に始まった。

国学・神道思想を支柱にした「勤王党」は、下級藩士や足軽層で構成されていた。藩の実権は「学校党」が握っており、現実主義をかかげる「実学党」も勢力が増していた。「勤王党」は藩の中枢に食い込むこともできず多年、鬱屈していた。

この勤王党の一派から、熊本藩士太田黒伴雄《おおたぐろともお》（大野鉄平《おおのてっぺい》）らを中心とした「敬神党《けいしんとう》」（神風連《じんぷうれん》）が組織された。明治5（1872）年のことである。

彼らは開化政策に反対し、仕官を

すべて拒否し、在野で武士道を磨くことを是としていた。赴任した県令が彼らに神官のポストを与えようとしたとき、採用時に全員が元寇《げんこう》の故事をあげたことから「神風連」と呼ばれるようになった。

欧化する世の中にますます不満は大きくなり、廃刀令を引き金に明治9（1876）年10月24日、ついに挙兵する。神意を問う「宇気比《うけひ》」で挙兵を決定し、隊の編成も神籤《しんせん》で決めている。夜陰にまぎれ、総勢170名が鎮台兵営や要人宅を襲撃し成功するも、兵舎に放火したことから正体を見破られ、鎮台兵の反撃にたちまち撃退された。同日、負傷した太田黒は同志の介錯で自刃した。

この神風連の乱に呼応して、10月27日、福岡黒田藩の支藩、秋月《あきづき》藩でも反乱が起こった。武器を取り隊列を組んだ200名が、説得のために派遣された巡査を斬り、福岡県庁を襲撃した。萩にいる前原一誠《まえばらいっせい》と合流しようとするが、福岡小倉の鎮台兵の反撃にあい、あえなく敗れてしまった。

松下村塾出身で、北越軍参謀として戊辰戦争に参加。大村益次郎《おおむらますじろう》の後を受けて兵部大輔《ひょうぶだゆう》という新政府の要職にあった前原だが、大村の進めた「国民皆兵（徴兵制）」路線に納得できず、木戸孝允《きどたかよし》や山県有朋《やまがたありとも》と対立。職を辞して故郷の萩に帰っていた。

彼は奇兵隊の残党に推され、「殉《じゅん》国党《こくとう》」党首として10月28日、同志200名とともに萩で蜂起した。反乱は「維新胎動の地」萩でも起きた。いや、明治3（1870）年の山口での奇兵隊の反乱以来、「維新」の功藩たる長州で、二度目の大規模な乱だった。

朝鮮問題、地租改正、秩禄処分に反対する彼らは気勢を高めていた。ところが事前に察知され、県令は広島鎮台に出兵要請する。各地で激しい戦闘が繰り広げられた。一時、反乱士族が萩を占拠したが、三浦梧楼《みうらごろう》司令官が率いた広島鎮台兵に鎮圧される。脱出した前原は島根で逮捕され、12月3日に斬刑となった。

士族の不満はことごとく蹴散らされた。だが、彼らの掲げた「征韓」「反専制」は薩摩で静かに暮らす西《さい》郷隆盛《ごうたかもり》の目指すところと同じものだった。

士族反乱・農民一揆年表

1870	1	山口藩脱隊騒動。3宇和島藩で減免要求一揆。11大分県日田郡で雑税撤廃要求騒動。12米沢藩士雲井龍雄ら謀反の罪で斬首。
1871	7	廃藩置県。8広島県で旧藩主の東京移住に反対する騒動。10生野県で被差別民解放と地租改正反対を訴える一揆。
1872	5	信濃川疎通反対闘争。9琉球を鹿児島県から分離、琉球藩を置く。11高島炭鉱で暴動。12全国徴兵の詔書、徴兵告諭。
1873	1	国民皆兵の徴兵令発布。5北条県美作地方で徴兵令反対・被差別民の呼称変更反対暴動。6福岡県で米価高騰反対の暴動。7地租改正条例発布。8西郷隆盛の朝鮮派遣を決定。10岩倉具視が征韓不可を上奏、西郷下野。西郷派の板垣退助・江藤新平・後藤象二郎・副島種臣も辞表提出。11内務省設置（初代内務卿大久保利通）。
1874	1	板垣退助ら愛国公党結成。岩倉具視が赤坂喰違坂で高知県士族に襲われ重傷。板垣ら民撰議院設立建白、近衛歩兵第1・2連隊発足。2佐賀の乱。台湾出兵を閣議決定。4板垣ら立志社設立。5台湾征討軍、長崎出航。8酒田県で租税返還要求一揆（わっぱ騒動）。
1875	6	新聞紙条例・讒謗律公布。9江華島事件。
1876	3	廃刀令公布。5和歌山県で地租改正反対一揆。8金禄公債証書発行条例（秩禄処分）。10神風連（敬神党）の乱。萩の乱。萩の乱に呼応し千葉県庁襲撃未遂事件（思案橋事件）。11茨城県で地租改正反対一揆。12三重県で地租改正反対一揆、近畿各地に広がる。

地租改正反対大一揆

明治維新により圧政や搾取から解放されることを期待した民衆は、より過酷な年貢負担に抗し立ち上がった

地租改正による金銭納税は増税を意味した

廃藩置県によって全国の年貢を新政府の収入にしたのはいいが、そのことで新政府は旧藩の負債も引き継がざるを得なかった。

殖産興業や富国強兵のため、支出はますます増えるばかりである。そこで財政改革が急務となった。

考えられるのは国内の税制改革と海関税《かいかんぜい》（保護税）の改革である。貿易による海関税は、当時、不平等条約を諸外国と結んでいたために、手をつけることはほぼ無理。国内の税を何とかしなければならなかった。

明治4（1871）年9月、「田《た》畑勝手作《はたかってさく》の達《たっし》」が、翌明治5（1872）年2月、「地所永代売買許可」が布告された。「田畑勝手作の達」とは、米作以外の作付け制限をなくすという通達である。旧幕府が寛永20（1643）年に出した「田畑勝手作禁止令」を解いたということだ。こうした準備を経て、明治6（1873）年7月28日、「地租改正条例」が公布された。

旧来の年貢の負担者に地券《ちけん》を交付し地租納入を義務づけたのだ。土地の私有権を認めるかわりに、金銭で納税を課したわけである。その土地から、これまでの収益を基本にして算定された地価を基準にし、全国一律、その3%が税金となった。

ところが、これまでの年貢収入を減らさないように、政府はあらかじめ地価の算定を、確保すべき地租額から逆算して割り当てた。しかも、農具や肥料、労働にかかった費用などの必要経費は一切算定に入れていない。それまでは、土地の石高によって年貢を支払っていたのだが、これからは毎年の豊凶にかかわりなく常に一定金額を納めなければならなくなった。結果として、農民の税負担が過酷になった。以前と違って未納は破産を意味する。やがて農民層は分解しはじめ、地主や豪農に土地が集中することになる。

また、林野改組によって、それまでの入会地にも地券が交付され、課税対象になった。古くからの入会地はほんのわずかである。手つかずの山野は膨大である。こうした山林原野はことごとく国有化された。

西欧の市民革命の結果、封建領主はそのまま大地主になったのにくらべ、日本では地租改正によって領主は解体され、土地の私的所有が認められたのは注目すべき点である。

和歌山、茨城、伊勢、阿蘇……ムシロ旗を手に各地で蜂起

明治9（1876）年は、9月に秩禄処分、10月には神風連・秋月・萩の乱と、内乱の年でもあった。そしてこの冬、またもや大規模な一揆が各地で巻き起こる。

この年、すでに5月から6月にかけて和歌山で暴動が起きている。ところがより規模が大きかったのが、11月に起きた茨城県地租改正反対一揆（真壁《まかべ》・那珂《なか》暴動）であった。11月26日、真壁郡下館《しもだて》にある町屋村で農民が暴発した。税の延納を要求し、加えて地租の基準を当年（明治6年）

の米価に換算せよというものであった。那珂郡の農民本橋治郎左衛門《もとはしじろうざえもん》はこの年の4月、県令に建白書を提出し、重税は過酷すぎると申し立てている。ところがこの建白はあえなく却下された。やむを得ず農民を組織して実力行使に出る。だが、県の弾圧によって一揆は鎮定され、多くの者が処分された。

12月には伊勢で暴動が起こった。12月18日、三重県南部の櫛田川下流に農民数千人が集結した。勢い一揆になる。松阪町を打ちこわし、三井銀行をはじめ主だった商家に火をつけて回った。怒りや不満は治まらない。一部は津にある県庁を目指しはじめる。途中、県に雇われた士族隊と交戦し、動きがとれなくなる。ところが一揆は燎原の火の勢いのごとく、四日市から桑名、そして愛知や岐阜へと拡大していった。各地で支庁、学校、裁判所、戸長宅が次つぎと焼き討ちにあった。12月下旬、鎮台兵や巡査隊によって鎮圧された。絞首刑1名、処罰者は5万名余にものぼった。

いっぽう、熊本の阿蘇でも暴動が起こった。西南戦争直前のことである。地租の算出時に削られた経費を取り戻すための蜂起は、地主への打ち毀しに発展し、やがて年貢米を保管していた倉庫を占拠した。これに加わった反乱士族たちは、奪った米を熊本城を包囲していた西郷軍の熊本支隊に渡そうとした。農民には米1粒も与えようとはしなかったという。西郷軍の撤退とともに、一揆も鎮圧された。

明治維新によって、封建的な圧政や搾取から解放されることを期待した民衆であったが、年貢の負担は軽減されるどころか前よりも過酷になった。しかもこの年は米価が下落し、地租改正によって地価の算出が過去5年間の年貢米の代金に換算されていた。かなりの増税になっていたのである。政府は続発する反乱に衝撃を受け、明治10（1877）年1月、地租を2・5％に減額した。

一連の一揆は、時代に逆行したものではけっしてない。政府の独断専行の改革は民衆を置き去りにしたものだった。生活をめちゃくちゃにされた民衆の抵抗だったのである。

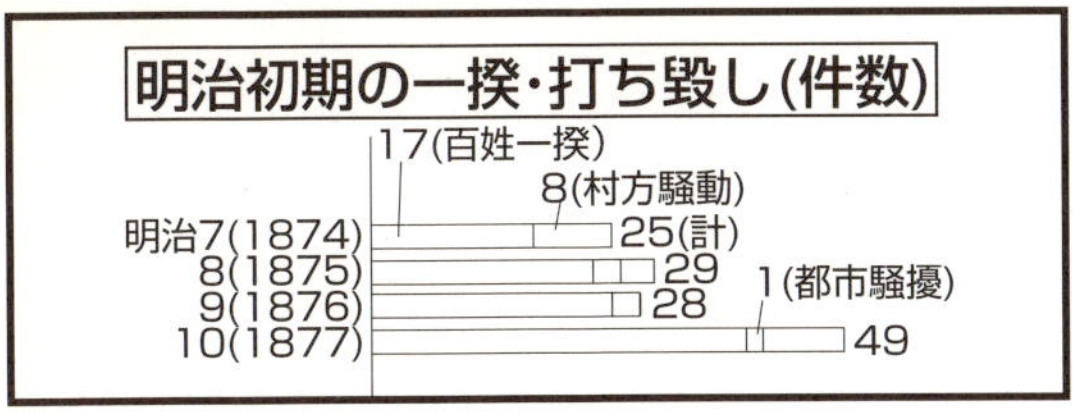

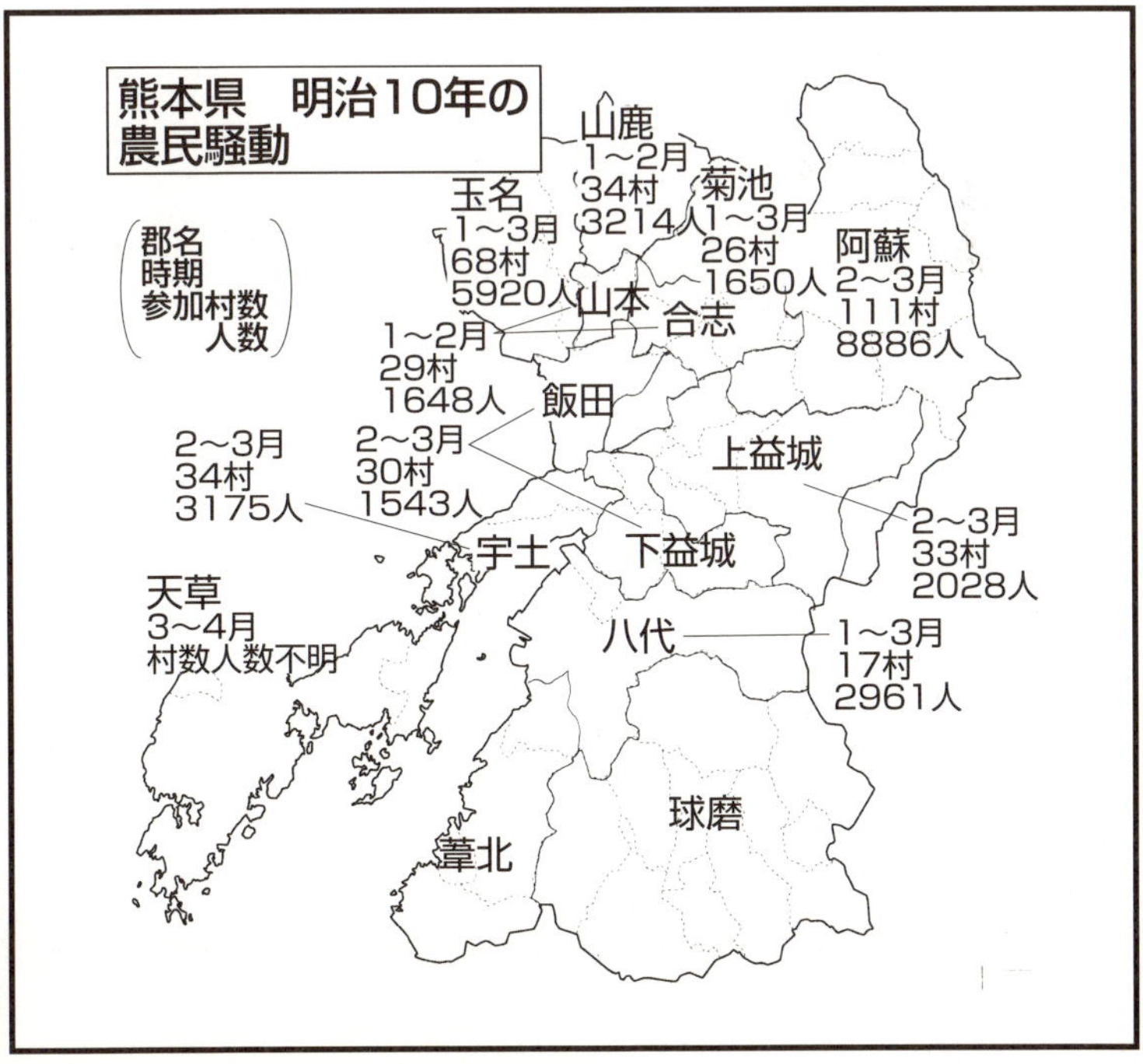

「西郷起つ」西南戦争と大久保暗殺

最大にして最後の士族反乱が薩摩から起こったが鎮圧され、以後、士族の不平は自由民権運動に向かう

不平士族の独立王国と化した鹿児島 地租改正も秩禄処分も行なわれず

鹿児島県は廃藩置県後も政府の介入を拒んでいた。下級士族が優遇されるという、封建的な権力が県を支配していた。政府は、地租改正も秩禄処分も例外措置として適用していなかった。

そこに西郷隆盛《さいごうたかもり》が帰郷した。明治6（1873）年の政変により西郷ら征韓派が敗れ、下野したのである。西郷とともに軍人や官僚たちも職を辞し、故郷に帰っていた。その数、数百名といわれている。西郷の帰郷で、征韓の断行や士族の特権回復への期待が膨れ上がった。

鹿児島では「私学校《しがっこう》」が組織され、幹部に桐野利秋《きりのとしあき》らがついた。篠原国幹《しのはらくにもと》主宰の銃隊学校と村田新八《むらたしんぱち》主宰の砲隊学校を中心とした学校で、鹿児島県下に136もの分校があった。旧薩摩藩士であった鹿児島県令大山綱良《おおやまつなよし》も「私学校」を庇護し、積極的に人材を登用した。このため私学校の出身者は県に就職し、やがて警察や行政を握っていった。鹿児島県はもはや明治政府の支配の及ばない〝士族独立王国〟の観があった。

明治10（1877）年1月、政府は鹿児島にあった陸軍の弾薬庫から弾薬を運び出し、大阪に搬送しようとした。鹿児島の士族たちによる不穏な動きを危険視したためであった。

このとき警視庁大警視川路利良《かわじとしよし》（元薩摩藩士）が放った密偵が士族たちに捕まった。密偵の所持していた政府からの電報に、暗号（「私学校」＝「一向宗」、「西郷」＝「坊主」、「桐野」＝「鰹節」）が使われており、そこに「ボウズヲシサツセヨ」とあったことから事態は急変した。「坊主（西郷）を刺殺せよ」、これを知った私学校の士族たちは、1月29日、弾薬庫を襲撃しはじめたのだ。実際は「坊主（西郷）を視察せよ」ということだったようだ。

当初、大久保利通《おおくぼとしみち》は、西郷が不平士族の抑えになることを期待していたが、度重なる九州での反乱にも動かぬ西郷に不安を感じていた。木戸孝允《きどたかよし》の大久保への激しい批判もあり、大久保は鹿児島問題の解決に着手する。手始めが1月の弾薬搬出であった。だが、鹿児島士族はそれを挑発と受け取った。しかも密偵も捕まる……。

政府問責のため、ついに2月15日、西郷隆盛は挙兵した。

西郷軍北上──田原坂の激戦
攻める政府軍も元薩摩藩士

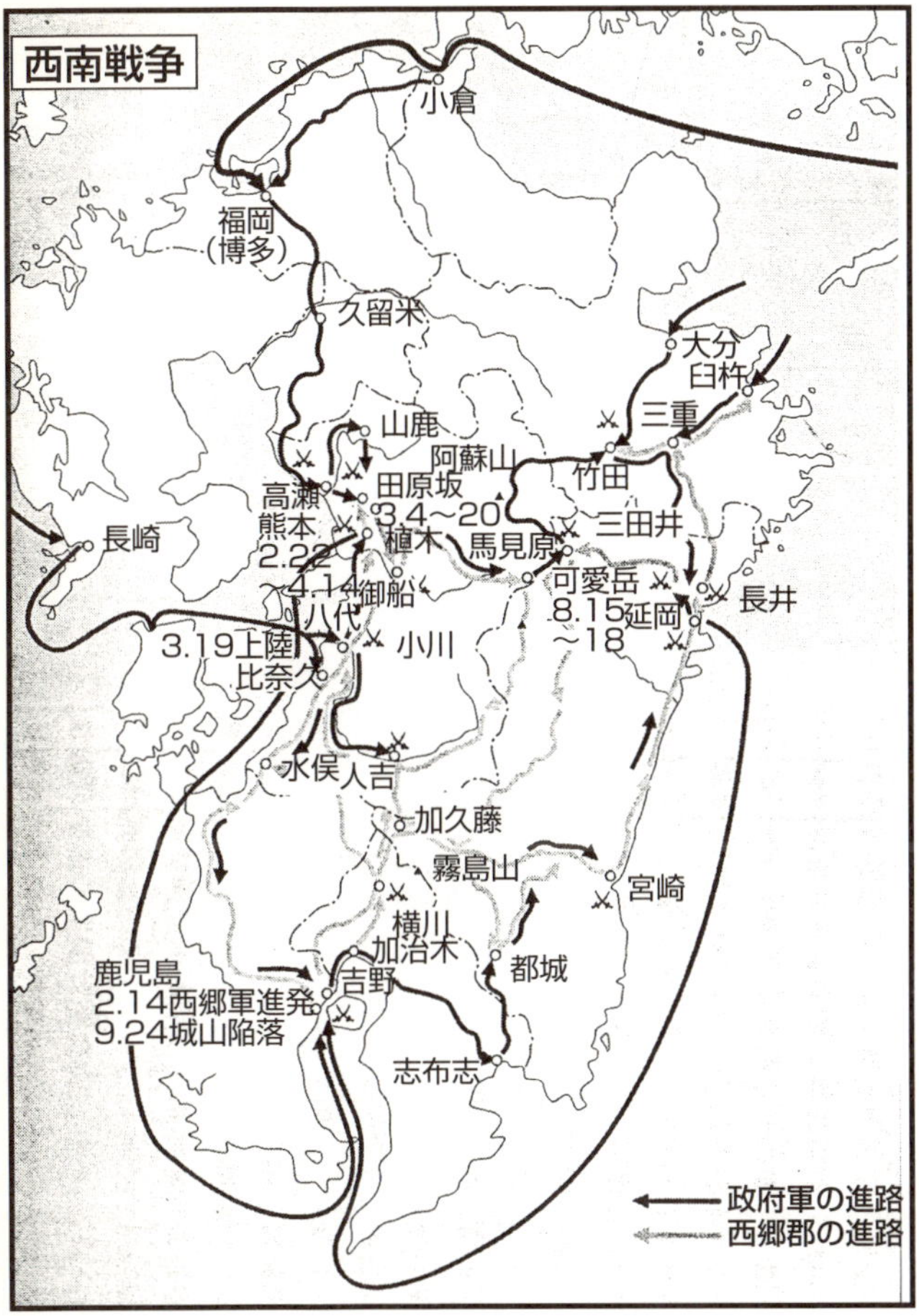

西郷軍は北上する。鹿児島城下から歩兵4大隊と砲兵2大隊、郷村から常備兵17大隊、予備兵20大隊、砲隊9座1分隊、計1万3千人。徴募による兵士1万人。これに熊本の士族や各地の不平士族が加わり、総勢3万人の規模となった。

進軍する西郷軍は熊本城を包囲し、北方の田原坂《たばるざか》を占領し、政府軍を迎え撃つため陣営を固めた。

いっぽう、熊本鎮台司令官谷干城《たにたてき》は兵力4千300人とともに熊本城に立て籠る。大久保は情報本部を置いた大阪へすぐさま向かった。陸軍中将山県有朋《やまがたありとも》、海軍中将川《かわ》村純義《むらすみよし》は4万5千人の兵力を引き連れ、熊本を目指して南下を開始する。

3月4日、田原坂で両者が相まみえた。豪雨のなか、3月17日まで死闘が繰り広げられ、西南戦争最大の激戦となった。西郷軍は旧式のエンフィールド銃。銃口から、立ったまま弾を込める方式である。政府軍はエンフィールド銃を改造した新式スナイドル銃を使っていた。後ろから弾薬を装填するため、伏せても弾を込められる。しかも豪雨である。旧式のエンフィールド銃は弾薬が湿ってほとんどが使えない。

西郷軍は撤退する。このとき南方からも政府軍が攻め込み、西郷軍の背後を突く格好となった。

4月14日、黒田清隆《くろだきよたか》ら政府軍は熊本城に入った。西郷軍は退却を開始する。逃れた西郷は鹿児島の城山《しろやま》に籠城。5月2日、政府軍は鹿児島県庁を掌握した。そして9月

24日、政府軍の総攻撃が開始され、西郷は切腹。桐野、村田らは戦死する。西郷、51歳であった。

当時、東大医学部のお雇い教師であったドイツ人医師アーヴィン・ベルツは日記にこう書き記している。

10月4日（東京）

革命は七カ月続いたのち、叛軍の完全な鎮圧で終りを告げた。西郷は傑出した軍人であり、指揮者であることがわかった。首のないかれの胴がまず発見された。後には首も見つかった由。他の指揮者もすべて同様に死んだ。桐野、別府その他はハラキリを行なった。

西郷軍の戦費は70万円、対する政府軍の戦費は4千156万円であった。この戦争に際して政府は多額の不換紙幣を発行したこともあって、財政難に陥った。通貨の供給量が増大し、激しいインフレーションになる。民衆の生活は苦しくなっていく。

木戸孝允も西南戦争の最中の5月、見舞う大久保の手を握って、「西郷もいい加減にしないか」と言いながら病死、享年45。

西南戦争後、不平士族らは武力による闘争をあきらめ、言論によって政府に対抗しようとする。自由民権運動である。

紀尾井坂の凶事　大久保利通暗殺

西郷の死の翌明治11（1878）年、今度は大久保利通が暗殺された。西郷とともに「維新」を成し遂げた巨星がまたひとつ墜ちたのである。

5月14日、この日の朝、福島県令山吉盛典《やまよしもりすけ》が、麹町区三年町裏霞ヶ関にある大久保邸に来宅した。大久保はかねてからの抱負を山吉に語った。いわゆる〝30年計画〟である。

明治の初めより10年間は、いわば創業期であり兵事に力を入れる時期であった。その後の10年は内治を整え、殖産興業に当たる時期である。明治の20年から先は後継者による守成期、事業の基礎を固めバトンタッチするというのだ。大久保はこれから始まる殖産興業に力を入れたいと力説した。

午前8時、大久保は自宅を出発する。天皇に謁見するため、赤坂の仮皇居（皇居は明治6〈1873〉年、火災により焼失）へ向かったのである。馬車は2頭立て、護衛はつけていなかった。

午前8時半、紀尾井《きおい》町清水坂で大久保の乗った馬車が襲撃される。日本刀で馬の脚は斬りつけられ、御者は刺殺、そして大久保も馬車から引きずりおろされ、あえなく斬殺された。現在のホテルニューオータニとグランドプリンスホテル赤坂の間の路上である。5月17日、国葬級の葬儀が営まれた。享年49。暗殺の現場付近の清水谷公園に大久保の追悼碑が今も建っている。

50年後の昭和3（1928）年5月14日、内村鑑三《うちむらかんぞう》は、「自分は札幌にありて其報を聞いてビックリした事をハッキリ記憶している」と日記に書いている。

犯人は6名。島田一良《しまだいちろう》（31歳）、長連豪《ちょうつらひで》（23歳）、杉本乙菊《すぎもとおとぎく》（30歳）、脇田巧一《わきたこういち》（29歳）、杉村文一《すぎむらぶんいち》（18歳）。彼らは石川県士族だった。これに島根県士族浅井寿篤《あさいとしあつ》（25歳）が加わった。島田は、加賀藩の足軽出身で、第一次長州戦争と戊辰戦争に参加した征韓論者である。長は台湾出兵についての意見を西郷や桐野利秋に聞くため鹿児島を訪れ、半年にわたって滞在し、私学校に留学した経験をもっていた。浅井は西南戦争に従軍したが、東京へ戻った後、規律違反で免職している。

彼らは、神風連・秋月・萩の乱が起こったところ、金沢で挙兵を目論んだが失敗。翌年の西南戦争時には長とともに挙兵を計画した。だが、周囲に諭され計画は頓挫する。このとき政府高官の暗殺に方向転換したといわれている。首謀した島田は大久保暗殺の計画を練り、ここに浅井も加わった。彼らの行動は「桜田門外の変」にならったものだった。

大久保斬殺後、彼らは「斬姦状」を携え自首した。「斬姦状」には、政府の民権抑圧、官吏登用での不正、つまりコネの横行、国費の無駄遣い、志士を排除したことで内乱を誘発したこと、不平等条約を改正していないことを追及する内容だった。だが実際のところ、大久保自身は私利私欲とは無縁の人物だったといわれている。

7月27日、6名全員が斬刑となる。市ヶ谷監獄にて執行された。

大久保による独裁政治は明治6（1873）年の政変からわずか4年で終わった。彼の死後、大蔵卿大隈重信《おおくましげのぶ》が筆頭参議に、伊藤博文《いとうひろぶみ》が内務卿に就任する。その後、天皇は文明開化や政府中枢の薩長独占に批判的になり、天皇親政を実現しようとする側近の発言力も強くなっていく。政府内では右大臣岩倉具視《いわくらともみ》と伊藤博文が華族の扱いや参議の権限をめぐって対立する。

やがて、積極財政の大隈が追放され、代わって松方正義《まつかたまさよし》の緊縮財政に転換される。民衆の生活にも混乱が広がっていったのである。

政治は大久保時代の個人の決断から、制度の制定による多人数での決定に移行していく。

紀尾井坂の変（大久保利通暗殺）

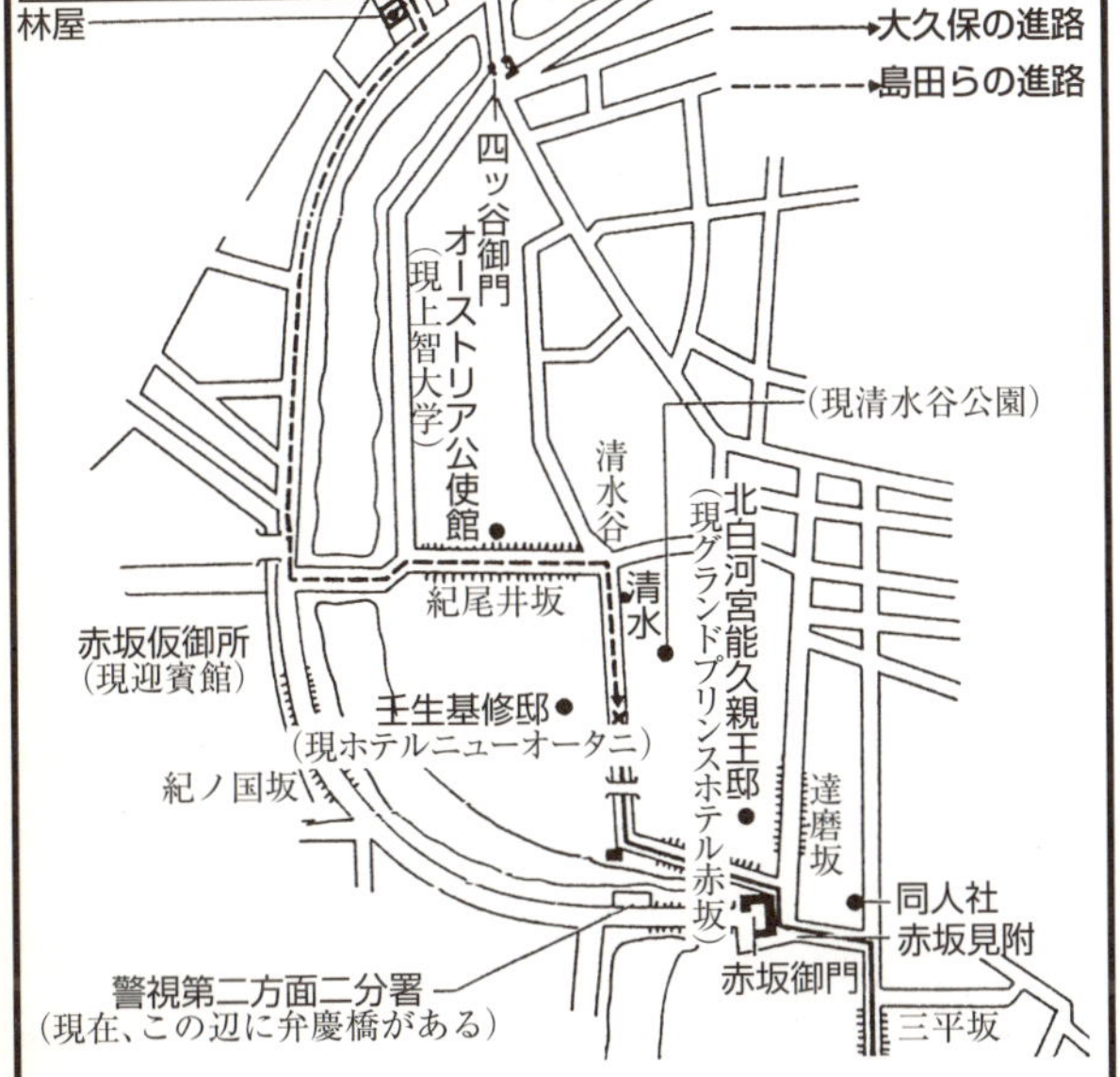

喰違故大久保内務卿記念碑（明治26年刊『東京景色写真版』より）＊
現在も「贈右大臣大久保公哀悼碑」として清水谷公園に立つ。

露土戦争が極東にもたらしたもの

地中海へと南下するロシアの野望はここに挫折。方向転換し、極東がロシアの南下政策の焦点となった

東西に延びる帝政ロシアの大きな翼 西の火薬庫バルカン半島

ロシア帝国の大紋章（国章）は〝双頭の鷲〟である。

西のヨーロッパと東のアジアを見据えた鷲は、東西を強く結合させる象徴である。1882年当時の国章の中央部、つまり鷲の心臓部にはモスクワの紋章がかかげられ、3つの冠を聖アンドレイ勲章の青い帯が結んでいる。ピョートル大帝時の海軍の庇護者が聖アンドレイである。大きく広げられた左右の翼の周囲には、ロシア帝国に征服されていった諸民族のシンボルが配置されていた。

18世紀からロシアの影響下にあった中央アジアは、19世紀後半には南部までロシア軍が侵攻していた。コーカンド、ブラハ、ヒヴァといった3ハーン国やトルクメンは制圧され、常にムスリムと交戦状態にあった。

19世紀の初頭には「カフカース戦争」が勃発する。ロシア軍と当地のムスリムが争い、1864年、北カフカース全体がロシア帝国に併合された。

このころのバルカン半島は、オーストリア、トルコの双方から抑圧を受け、スラブ諸民族が共同戦線を張っていた。ヨーロッパ諸国は、ロシアがこの動きに便乗してバルカン半島に影響力を行使することを警戒していた。だが、クリミア戦争（1853〜56）でロシアは敗北を喫する。クリミア半島はロシアとトルコ系民族との長年の抗争地であった。やがてドイツとイタリアは国内を統一し、力を蓄え台頭していった。

1875年7月、ヘルツェゴビナで農民たちが反トルコの烽火を上げる。トルコ政府による増税に反対しての蜂起だった。この反乱はすぐさまヘルツェゴビナ全土に拡大する。参加者は優に1万人を超えていた。反乱は、ボスニアにも波及した。ベオグラードにはミハイロ府主教による蜂起委員会が組織され、セルビア政府もこれに資金援助を開始した。全体で2万5千人にも膨れ上がった。これに対してトルコ軍は3万5千人の鎮圧部隊で迎え撃ったが、各地で苦戦を強いられた。8月にはモンテネグロがこの蜂起を支持する。ヨーロッパ各地から義勇兵が続々と参加してきた。

翌76年1月、オーストリア、ドイツ、ロシアによる「ベルリン・メモランダム」が締結される。トルコに対する圧力として、国際的な監視体制をとったのである。

4月にはブルガリアでトルコへの抵抗運動が起きる。トルコ軍は徹底的な弾圧を加え、ブルガリア南部で3万人もが殺害された。6月、ついにセルビアとモンテネグロが、トルコに対し宣戦布告する。だがセルビア、モンテネグロともに大苦戦となり、7月、ロシアとオーストリアが協定し、セルビアに休戦協定を結ばせた。

戦争への介入を避けていたロシアでは、10月30日、ツァーリ（アレクサンドル2世）によって「我が聖なる使命の遂行」を求める勅書が宣言される。戦争への一歩を踏み出したのである。同時に外交交渉も進め、12月からコンスタンティノープルで会議が行なわれた。バルカン半島各地の紛争を収拾するための話し合いであった。だが会議は物別れとなり、ロシアは戦争介入を決意した。

西での南下を阻止されたロシア
シベリアから極東へ向かう南下政策

ロシアはトルコと戦争した場合、ドイツのビスマルクから支援の約束をとりつけた。同時に、オーストリアには戦時に中立させることを約束させた。見返りとして、オーストリアにボスニア、ヘルツェゴビナの併合を認めている。

１８７７年4月27日、開戦の勅書とともに戦争が開始された。「ギリシャ正教徒の保護」を名目にしたクリミア戦争の轍を踏まないため、今度は汎スラブ主義を訴え、「スラブ民族独立のため」戦争にあたった。無論、南下政策によって地中海への通路を確保するというのが本音であった。

――１８７７年は、日本の暦は明治10年を刻んでいた。4月27日は、南へと押し戻される薩軍が人吉盆地に本営を敷いたころである。

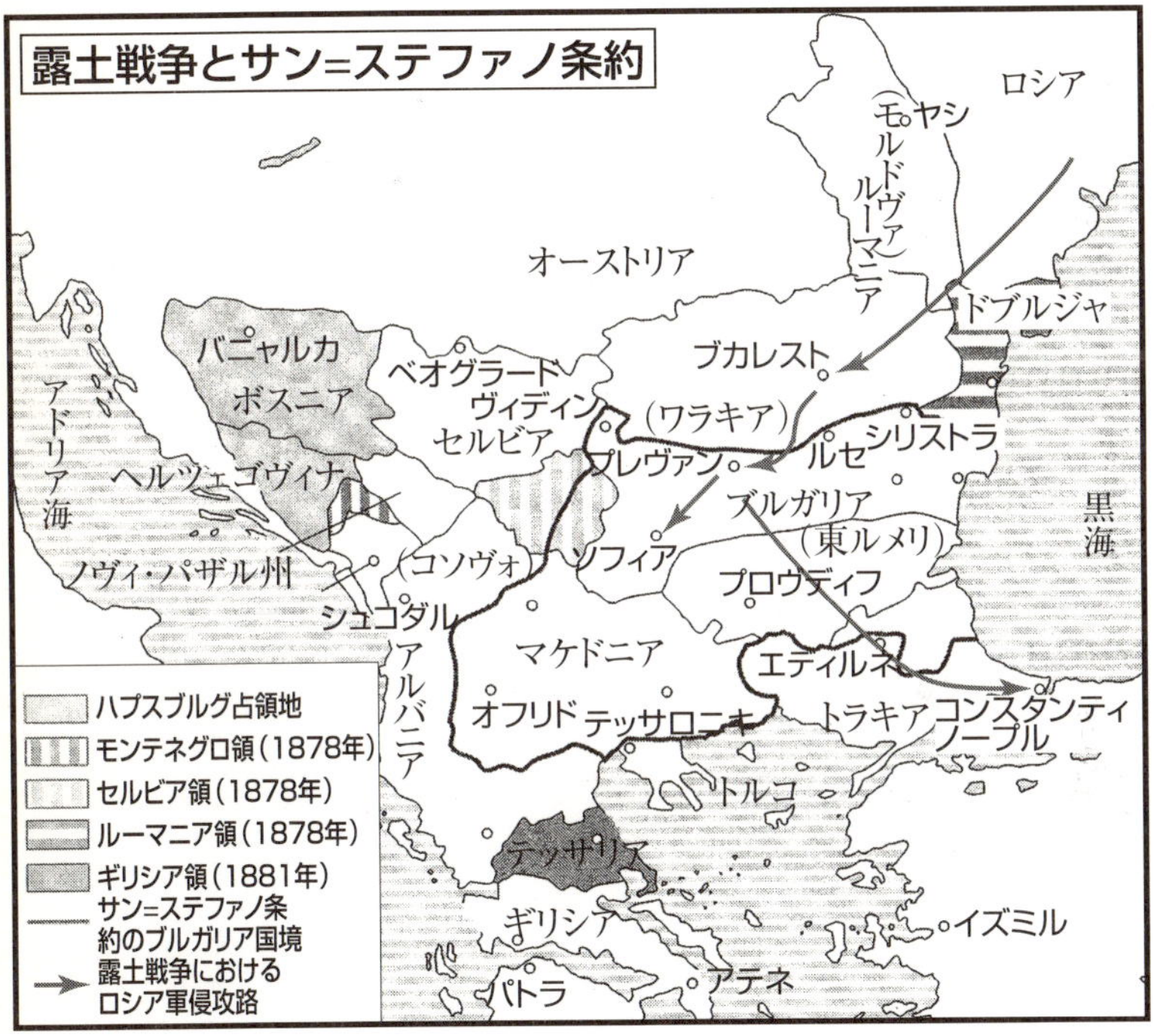

5月になるとルーマニア、セルビア、モンテネグロもロシアとともに参戦し、6月にはドナウ河を渡り3方に分かれてコンスタンティノープルを目指した。途中、トルコ軍のプレヴナ要塞で激しい抵抗にあい、ロシア軍は5ヵ月間も包囲するはめになった。その後、ロシア軍はシプカ峠を占領することでプレヴナ要塞を孤立させることに成功した。ところがトルコ軍の猛反撃にあう。

別れた1隊はカフカース戦線を戦い、ロシア軍は西へ攻め込み、エルゼルムを陥落。さらに黒海沿岸のバトゥーミも攻略した。11月にはトルコ軍のカルス要塞が陥落し、プレヴナ要塞もついに落城。ロシア軍はコンスタンティノープル近くまで進撃していた。

１８７８年3月、トルコは講和を申し入れ戦争が終結する。サン＝ステファノ条約によりロシアはクリミア戦争で失ったベッサラビアを取り戻し、領土拡大に成功した。ところが、イギリス、オーストリアの反対に遭い、ビスマルクの仲介で6月、ベルリン会議が開かれた。これによって地中海に出て不凍港獲得を目指すロシアの南進が不可能となってしまった。

ロシアの戦死者は3万2千人。この後、ロシアの関心はバルカン半島からシベリア、そして極東に向かっていくことになる。

兵士になっていく市民 〜近代の“痛さ”

戦国時代の末期に、戦争のやり方は劇的に変わった。武芸の激突だった合戦の場に「鉄砲足軽」という新しい職業軍人の部隊が出現し、そのことが「兵農分離」に拍車をかけ、やがて成立した近世社会は、武器を独占した「武士」階級という官僚たちが農工商を管理するかたちでその秩序を保った。

しかし、この制度では近代をやっていけない。新政府軍の参謀として戊辰戦争を戦った板垣退助は会津で、「籠城せるものはただ其士族の階級のみにして一般人民は之と風馬牛相関せざるの状」……つまり、武士以外は祖国防衛戦争にもどこ吹く風……なのを目撃し、それがやがて彼を自由民権運動に向かわせる契機となったのだが、そのことと表裏一体、「戊辰戦争は我国民に国家の統一と主権の確立を教え、兵力上の弱点を指摘して国民皆兵主義の自覚を惹起せしめたり」とも書いている（『会津戊辰戦争』序文）。

「国民皆兵」を建前とする徴兵令が布告されたのが、明治5（1872）年。近代日本に生を享けた国民（男子）は、兵士になるよう運命づけられた。士族を否定するこの兵制改革を推し進めた大村益次郎はそのことで士族の反発を買って殺されたが、士族以外の民から見ても近代化は痛く辛いこと以外のなにものでもなかった。

「いくさをするのはお侍さん」――だったのが、兵隊に取られ、戦場に出なくてはならない。江戸時代までの国民は、由らしむべし知らしむべからず、で徴税対象でこそあれ被支配者でしかなく国家の主体的な構成員ではなかった。これを構成員とするのが近代国民国家である。そしてその構成員（国民）の権利が「民権」である。だから、板垣が書いているように民権運動も徴兵制を基本的に否定しない。国民の誰もが同じ戦場に出ることで「国家」を意識せざるをえないのだが、この制度は昭和20（1945）年の敗戦まで続いた。

（春）

PART 5

自由民権の戦い

成田　毅

近衛砲兵隊の反乱「竹橋騒動」

西南戦争で活躍したものの恩賞なし。天皇に増給要求しようと赤坂仮皇居に向かった親衛隊を待つ結末は？

エリート部隊の反乱 天皇に増給を直訴

西南戦争が終わって1年がたった明治11（1878）年の夏のこと。まだ世情は不安定で、西郷軍の残党が東京へ潜り込み、騒動を起こすという噂が立っていた。

高知県士族大江卓《おおえたく》、林有造《はやしゆうぞう》の陰謀事件の大審院判決があった。西郷の挙兵にあわせ、政府の顛覆を計画した事件である。外国人商人を通じて、小銃800挺と弾薬を調達したのであった。8月22日、連座で和歌山県士族陸奥宗光《むつむねみつ》（元老院幹事）も除籍され、禁獄5年が確定した。

事件はその翌日、8月23日の夜11時半ころ起こった。

東京、竹橋《たけばし》の近衛《このえ》砲兵大隊約200名が暴動を起こした。近衛兵は、常備兵から選抜されたエリートである。彼らは直属の上官である砲兵大隊長宇都宮茂敏《うつのみやしげとし》少佐と当番士官深沢《ふかざわ》巳吉《みきち》大尉を殺害し、営門前に待機していた近衛歩兵第1、2連隊の銃撃に遭っていた。とっさに厩《うまや》に積み重ねていた秣草《まぐさ》に火をかけた。そして一部は土手を登り、すぐ下の雉子橋《きじばし》門《もん》内にある参議大隈重信《おおくましげのぶ》の邸内へ発砲した。別の砲兵は2門の山砲を近衛歩兵営門前に据えた。

……西南戦争に従軍した近衛砲兵隊である。西郷軍には砲兵隊が少なかったため、近衛砲兵はかなりの威力を誇った。植田、田原坂《たばるざか》の戦いを制したのは砲兵の功績が大きいといわれている。だが1年以上経っても、恩賞はなしである。しかも陸軍の経費節減のあおりをくらって、給料が減らされてしまっていたのである。

当時の給料は、砲兵馭卒《ぎょそつ》一等卒で1日12銭2厘、月3円43銭7厘。二等卒で月給2円98銭1厘。砲兵一等卒は1日8銭4厘であった。これが減俸によって、砲兵馭卒一等卒で1日8銭、月平均2円43銭3厘に、二等卒は1日7銭1厘、月2円16銭に減らされた。

ちなみに騎兵一等卒は1日7銭7厘、歩兵一等卒は7銭であったから、他に較べて給料はずっとよい。百姓出身の鎮台兵よりも士族の子弟が多かった砲兵大隊は、高額が支給されていた。予算が削減されても、まだ差がつけられていたのだ。

だが、俸給が百姓出に近づくのはけしからぬことであった。歩兵は5尺1寸（約155センチメートル）以上あれば合格できるが、砲兵は5尺4寸（約164センチメートル）以上の〝巨漢〟ぞろいである。そのぶん、プライドも高かった。彼らは黒チョッキを着て白いゲートルに草履《ぞうり》といういでたちだった。西南戦争出征時と同じ格好である。

2門の山砲を近衛歩兵営門前に据えたようすを、武器庫を守っていた番兵が見つけ、反乱兵の後ろから発砲し交戦となった。砲兵たちは弾薬が続かず、やむなく敗走。このとき6名が射殺され、70名が捕縛されている。

100名以上が兵営を抜け出して、半蔵門《はんぞうもん》を目指して逃げていった。途中で出くわした近衛宿直の士官に諭される。兵営に戻って連隊長に嘆願

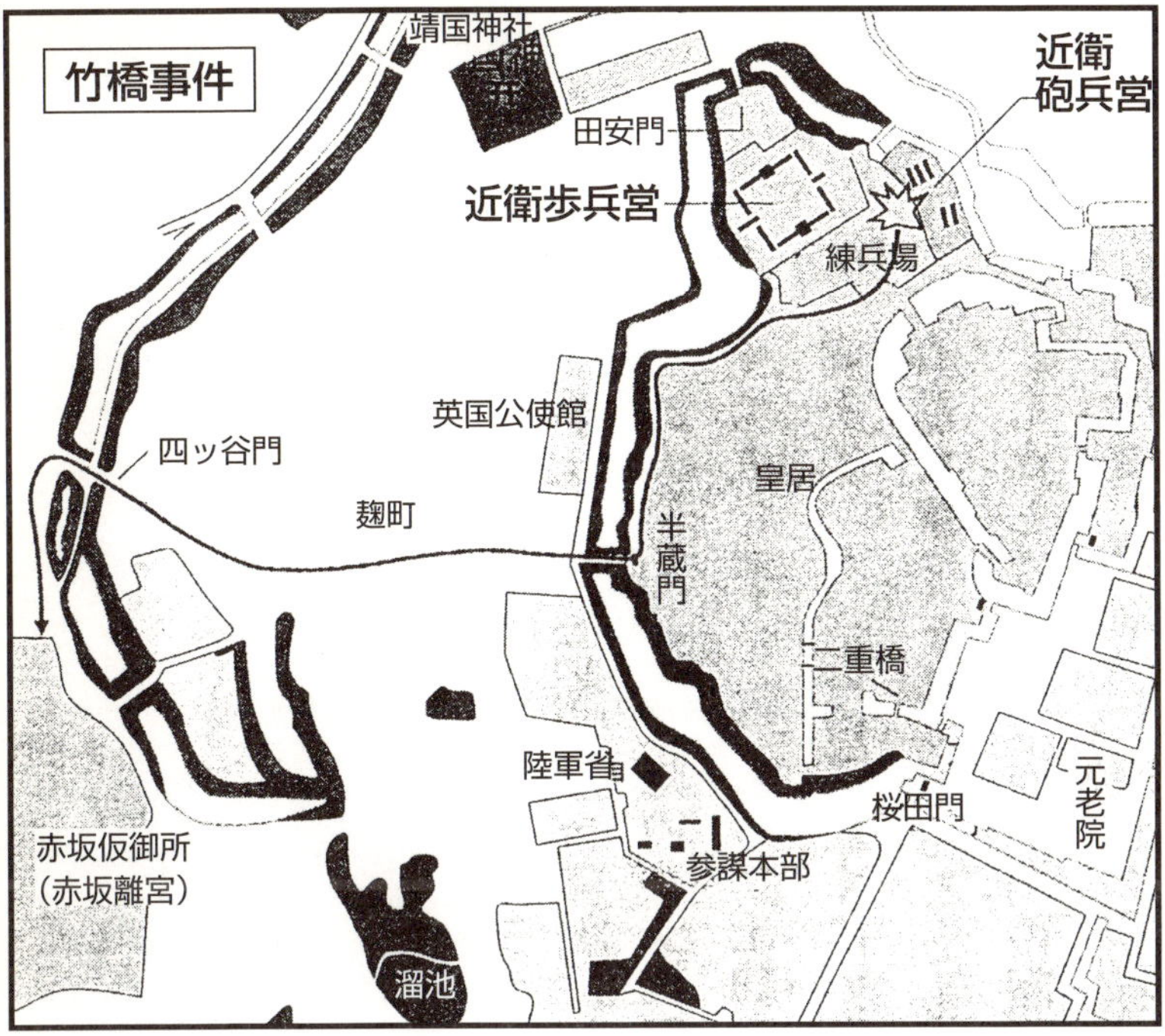

すべきである、将校の手を経ずに直接皇居へ向かうのは不都合である、というのだ。彼らは天皇に増給を要求しようとしていた。これを聞いて30名余りが兵営へと戻ったが、93名がどうしても聞き入れず、赤坂の仮皇居に向かった。そして表門前で整列した。

軍人訓戒の配布
忠実、勇敢、服従。そして……

近衛兵の不穏はすでに内務卿伊藤《いとう》博文《ひろぶみ》、陸軍卿山県有朋《やまがたありとも》の耳にも入っていた。近衛の砲が火を噴くのを聞くと、ただちに配備は完了された。東京鎮台では砲兵本廠に将校以下35名、青山火薬庫に1中隊ほか21名、泉新田火薬庫に1中隊、赤羽火薬庫に将校以下50名、竹橋外、旧本丸内、半蔵門外にそれぞれ1中隊。そして、在京の軍隊の動静が不明だったため、赤坂の仮御所の警備は、幼年学校や士官学校の生徒が当たっていた。

皇居内から将校が出てくると、砲兵の隊列から暴徒の首魁である軍曹が一歩前へ踏み出た。2名の士官を殺害したのだから貴様らは逆賊である、兵器を今すぐ引き渡せ、そう将校が説得した。門内から近衛歩兵1中隊が進み出る。このときリーダー格の大久保忠八《おおくぼただはち》が、もはやこれまでと、手にしていた銃で自らの腹を撃ちぬいた。これを見た兵士は観念したのか、次つぎに武器を地べたに置き、縛《ばく》についた。

10月15日未明、愛宕下の仮囚獄から深川越中島《ふかがわえっちゅうじま》に護送された53名は、次つぎに銃殺された。遺体は桶に入れられて青山の陸軍埋葬地に葬られた。処分者３９４名は赤坂の陸軍徒刑場ほか全国へ送られていった。

天皇の親衛隊の反乱は政府に大きな衝撃を与えた。

この年の10月、山県は「軍人訓戒《ぐんじんくんかい》」を全兵士に配布した。軍人精神とは、忠実（階級秩序を乱さない）、勇敢（警察とともに国内秩序を保つ）、服従であり、軍人は政治に関与してはならない、と記されている。

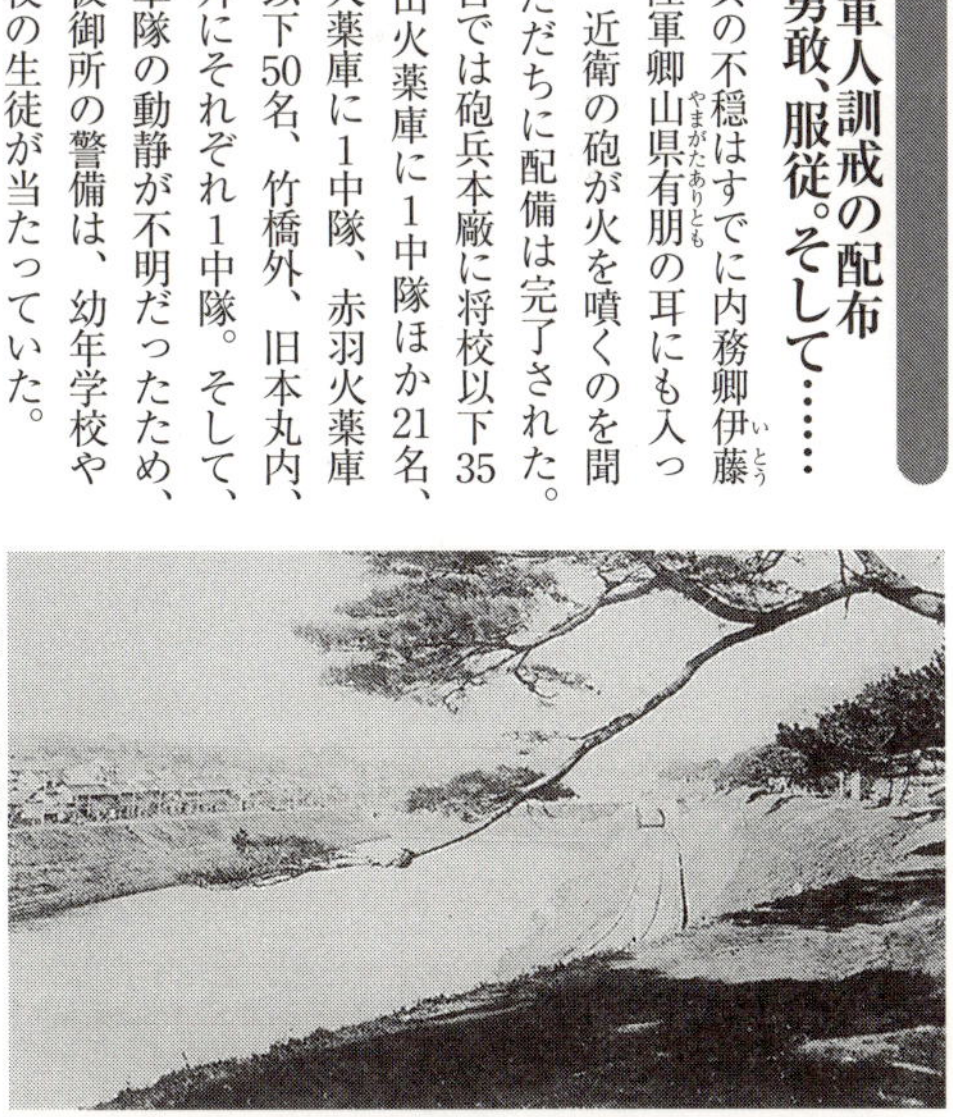
四谷見附（明治33年刊『旅の家つと』12号より）＊

鬼県令の自由党撲滅策　福島事件

「火付強盗と自由党は断固撲滅する」。政府の徹底弾圧方針は、農民と連合した自由党を壊滅させた

民権運動の高揚をかわした国会開設の詔

明治6（1873）年の政変で下野した板垣退助らは、翌年1月、民撰議院設立の建白を行なった。納税義務者であるからには、政府のことを「予知可否《よちかひ》」する権利を持つ、したがって立憲政体を樹立しなければならない——というものだった。

西南戦争後、この自由民権運動が活発になる。

明治13（1880）年には国会期成同盟《こっかいきせいどうめい》が立ち上がり、板垣らは8万7千名を代表して、国会開設を請願した。明治14（1881）年には、板垣を総理とする「自由党」が発足、翌年には大隈重信を総理に「立憲改進党」が設立される。

自由党はどちらかといえば士族的であり、フランス流の天賦人権論を支柱にし、中央に対する建白運動を展開していった。立憲改進党は都市の知識層や商工業者に支持を得、イギリス流の立憲君主制を柱に、府県会での建議運動を進めていった。

だが請願の翌明治14（1881）年、政府は国会開設の勅をあっさりと出し、9年後の明治23（1890）年に国会を開設することを約束した。同時に、「新聞紙条例」によって、政府を変革させたり顚覆しようとする意見を載せ、騒乱を煽動することを処罰の対象にし、「讒謗律《ざんぼうりつ》」の発布で、事実の有無を問わず、政府を批判することを罪とした。

国会開設という中心軸を失い、また不況による資金難も手伝い、そのうえ両党の対立もあって、自由民権運動は次第に停滞していく。そして、いっぽうは少数の急進派によるテロに、いっぽうは農民を主体とした暴動に発展していく。

火付強盗と自由党は断固撲滅する鬼県令の福島赴任

明治15（1882）年1月、山形県令三島通庸《みしまみちつね》は福島県令を兼任し、2月着任した。「火付強盗と自由党は断固撲滅する」と豪語する彼は、政府から3つの内命を受けていた。自由党の撲滅と帝政党の援助、そして道路の開鑿である。帝政党とは若松（現在の会津若松）で三島が旧会津藩士に組織させた集まりである。就任早々、この内命を宣言する。そして民権を主張する書記官や教員、巡査、戸長らを更迭していった。

3月、県は郡長に命じてつくらせた会津六郡連合会を招集し、〝三方《さんぽう》道路《どうろ》〟の建設を独断で決定した。山形～米沢～大峠《おおとうげ》～若松の山形街道、新潟～鳥井峠～若松の越後街道、若松～山王峠～今市～栃木の会津街道の工事である。三島は山形県令時、馬車も通れる幅の「栗子《くりこ》トンネル」を開通させていた。この道は東京まで通さなければ意味がない。米作地帯と東京を結び、兵力を日本海沿岸に速やかに移動させるためにも、三方道路は必要だった。

道路建設とともに、15歳から60歳までの男女を問わず、2年の間に月1日工事に従事するという強制労働と、工事に出られない場合、男1日当り15銭、女10銭の人夫賃を支払う

ことが決められた。住民には寝耳に水であった。4月、県議会で15年度予算の原案が提出された。松方財政によって、地方税の地租割負担が前年に比べ2倍半の負担増となっている。

県令の専横に怒った県議会は5月、議案を毎回否決することにした。自由党員宇《う》田成一《だせいいち》の「議案総否決」の動議が可決されたのである。このときの議長は自由党員河《こう》野《の》広中《ひろなか》である。

これに対抗して三島は、否決された原案を内務省に直談判し、許可を得て予算を執行してしまう。政府も「集会条例」を改悪して、自由党の組織の分断にかかった。6月、工事前にもかかわらず3～6月分の人夫賃の徴収を戸長に命じた。自由党員は六郡臨時連合会の開催を要求したが、県はこれを拒絶した。あくまでも民衆の意見は聞かない態度だった。

河野広中　嘉永2（1849）～大正12（1923）年＊

そして8月、三方道路の起工式が若松で強行された。

起工式の翌日、宇田らが襲撃された。工事や人夫賃を拒否した者の家財は公売にかけられ、郡長排斥の建言書を提出した者には帝政党員である若松士族たちが暴行、脅迫を加えた。連合会開催の訴訟も棄却され、11月、宇田が逮捕され、ついに民衆の怒りは爆発した。

11月28日、喜《き》多方《たかた》町郊外の弾正ヶ《だんじょうが》原《はら》に集まった農民約1千人が宇田逮捕への抗議のため、喜多方警察署を包囲した。このとき巡査が抜刀して、逃げ惑う農民に斬りつけた。容赦のない弾圧である。この蜂起と前後して、反対派が根こそぎ逮捕される。河野も検挙された。

翌明治16（1883）年9月、東京に護送されていた河野らに内乱陰謀罪として軽禁獄6～7年の判決が下った。国事犯11名、教唆者45名、兇徒聚衆9名、軽罪19名、罰金刑323名であった。

これが、いわゆる福島事件である。これ以降、福島の自由党は壊滅的となり、この年の春に行なわれた県会議員の選挙（半数改選）では、自由党は議会からほぼ一掃された。

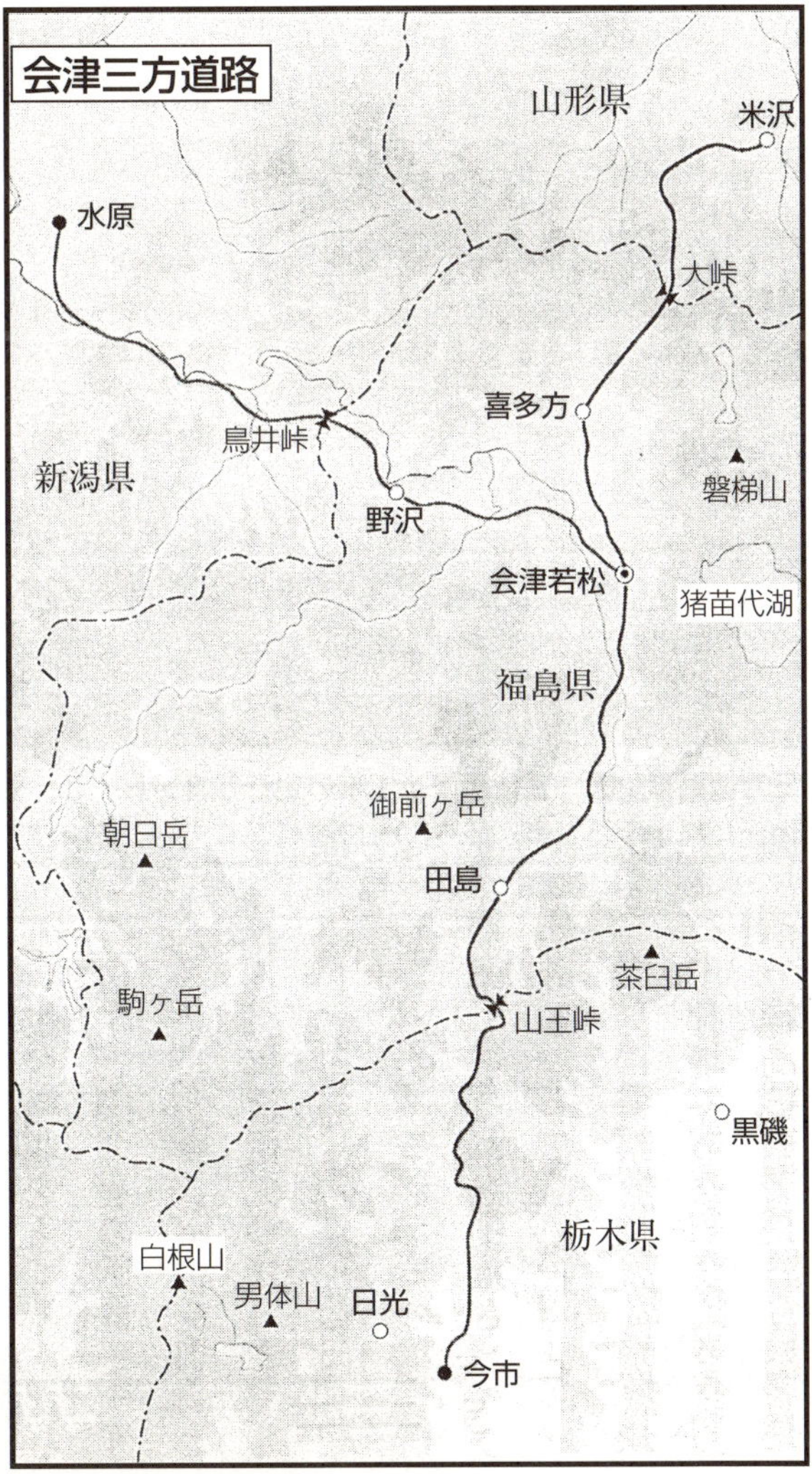

革命前夜か？ 自由党激化事件続発

地主層が先頭に立つようになった自由民権運動だが、弾圧と急進派の暴走によって求心力を失っていく

先鋭化する自由党ラディカル 暗躍する政府のスパイ

政府の弾圧で自由党や改進党の活動が次第に停滞すると、テロリズムへ向かう少数急進派が現われる。彼らの起こした事件が群馬事件、加波《かば》山《さん》事件である。

明治16（1883）年3月、新潟の高田で事件が起きた。頸城《くびき》の自由党員赤井景韶《あかいかげあき》、加藤貞盟《かとうていめい》、八木原繁祉《やぎはらしげと》ら20名が突然逮捕された。事件前、富山県高岡で北陸七州有志懇談会が開催されていた。長谷川三郎という男が警察官を侮辱したかどで逮捕され、彼は大臣の暗殺や内乱陰謀の企てがあると自白した。これによって赤井らが逮捕されたのである。

ところが長谷川は当局のスパイだった。新潟始審裁判所高田支庁の検事補堀小太郎《ほりこたろう》の部下である。すべてが仕組まれた罠だった。8月までに22名が不起訴となり、加藤、八木原ら自由党幹部は免訴となり釈放となった。事実上の無罪である。

ところが運悪く、赤井直筆による「天誅党旨意書」なるものが発見された。前年の明治15（1882）年に結成された「天誅党」、赤井はその結成の中心を担っていたのだ。他の参加者は、具体的な証拠なしとして免訴されたが、赤井だけは国事犯として告発され、重禁錮9年の判決が下った。赤井は大臣暗殺を吐露したに過ぎなかった。いわば捏造事件である。

三島通庸　天保6（1835）～明治21（1888）年＊

翌明治17（1884）年3月、赤井は東京石川島の監獄から脱獄、このとき目撃されたため人力車車夫を殺害した。9月、静岡県内で逮捕、明治18（1885）年7月、殺人罪で絞首刑となった。

福島の後は、群馬、栃木、茨城で結びつく各地の急進派

民権運動に対する弾圧は苛烈を極めた。自由党の支持基盤であった農村では、地主と貧農の対立が激しくなり、また、自由党首脳部と政府との妥協が目立ってきた。急進派は暴力によって政府顚覆を図ろうとする。

群馬県高崎《たかさき》の「有信社」に出入りしていた小林安兵衛《こばやしやすべえ》らは、明治17（1884）年5月1日、中山道鉄道の開通式が高崎駅で行なわれ、このとき大臣など政府高官が列席するという情報をつかんだ。彼らは千載一遇の好機とばかり、暗殺計画を練り上げた。ところが式は延期されたため、あえなく失敗に終わった。16日、呼びかけで集まった多数の農民が妙義山麓で蜂起した。高利貸付会社を襲撃し、引き揚げたところを逮捕された。

当時、自由党幹部大井憲太郎《おおいけんたろう》らを中心に、茨城県下館《しもだて》から群馬県甘楽《かんら》地方にかけて急進グループが結成されていた。彼らは口々に挙兵によって事を起こそうと叫んでいた。小林

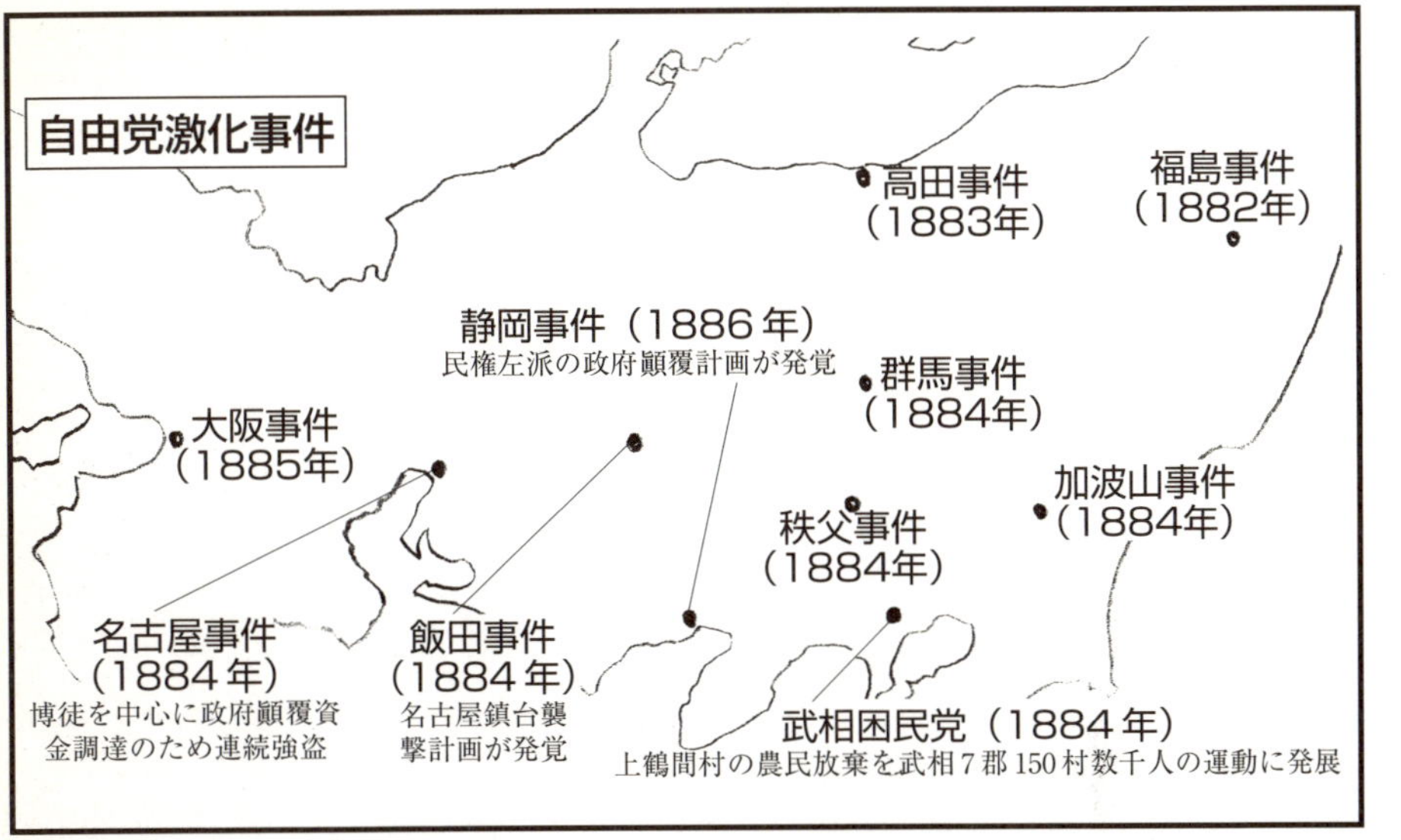

らもこのグループである。

小林は徒刑13年、罰金科料も含め計40名近くの処分者となった。急進派グループは政府顚覆や要人暗殺を目論んだが、農民は減租や借金据え置きを求めていた。ここには大きな乖離があった。農民に蜂起を呼びかけたのは、彼らを利用してその好機に乗ろうとしたためだった。

同年9月、茨城県加波山《かばさん》に自由党員が立て籠もった。福島事件で有罪となった河野広中の甥、河野広躰《こうのひろみ》は、同様に投獄されたが未成年であったため免訴されていた。彼は復讐のため三島通庸《みしまみちつね》暗殺を決意していた。いっぽう栃木の自由党員鯉沼九八郎《こいぬまくはちろう》も三島暗殺を計画していた。三島は明治16（1883）年10月に栃木県令となり、栃木でも大規模な道路建設を行ない、ここでも県会を無視していたのだ。河野と鯉沼はこの年の初頭、出会っていた。

9月15日、栃木県庁落成式で高官襲撃を企てるが式が延期となり、資金作りのため東京小石川の質屋を襲撃するも失敗、そして運悪く鯉沼は爆弾製造中に事故に遭い、瀕死の重傷となる。爆弾を使うやり方は、3年前（1881年）にロシアのナロードニキ（人民主義者）がツァーリ（アレクサンドル2世）暗殺に爆裂弾を使用したことにヒントを得た。

不審に思った警察の手が身近に伸び、茨城県下館の自由党員の研修道場「有為館」に一派は逃れた。これを察知した警察は下館に続々集結する。やむなく筑波連山の北部、加波山に立て籠もり、9月23日、ついに蜂起したのだった。「有為館」館長富松正安《とまつせいあん》ほか館員2名も参加し、総勢16名。何百人が籠もっているのかと思われるような勇ましい鬨《とき》の声が聞こえたという。同夜、真壁《まかべ》町の町屋《まちや》分署を襲撃し、爆弾を投げ込んだ。門は倒れガラス戸は粉々になった。署内はまるで火事場のようだった。前日はちょうど給料日だったため、盗られた金はわずか17円。彼らは戻る途中で豪商に金品を強引に借りている。

翌日、栃木県庁襲撃のため下山したが、警官隊と衝突し、潰走した。その後、全員が捕まった。明治19（1886）年7月、結審。国事犯ではなく、警察官1名を死亡させたため、強盗殺人罪が適用された。死刑7名、無期徒刑7名、河野広躰は死刑になるところを未成年だったため無期徒刑になった。檄文に「以て自由の公敵たる専制政府を顚覆し、而して完全なる自由立憲政府を造出せんと欲す」とあった。

この事件によって北関東の民権運動は潰滅した。政府の厳しい弾圧や、急進派の勢いが手に負えなくなった自由党は、10月29日、大阪で解党を決議した。

明治14年の政変と秩父事件

インフレ抑制と産業資本蓄積を狙ったデフレ政策は、多数の「困民」を生み、「困民」は世直しを求めた

秩父の農民蜂起軍、大宮郷を占拠 秩父コミューンの成立か?

困窮する農民たちは、日々の生活にも難渋していた。

明治17（１８８４）年10月31日、埼玉県秩父郡風布《ふうっぷ》村の農民が、金貸会社や土地台帳を保管していた戸長役場を襲撃する事件があった。

翌11月１日の夕方、蜂起した農民たち約８００名は下吉田《しもよしだ》村にある椋《むく》神社に集結し、部隊が編成された。夜になると猟銃や刀、竹槍で武装した一隊が小鹿野《おがの》へと向かった。

副総理加藤織平《かとうおりへい》率いる甲《こう》隊は、高利貸しの家を焼き討ちし、上吉田《かみよしだ》村役場の公証簿などを焼き払った。坂本宗作《さかもとそうさく》隊は１５０名で小鹿野を目指した。途中、役場から名簿を持ち出し、割り出した銃砲所持者から武器を取り立て、高利貸しから刀や軍資金を強引に借り出し、農民に武器を配った。

乙《おつ》隊は総理田代栄助《たしろえいすけ》とともに下吉田から小鹿野に進み、小鹿野の警察分署を破壊し、高利貸し７軒を焼き討ちした。高岸善吉《たかぎしぜんきち》は乙隊から離れ、２００名の農民を加えて小鹿野に向かった。

11月２日、大宮郷《おおみやごう》（現秩父市）の郡役所や警察署、裁判所を占拠する。農民たちの要求は、借金の10年間支払延期と40年間の返済、小学校の休校（３年間の閉鎖）、雑種税と村費の減額であった。彼らは火縄銃で武装していた。

11月３日、集結した農民７千８００名は部隊に分かれ、甲隊は下小鹿野、下吉田方面へ、主力の乙隊は皆野《みなの》へ、丙《へい》隊は大宮郷を守ることになった。この日、東京憲兵隊１小隊が寄居《よりい》に到着している。翌11月４日、憲兵隊２小隊、東京鎮台兵１中隊が到着、警官隊４３０名、川越士族からなる臨時巡査53名が秩父を包囲した。

大軍が蜂起部隊を取り囲んだのである。

小競り合いの最中、捕虜にされた巡査が、突然、甲隊長の新井周三郎《あらいしゅうざぶろう》に斬りかかった。瀕死の新井は戸板に乗せられ本営へ運ばれる。これを見た事件の指導者たち——蜂起部隊の総理田代栄助、副総理加藤織平、会計長井上伝蔵《いのうえでんぞう》、高岸善吉らは、我先にと行方をくらませてしまった。

田代や井上は、農民たちに指導者役を頼

まれ、ときに強く働きかけられたりしていた。加波山事件のこともあり、蜂起の延期すら主張していた。田代と加藤は準自由党員ともいうべき侠客で、指導部のうち、坂本、高岸、落合《おちあい》寅市《とらいち》の3人は加藤の子分格だった。

秩父蜂起の最後の抵抗は峠を越えて信州佐久で

こうして蜂起部隊の本部は瓦解した。

それでも埼玉県児玉郡金屋《かなや》村では、数百名が鎮台兵と銃撃戦になった。畳や石塔などを楯に戦い、斬り合いにもなったという。しかし壊滅させられた。

いっぽう、長野県佐久《さく》郡から参加していた別の一隊がいた。自由党員菊池貫平《きくちかんぺい》、井《い》出為吉《でためきち》らである。

彼らは秩父からの応援要請で加勢のためにやってきたが、秩父の蜂起は自分たちの目標とは違うために信州へ引き返そうとしていた。だが、徹底抗戦のためには、と菊池は総理に祭り上げられてしまう。農民たちは自由党への過度の期待があった。自由党は国会を開設させることで、自分たちの

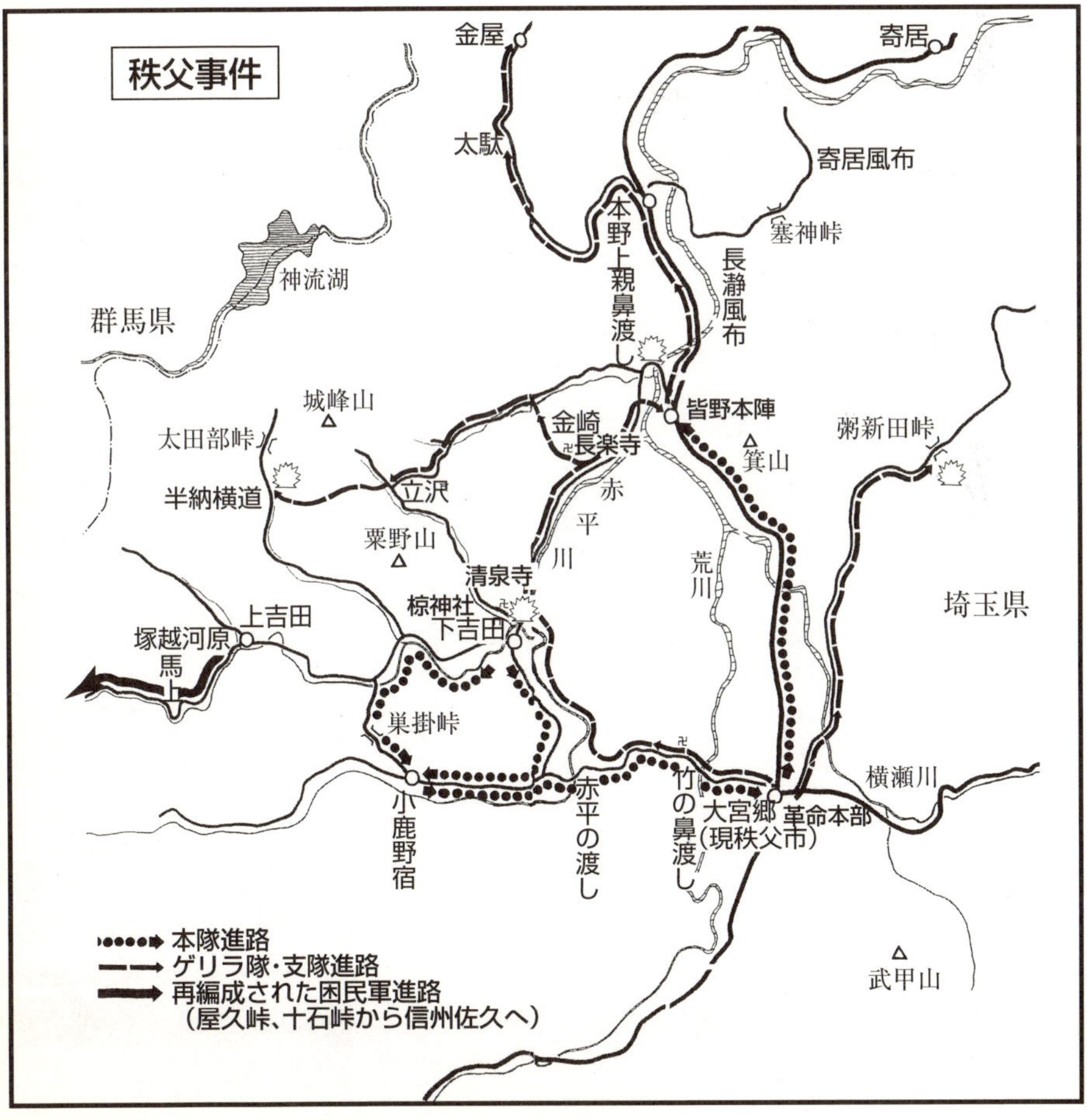

生活を救ってくれるはずだと思い込んでいた。しかし、菊池らの運動目標は、あくまでも純粋な立憲体制の樹立である。

菊池の部隊は十石峠《じっこくとうげ》を越えて長野県佐久郡へ入り、八ヶ岳山麓を西へ進んだ。11月7日、大日向《おおひなた》へ到着、9日には馬流《まながし》で戦いとなり敗走、甲州街道をひた走った菊池部隊はその日、八ヶ岳山麓の野辺山原《のべやまはら》で憲兵や警察の猛攻撃に遭い、ついに四散した。秩父の蜂起——秩父事件——はすべて鎮圧されたのである。

裁判の結果、死刑9名、徒刑、懲役１４２名、罰金等3千６００名であった。弁護人は改進党の大岡育造《おおおかいくぞう》と高梨哲四郎《たかなしてつしろう》。自由党からの弁護は皆無であった。秩父事件の直前である10月29日、過激事件を恐れて自由党は解党していたのだった。

生糸価格の急落で負債農民たちは困民党となった

秩父地方は生糸や繭《まゆ》の生産地として知られていた。山間で耕地が少ないこの地域は、ほとんどが養蚕農家だった。日本開国のころ、ヨーロッパではカイコの病気が蔓延。日本の良質な生糸はヨーロッパ市場で人気だった。〝皇国第一の物産〟の自負を持ち、生糸産業は殖産興業の先駆けでもあった。

ところが、明治16（１８８３）年、生糸価格が急落する。明治14（１８８１）年の半額までに落ち込んだのである。この年の年末から、坂本宗作、高岸善吉、落合寅市を中心に秩父郡役所に嘆願を繰り返していた。坂本は児玉郡で開かれた繭の共進会で褒状を受けるほどであった。秩父郡役所は幾度の嘆願にも取り合わず、警察は集会さえ解散を命じる始末だった。

農民たちは、新たな技術を導入し、販路を拡大していた。そのために資金の共同調達も行なっていた。だが、租税の納入や借金返済のめどが立たなくなっていく。それにもかかわらず、厳しい取り立てはやまない。裁判所は高利貸しと結託し、返済延期も不承知となる。そのうえ、負債者に召喚状すら出していたのである。

明治17（１８８４）年、世界的な不況に突入する。生糸や繭の輸出量が減少し、食糧、繭、生糸など2、3年で一挙に値が下がった。

大隈重信　天保9（1838）～大正11（1922）年＊

この年の3月、高岸は東京浅草で開かれた自由党大会に参加し、大井憲太郎らの関東一斉蜂起に共感した。そして落合寅市らと〝高利貸し征伐〟〝政府顚覆〟を目指そうと決心したという。

こうして「自由困民党《じゆうこんみんとう》」が組織された。彼ら農民にとって、自由や民権といった壮大な企てはまったくなかった。そんなことよりも、生きるか死ぬかのほうが問題だった。ぎりぎりのところでの反乱の企てだったのである。秩父をはじめ、上野、武蔵、相模、駿河でも困民党が結成された。ちなみに秩父以外では蜂起にはいたっていない。

江戸時代は領主が統治していた。したがって領主は領民の生活を安定させる義務があった。これを怠り、年貢の取立てが苛酷になると〝不徳〟として、農民たちは一揆や打ち毀しにかかった。圧制を良政に改め、貧民を助けること、すなわち「仁政」への転換である。秩父事件には、江戸時代の〝世直し〟にも似た思いがあった。

デフレ政策が養蚕地帯を直撃
農民運動と自由民権運動とのズレ

事件が起こる3年前の明治14（1881）年10月、国会開設の詔勅が下った。民権運動に対して、主導権を回復しようという政府の狙いがあった。政府は、9年後に国会を開設するというのである。

このとき、ある事件が起こった。政府の上層部にいた大隈重信《おおくましげのぶ》は、急進的な早期の国会開設を主張していた。わずか2年後に行なおうとしていたのだった。彼は、イギリス流の政党内閣制の採用を唱えていた。いっぽう、太政官大書記官の井上毅《いのうえこわし》はプロシヤを参考に欽定憲法（君主によって制定された憲法）を目指していた。伊藤博文《いとうひろぶみ》、井上馨《いのうえかおる》も賛成していた。両者の対立が表面化すると、やむなく大隈が罷免される。いわゆる「明治14年の政変」である。

井上毅　弘化元（1844）～明治28（1895）年＊

松方正義　天保6（1835）～大正13（1924）年＊

大隈のそれまでの積極財政が、一転、緊縮財政に向かうことになる。

大隈失脚後、大蔵卿になった松方正義《まつかたまさよし》は、矢継ぎ早に手を打った。紙幣の価値が下落している原因は、紙幣の増発にある。思い切って紙幣を〝焼却〟して、流通量を減らすしかない。文字通り、彼は紙幣を焼き捨てて調整したのである。

また、明治15年度から3年間、省庁の予算を据え置き、歳入による余剰金は一切、歳出に回さなかった。加えて、酒税や煙草税なども増税し、地方税率をそれまでの5分の1から3分の1まで引き上げた。こうした徹底したデフレ対策で紙幣の価値は持ち直していった。そして、国民に混乱を招くことは、政府としては想定内だったのだ。

明治10年代前半は、西南戦争時の多額の紙幣発行で、物価高騰となるインフレーションになり、政府も財政難に喘いだ。いわゆる松方財政は、物価が低落するデフレーション期であった。こうした激しい経済変動は、民衆の生活にさまざまな混乱をきたしたのは当然であった。

農民の意識には、高利貸しはますます豊かになり、農民は日に日に落ちぶれていくという危機感、いわば社会格差の拡大が心配された。各地の民衆運動は租税軽減、新設税の廃止、徴兵免除など、大衆的な要求だった。自由民権運動の目標とは根本的に異なるものであった。

清仏戦争　アジアを呑み続ける列強

インドシナを手に入れたフランス。「アジアの危機」に
日本では国権論が台頭。中国大陸に目が向いていく

越南、カンボジアを蝕むフランス 清は戦うべきか、戦わざるべきか

安南《あんなん》（ベトナム）にフランス人宣教師が渡ったのは、17世紀初頭のことである。このころは純粋にキリスト教の布教に当たっていた。

当時の安南は、まだ統一されておらず、複数の勢力が小競り合いを繰り広げていた。こうしたなか、フランス人神父ピニョー・ド・ベエーヌは王子と交友をもつようになる。1776年、王子阮福映《グエン・フクアイン》は助けを求めてきた。神父はこれに応じて、フランス軍を編成して支援、そして1802年にはフランスの外国人部隊の援助で阮福映は国内統一を成し遂げた。これを期に、彼は世祖《せいそ》高皇帝（嘉隆《ザーロン》帝）と称するようになる。宗主国である清の意に従って、国号も「安南」から「越南《えつなん》」に改めた。

40年の後、阿片《アヘン》戦争（1840～42）が勃発した。イギリスと清が争い、結果としてイギリスが香港《ホンコン》を足がかりに、清への進出を図ることになった。これをみた阮朝は、次第にフランスに対して恐怖を抱きはじめる。清のように、わが国も侵略されるのではないか。やがて越南では神父の弾圧がはじまる。

1857年、越南国内のキリスト教徒が迫害された。59年にはその報復として、フランスはスペインとともに越南に侵攻を開始し、サイゴンを占領する。以後、主にフランスと越南の戦闘が各地で散発し、62年には「サイゴン条約」が結ばれる。これによってフランスは、越南南部のコーチシナを併合し、外交権も奪ってしまった。

翌63年には、フランスはカンボジアを保護国にする。71年、フランス人武器商人デュピュイは、北ベトナムから清へ侵入することをフランス政府に建議している。彼は翌年に武装した護衛を引き連れてハノイへ入り、さらに翌年、彼を支援するためフランス海軍の将校が武装兵士150名を引きつれハノイに向かい、ここで阮朝と交戦状態となった。翌74年には越南南部を占領、82年にはハノイも占領してしまった。

1883年8月、ようやく戦闘が終結し、フランスと越南の間に「第1次フエ条約」が締結された。フエ（順化）とは当時の越南の首都の名である。この条約には、フランスの保護権を越南が認めると規定されており、清朝を含めた越南の対外関係はフランスが掌握すると記されていた。フランスが強制した条約であった。

フエ条約が締結される以前、越南は清に救援要請をしていた。だが清国政府内では、主戦派と非戦派とに分かれ、議論が戦わされていた。主戦派は、両広総督左宗棠《さそうとう》（ツォ・ツォンタン）、山西巡撫張之洞《ちょうしどう》（ヂャン・ヂードン）らで、今ここで戦わなければ他の属国も列強に支配されると主張した。対する直隷総督李鴻章《りこうしょう》（リ・ホンチャン）や恭親王《きょうしんのう》奕訢《えききん》（イシン）ら非戦派は、今の兵力ではとても勝ち目はない、国家の命運すら危うくすると訴えた。西太后《せいたいこう》（シータイホウ）も非戦派を

支持し、介入することはなかった。条約締結後、特使トリクーと北洋大臣李鴻章は天津で交渉に当たっている。フランスはトンキン地方の完全な保護権獲得を、清国はトンキン地方の分割保護を主張した。

だが、越南はあくまで属国であると主張した清は、83年の暮れから翌年春にかけて北ベトナムへ出兵する。二手に分かれて進軍した清は、それぞれソンタイとバクニンに侵入した。フランス軍はソンタイで清国軍を退け、ハノイに到着したフランスの援軍もバクニンに侵攻し次つぎに拠点を奪っていった。清国軍は敗走する。大敗を喫したのである。

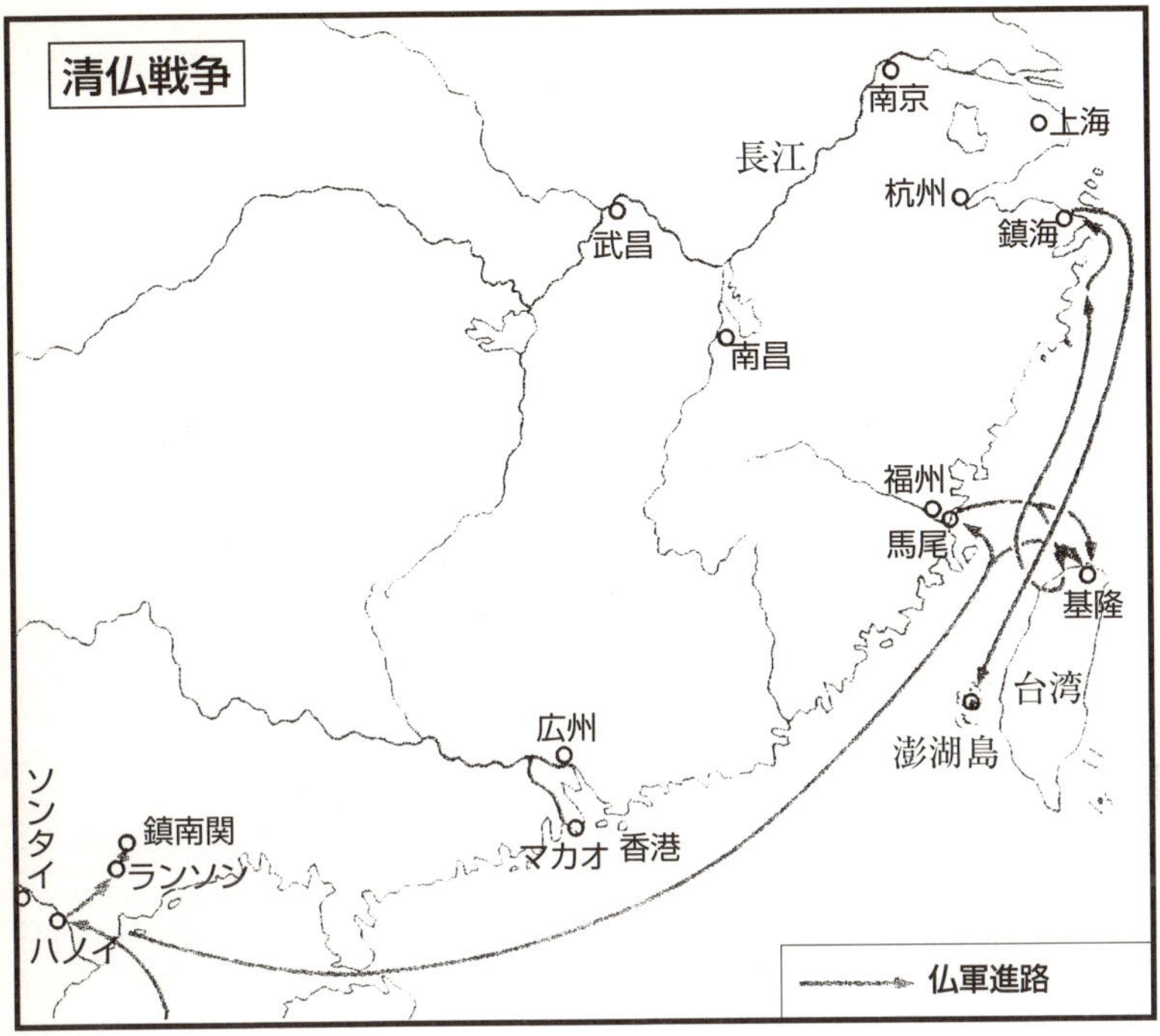

フランスがインドシナを勢力下に 民権から国権へ――

この後も交渉は続いたが、双方の越南からの撤兵問題がこじれた。フランスは武力衝突の賠償を要求し、応じなければ清国沿岸の港を複数占拠し、賠償の担保とする旨を清国側に伝えてきた。

賠償交渉が決裂すると、1884年8月、フランスは軍艦を差し向けた。台湾の基隆《キールン》では陸戦隊が清国軍と交戦し撃退される。だが、対岸の福州《フーチョウ》攻撃に成功したフランス軍は、清の福州艦隊を壊滅に追いやった。清仏戦争である。

1885年6月、イギリスの調停で天津条約が結ばれる。清は越南の宗主権を放棄し、これによってフランスはインドシナ半島全域に勢力を拡大することになった。

列強の圧力は、じりじりとアジアを蝕《むしば》もうとしていた。

やがて日本にも及ぶかもしれない。東アジアの独立を守る。そのための文明の指導者としての地位を日本が担わなくてはならない。こうした考え方が以後、日本を支配し続ける。

福沢諭吉《ふくざわゆきち》の門下生の多い『郵便報知新聞』特派員尾崎行雄《おざきゆきお》は、台湾を領土にすれば東アジアに非常な勢力を持てると主張した。また、自由党員大井憲太郎《おおいけんたろう》、小林樟雄《こばやしくすお》らは、フランスの援助で福州を攻撃する計画を立てていた。この企ては資金難で頓挫したものの、沈滞していた民権派は、大陸に目を向けていく。

国内で争っている場合ではない、国権重視、つまり対外強行を運動の目標にしていくのであった。

尾崎行雄　安政6（1859）～昭和29（1954）年＊

壬午軍乱と甲申政変

清国と日本。朝鮮に影響力を及ぼすのはどちらか?
朝鮮の開化派は日本の支援を得てクーデターを起こす

ソウル。守旧派軍内の暴動と日本公使館襲撃、清国軍の出動

江華島《こうかとう》（カンファド）事件によって日朝修好条規が結ばれた。朝鮮にとって著しく不平等な条約であった。そのころの朝鮮国内では、国王高宗《こうそう》（コジョン）・閔妃《びんひ》（ミンビ）一族と、高宗の父大院君《たいいんくん》（テウォングン）が対立していた。

国王・閔妃一族側は、日本の援助による開国・近代化政策を採っていた。彼らは、新式の軍隊である「別技軍」を設置する。武器・装備ともに最新のもので、兵士たちは厚遇されていた。

対する大院君ら守旧派は、反日・反閔妃運動を展開していた。大院君を守る軍隊は旧式の武器を持ち、実権を握っていた閔妃政府からは冷遇されていた。

1882年7月23日、ソウルの守旧派軍隊のなかで暴動が起こった（壬午軍乱《じんごぐんらん》＝イムオグンラン）。

日ごろの待遇の悪さに不満をもっていた彼らに、給料である米の遅配が重なった。反乱軍は王宮へ侵入し、重臣閔謙鎬《ミンギョムホ》を殺害して、閔妃一族の屋敷を焼き払った。逃れた閔妃らは、朝鮮に駐屯していた清国の袁世凱《えんせいがい》（ユエン・シーカイ）に助けを求める。清国軍はただちに反乱軍を鎮圧し、首謀者であった大院君を天津《ティエンジン》に幽閉した。朝鮮を狙う日本を牽制するためであった。

いっぽう、暴動はソウル近郊の民衆へも波及した。日本人商人の不正取引は日常茶飯事。掠奪さながらの貿易手法は、日に日に反日感情を高めていた。暴動は膨れ上がり日本公使館にも襲撃が及んだ。朝鮮の軍隊は鎮圧に出動しない。軍事顧問堀本《ほりもと》礼造《れいぞう》や公使館員、学生までもが殺害された。死者7名、負傷者5名であった。花房義質《はなぶさよしもと》ら公使館員たちはほうほうの体《てい》で逃げてイギリス船に助けられ、長崎へ逃れていった。

日本政府は、陸軍1個大隊とともに花房公使を帰任させ、朝鮮政府に謝罪と損害賠償を要求、権益の拡大の交渉に当たらせた。8月30日、「済物浦《さいもっぽ》（チェムルポ）条約」が締結され、日本はソウルに兵を駐留する権利を獲得した。

その後、閔妃一族は王宮に復帰するが、彼らは日本の無力さを痛感。これ以降、清寄りの政策へ転換していく。清国商人が優遇され、清国による領事裁判権も認められた。また清の外交通商顧問も設置される。

日本国内では、さまざまな反応がみられた。改進党派の『郵便報知新聞』は、朝鮮での開化派を援助するために、改めての出兵や内政干渉を主張。福沢諭吉の『時事新報』は、軍をともなっての強硬な交渉を求めた。改進党派の『東京横浜毎日新聞』や自由党機関誌の『自由新聞』は、平和的な解決の主張を展開する。ともに、戦争によって日本が軍国主義化することで民権運動が困難になることを心配していた。

このとき、朝鮮の開化派の青年官僚金玉均《きんぎょくきん》（キム・オッキュン）や朴泳孝《ぼくえいこう》（パク・ヨンヒョ）、洪英植《こうえいしょく》（ホン・ヨンシク）らは、クーデタ

ーによって近代化を目指す新政権を樹立しようと計画していた。

独立党による事大党放逐と清国軍による日本軍駆逐

壬午軍乱以降、朝鮮と清は条約を結び、宗属関係を再確認した。軍乱以前は開化政策を採っていた閔妃政権は清寄りの保守政権となり、「事《じ》大党《だいとう》」と呼ばれていた。政府内には日本と連携して政権を奪取しようとする、金玉均、朴泳孝ら改革派の「独立党《どくりつとう》」も存在した。彼らは来日して、各方面に援助を要請していた。

1884年12月4日、この日、ソウル郵便局の開設祝いの晩餐会が開かれたが、独立党の一員が新庁舎の隣に火を放った。会場は慌てふためき重臣が負傷、この騒ぎに乗じて、独立党が王宮を占拠し、事大党の重臣を殺害した。

同時に独立党は、日本軍に国王のいる王宮保護を要請。駐朝公使竹添《たけぞえ》進一郎《しんいちろう》はクーデターを支援し、すぐさま200名の日本公使館守備隊を王宮へ送った。金玉均らは新政府を組織し、門閥制度の廃止や清との朝貢関係の解消、地租法の改革などの政治綱領を発表した。

井上馨　天保6（1835）～大正4（1915）年＊

ところが6日、清国軍を率いる袁世凱は、守旧派の国王救出要請に連携して1千500名の軍隊を動員した。日本軍はたちどころに撤退し、金玉均らは竹添公使にともなわれて日本へ亡命。洪英植は清の反撃で殺害された。この一連のクーデターとその失敗、独立党の「三日天下」を甲申政変《こうしんせいへん》（カプシンヨンビョン）という。

日本政府は、2大隊の陸軍とともに外務卿井上馨《いのうえかおる》を全権大使としてソウルに向かわせ、朝鮮全権金弘《きんこう》集《しゅう》（キム・ホンジプ）と交渉し、85年1月、「漢城《ハンソン》（ソウル）条約」が成る。国書においての謝罪や賠償が規定された。また清との交渉では、全権大使伊藤博文《いとうひろぶみ》と直隷大臣李鴻《りこう》章《しょう》（リ・ホンチャン）との交渉で、同年4月「天津条約」が結ばれた。ともに朝鮮への軍事顧問と軍隊駐留を禁止し、出兵の場合は事前通告するという内容だった。

だが日本国内の世論は、清国を討てという声が高まるばかりだった。

この後、朝鮮国内では対日不信が募り、日朝関係は悪化していく。それにつれて、清による朝鮮への内政干渉は強化されていったのである。

伊藤博文　天保12（1841）～明治42（1909）年＊

「脱亜論」と大阪事件

朝鮮の親日派によるクーデターは「三日天下」に終わり
自由党急進派が朝鮮に渡って挙兵する計画を進めた

甲申政変にジャーナリズムと世論あげての国権拡張論

壬午《じんご》軍乱と甲申《こうしん》政変、このソウルにおける2度にわたる事変で、日本は清に蹴散らされた格好になった。国内では、民権運動家や青年志士が政府の軟弱を非難していた。

特に甲申政変では、さまざまな動きが見られた。自由党の機関紙『自由新聞』は、国権拡張論を展開する。自由党の本拠といっていい高知では片岡健吉《かたおかけんきち》が義勇兵団を組織し、全国各地で義勇軍募集の運動が行なわれた。改進党の尾崎行雄《おざきゆきお》は、伊藤博文《いとうひろぶみ》に朝鮮への干渉と侵攻を建言した。『東京横浜毎日新聞』や『郵便報知新聞』は、清国軍の撤兵や朝鮮独立の承認、損害賠償の請求を求め、福沢諭吉《ふくざわゆきち》の『時事新報』は、清国軍を朝鮮から除いて、2千万円を清に請求すべきだと主張した。

甲申政変では、竹添進一郎《たけぞえしんいちろう》公使が中心になってクーデターに協力体制を敷き、手助けをしていた。清仏戦争で清国軍が手薄になり、朝鮮への勢力拡大の好機ととらえたからだった。

だが日本政府は事件への関与を否定する。事実は伏せられたまま、日本

福沢諭吉　天保6（1835）～明治34（1901）年＊

関与が漏れないように、国内では厳しい検閲が行なわれた。対清強硬論は、こうした事実を知らされないままに展開されたのであった。

3月16日に『時事新報』に発表された社説は、

「我国は隣国の開明を待て、共に亜細亜を興すの猶予ある可らず、むしろその伍を脱して、西洋の文明国と進退を共にし、その支那朝鮮に接するの法も、隣国なるがゆえにとて特別の会釈におよばず、正に西洋人がこれに接するの風に従て処分すべきのみ、悪友を親しむ者は、共に悪名を免かるべからず、我れは心において、亜細亜東方の悪友を謝絶するものなり」

と書いた。「脱亜論」である。

自由党急進派の大井憲太郎《おおいけんたろう》、小《こ》林樟雄《ばやしくすお》らは、甲申政変で日本に亡命してきた金玉均《きんぎょくきん》（キム・オッキュン）らを支援し、朝鮮の閔妃《びんひ》（ミンビ）政権打倒のため、朝鮮に渡って挙兵する計画を密かに立てていた。清との間に緊張関係をつくり、その機に日本国内で革命を起こそうという壮大な企てでもあった。

明治18（1885）年5月の初め、東京・下谷練塀町《したやねりべいちょう》の大井宅に、小林、磯山清兵衛《いそやませいべえ》が訪れ、会合を開いている。この折、金玉均らを援助し、朝鮮で挙兵する案が持ちあがった。この後、会合は数回行なわれている。

大井憲太郎は、北関東の自由党急進派、いわゆる〝大井グループ〟の首領である。挙兵主義を掲げた彼には、多くの賛同者がついていた。

小林樟雄は岡山県出身の自由党本

部の幹事。板垣退助《いたがきたいすけ》や後藤象二郎《ごとうしょうじろう》の元側近で、朝鮮改革の資金調達のため、板垣の通訳としてフランス公使のもとへ赴いた人物である。その改革も甲申政変で無に帰してしまった。高知の板垣に朝鮮改革の継続をかけ合いに行ったものの、逆に断念することを勧められていた。

　磯山清兵衛は茨城県の潮来《いたこ》で酒造業を営んでいた商人である。酒造税の減額を求める明治15（1882）年の「酒屋会議」に出席したのをきっかけに国会開設運動に身を投じ、自由党結成に参加。幹部となっていた。

挙兵計画は秘密裏に進められ、大井、小林は国内での金策に当たった。磯山は、朝鮮に渡って挙兵し、事大党を打倒する一派の首領に、副首領は栃木の県会議員（自由党員）新井《あらい》章吾《しょうご》を、そして渡朝には壮士20名が加わることなどが決まった。

　余談になるが……当時、東京専門学校の政治科と英文科の学生だった16歳の北村透谷《きたむらとうこく》は、三多摩の青年政客でもあった。この挙兵計画の資金調達のための強盗に誘われ、悩み抜いたすえに頭を剃って政治活動から足を洗ったという。北村はこの2年後に、豪農民権家石坂昌孝《いしざかまさたか》の娘美那《みな》と大恋愛し、次の年に結婚する。ちなみに、北村の岳父となった石坂昌孝は多摩郡野津田村（現町田市）の名主で、三多摩壮士の典型のような人物だった。若き日には天然理心流の道場も開き、多摩にあって近藤勇や土方歳三をずっと支援していた。民権運動には、そういう闘争の風土がある。

閉塞状態にあった民権運動は出口を求めて対外強硬論へ

大井と小林が忙しく走り回って金策しているなか、磯山は大阪の自由党員日下部正一《くさかべしょういち》のもとを訪れた。磯山は計画のことを、つい日下部に漏らしてしまう。心変わりしたと伝えられている。

　日下部は、急ぎ磯山を播磨の真浄寺にかくまった。現在の兵庫県高砂市伊保《いほ》である。ここで磯山は、長崎にいた新井に、渡朝を遅らせるための電報を打った。「朝鮮へ持っていく予定の爆薬が見つかってしまった」という偽の情報である。そして磯山は、使いをやって武器や爆薬を取り寄せようと画策した。

　磯山の行動を疑った大阪の同志景《かげ》山英子《やまひでこ》らはこれを断固拒否した。大井と小林を東京から、新井を長崎から呼び寄せ、11月14日、大阪中之島にある銀水楼で計画の立て直しが話し合われた。翌15日、壮士たちは挙兵のため続々と長崎へ発った。

　ところが11月23日、大井と小林は内偵中の警察に宿で逮捕されてしまう。26日には壮士たちも一斉に逮捕され、行方をくらませていた磯山も、12月6日に連行、後に日下部も拘引された。嫌疑者は58名に及んだ。首謀者たちが逮捕・裁判されたのが大阪だったことから「大阪事件」と呼ばれるが、計画はむしろ三多摩や相模地方で進められていた。

大井憲太郎　天保14（1843）～大正11（1922）年＊

　大井、小林、磯山は軽禁獄6年、新井は軽禁獄5年監視2年、景山は軽禁錮1年半監視10ヵ月、日下部は無罪放免となった。大井、小林、新井らはすぐさま上告するが、刑は前より重くなった。大審院への上告も棄却され、刑が確定する。明治22（1889）年の大日本帝国憲法発布の恩赦で、大井は出獄している。

　国内の民権運動は閉塞状態にあった。

　海外へ進出することで国威を発揚させ、もって国内の改革に当たる――――。民権実現のために国権（対外強硬論）を主張するのが大井らの考えであった。

民権と国権
～民権から国権へ

民権運動も徴兵制を否定しない——という話（124ページ）とも関連して、「民権」が「国権」へ転換してゆく構図がある。たとえば民権論者の河野広中は、福島事件の抵抗する側の主役でありながら、23年後の日比谷焼き打ち事件では、政府の弱腰を非難し戦争継続を叫んでいる。この〝転向〟にも見える理由が、現代からすればよく理解できない。

民権から国権へ……という流れは、朝鮮をめぐり清国との対立を強めた甲申政変のころに顕著になった。この隣国の政変劇に対する民権家たちの反応はエキセントリックで、朝鮮と清国に対し「日本刀の切れ味を示せ」的な国家意識の異様な昂ぶりそのものなのだ。

そもそも民権運動の端緒は征韓論争だった。日朝中の同盟なくしては列強に伍してゆけない。朝鮮が修好を受け入れないのなら、彼らを叩き起こすべきだとする征韓派。国権の維持と独立確保には、欧米に対し抵抗の意志を見せねばならないと考える。こうして敗れた征韓派の一部が、民撰議院設立の建白をする。ここから自由民権運動は盛り上がるのだ。

「攘夷」から「文明開化」へと反転するなか、「維新」と「（王政）復古」が同義であるように日本の変革には欧化と国粋が同居していた。極端な欧化に抗して国粋主義が伸張したが、「民権なくして国権なし」とする民権派にとっても国権との共存は、矛盾しなかった。

それが、王政復古、廃藩置県に続く〝第3のクーデター〟ともいえる明治14年の政変で、民権派に近い大隈重信一派が政府から駆逐されると同時に政府が10年先の国会開設を約束すると、民権運動は目標が曖昧となり、政府の外交政策との争点も消滅していく。自由党は改進党と対立し、自由党内部では急進派が暴走を始めることで民権派全体の勢力は弱体化する。もちろん政府による弾圧があっての弱体化だが、民権を目指しながら、行き着いたところは運動そのものが内包していた国権だった、というのが実情のようだ。（春）

PART 6

獅子覚醒せず〜日清戦争

成田 毅

金玉均暗殺と甲午農民戦争

清国の影響力が強まる朝鮮で大規模な農民反乱が勃発。日清両国はただちに出兵。暴動沈静化の後も居座った

独立党のリーダー、上海で客死 屍は、〝敵地〟である祖国へ

金玉均《きんぎょくきん》（キム・オッキュン）は甲申《こうしん》政変の失敗で日本に亡命したが、それ以前にも幾度か来日していた。

彼は1851年に忠清南道《チュンチョンナムド》の公州《コンジュ》に生まれ、72年に科挙文科に合格している。実学思想に影響を受け開化思想を抱いた彼は、82（明治15）年の2月から7月にかけて日本に遊学している。翌年夏にも来日した。

来日の折、福沢諭吉《ふくざわゆきち》と会い、支援を受けている。福沢は外務卿井上《いのうえ》馨《かおる》と相談して、福沢の門下生井上《いのうえ》角五郎《かくごろう》を金玉均に同行させ、漢城《ハンソン》（ソウル）に派遣した。金玉均はまた、福沢の仲介で後藤象二郎《ごとうしょうじろう》にも面会している。福沢は姻戚関係にあった後藤を朝鮮の総督にしたかったといわれている。金は板垣退助《いたがきたいすけ》や犬《いぬ》養毅《かいつよし》らとも接触している。

後藤の関与もあり、板垣は通訳の小林樟雄《こばやしくすお》を連れ、フランス公使ウィツキーの説得に当たる。朝鮮の内政改革のための軍資金調達であった。個人の資格で約束を取り付ける。小林は、「事大党《じだいとう》」（守旧派・閔妃《びんひ》〈ミンビ〉政権）の打倒計画を腹に持っていた自由党員であった。

だがこの計画は、後藤自身の放言で参議伊藤博文《いとうひろぶみ》や井上馨の知るところとなり頓挫してしまう。このような大事を在野の士にさせてはならないというのだ。当時、清との関係を考慮して日本政府が支持していたのは親清派の事大党のほうだった。伊藤と井上は朝鮮政策を転換する。

後藤象二郎　天保9（1838）～明治30（1897）年＊

この政策転換は、朝鮮の竹添進一《たけぞえしんいち》郎《ろう》公使にも伝えられた。だが何を思ったのか、明治17（1884）年11月3日の「天長節」の祝宴で、竹添は日本政府の政策転換を演説でぶちまけてしまった。日本公使館にいたのは何も独立党だけではない。事大党の面々も、さらには清国の兵士も多く列席していたのである。

金玉均は事大党の巻き返しを恐れた。一刻も早くクーデターを起こさなければならない。あせった金が行動を起こしたのが、1884年の甲申政変であった。

朝鮮を封建国家から近代国家へと変えるために、金は新政府の政治綱領を発表する。大院君《たいいんくん》（テウォングン）を復帰させ事大党の親清外交を廃止することで独立した国家をつくり、封建的な身分制度を廃止して平等の権利を確立し、納税制度の改革によって国民を救済し、新しい経済秩序をつくる——というものであった。

だが金は失敗した。井上角五郎にともなわれ、日本に亡命する。日本名「岩田秋作」を名乗り、東京や札幌、小笠原諸島などを巡り、やがて上海《シャンハイ》に渡った。

1894年3月28日、金玉均は、上海にある日本人経営のホテル「東

和洋行」で閔妃の放った刺客洪鐘《こうしょう》宇《う》（ホン・ジョンウ）の銃弾に斃れた。遺体は清国の軍艦で朝鮮に運ばれ、凌遅刑《りょうちけい》に遭う。手足をばらばらに切り離し、喉を切って殺す刑である。胴体は川へ捨てられ、首は京畿道竹山《キョンギドチョクサン》へ、片手片足は慶尚道《キョンサンド》へ、他の手足は咸鏡道《ハムギョンド》でそれぞれ晒された。

農民戦争をめぐって日清が同時出兵 日本軍は朝鮮に居座る

このころ、朝鮮国内には「東学党《とうがくとう》（ドンハクダン）」を名乗る集団があった。「東学」とは、キリスト教などの「西学」に対する呼び名である。一種の新興宗教である「東学党」は攘夷思想を持っていた。

1894年、地方官や地主の搾取に対して、農民らが立ち上がった。反政府暴動は、東学党の呼びかけで勢力を拡大し、政府軍と対決する。4月27日、農民は全羅道《チュルラド》の中心都市全州《チョンジュ》を占領した。

――この1894年は、日本の年号でいえば「明治27年」。干支は「甲午《こうご》（カボ）」。よってこの朝鮮の農民暴動を「甲午農民戦争」と呼ぶ。クエーカー教徒とのつながりを強め絶対平和主義に傾いた北村透谷《きたむらとうこく》が、理想と国粋主義とのはざまで精神を病み、25歳で芝公園の自宅の庭で縊死したのも、やはりこの明治27年の5月16日だった――。

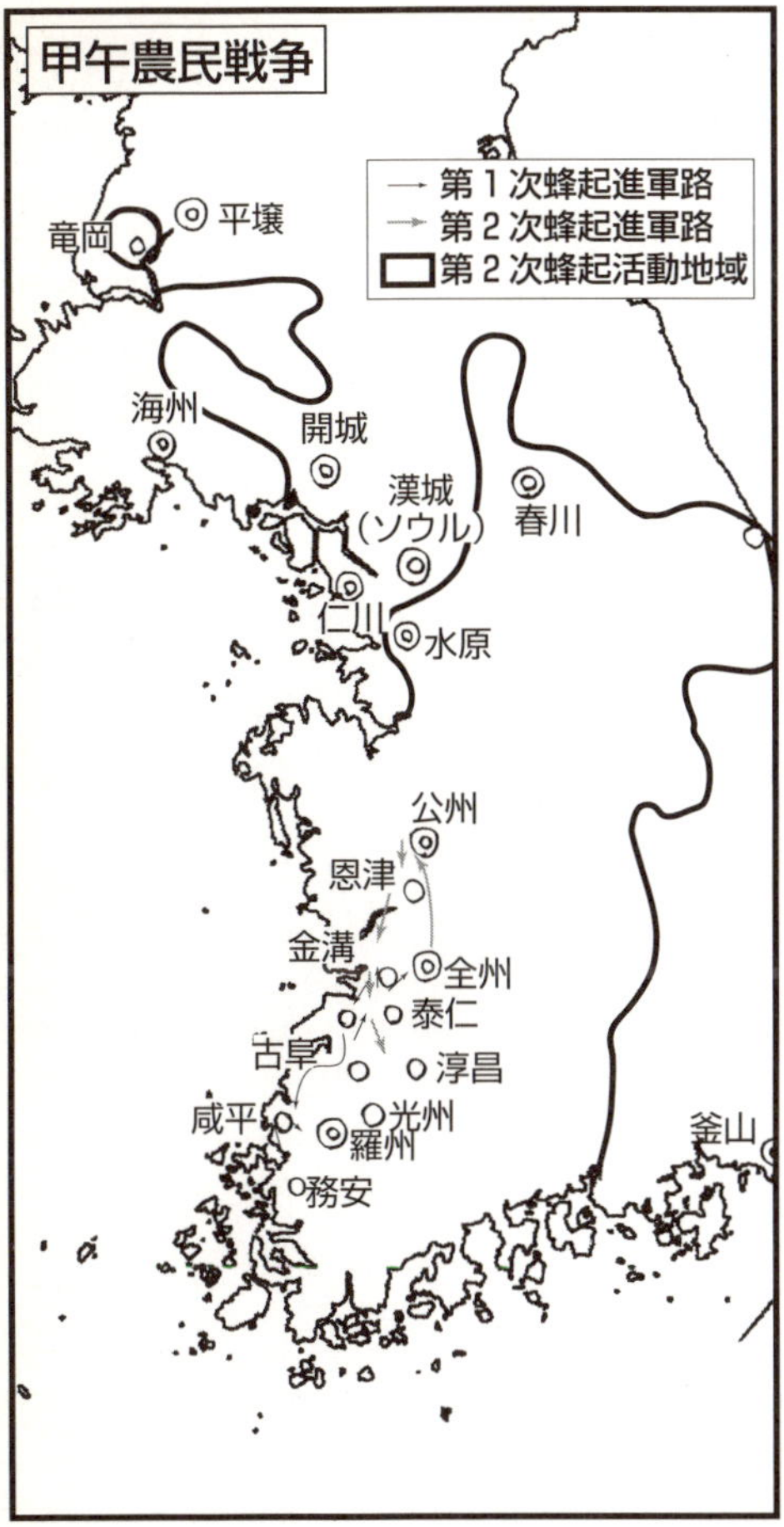

大院君は、東学党をけしかけて閔妃政権の打倒を企てた。清国在朝公使袁世凱《えんせいがい》（ユエン・シーカイ）も、ロシアとの関係を深めようとしていた閔妃を退けて、清国の権益拡大を目論んでいた。5月31日、朝鮮政府の援助要請を引き出した袁はただちに出兵し、6月7日、朝鮮の牙山《アサン》に2千名の兵士が上陸した。これを知った日本政府は「天津条約」の事前通告違反を抗議した。だが日本政府もこのとき、農民暴動の激化で出兵の機会をうかがっていたのである。

5月にはすでに出兵の準備を急いでいた。朝鮮代理公使の杉村濬《すぎむらふかし》は、「清の出兵は袁世凱の功名心による」ことを外相陸奥宗光《むつむねみつ》に打電し、これを受け、閣議で出兵が可決。天皇の裁可を得て決定された。

6月5日、大島義昌《おおしまよしまさ》少将を指揮官に7千名の混成旅団に動員命令が下る。同日、参謀本部に大本営が設置された。

日清の軍事衝突によって国内が蹂躙されることを恐れた朝鮮政府は、6月11日、東学党と「全州和約」を成立させた。翌12日には日本軍の第1陣が仁川《インチョン》港へ到着する。だがこのとき、日本はすでに出兵の口実を失っていた。「全州和約」によって、朝鮮国内は平穏を取り戻していたからである。

しかし、日本軍は引き揚げるどころか、そのまま居座ることになる。このことが日清戦争の引き金になるのである。

挙国一致で日清戦争にあたる

出兵によって日本は再び朝鮮での勢力確保をはかる。清国と衝突し、ついに明治政府は初の大戦争に突入

ロシアを牽制
朝鮮に親日政権樹立、開戦へ

甲午《こうご》農民戦争によって出兵した日本軍の第1陣が、明治27（1894）年6月12日、仁川《インチョン》港に到着した。乱が治まっても、兵力約4千名が居座り続けた。大軍駐留には口実が必要であった。

当時、イギリスとロシアは対立関係にあった。ロシアの南下政策は、インドや清などのイギリス植民地を脅かし、さらに朝鮮半島へも重大な関心を示していた。日本は、イギリスに対して条約改正で大幅な譲歩をし、日本への好意的な態度を期待していた。7月16日、「日英通商航海条約」の調印に漕ぎつける。

いっぽう、ロシアは日本の朝鮮からの撤兵を強く要求していた。要求は拒否したものの、朝鮮侵略の意図はないこと、平穏になれば撤兵する旨を通告して、ロシアの動きを牽制した。

こうして、イギリスとロシアの態度が見定められたため、日本は開戦へ向けて大きく舵を切っていく。

日本政府は清国に対し、日清両国で乱を鎮圧し、共同で朝鮮の内政改革にあたろうと提案した。無論、清国は拒否してきた。そこで日本は単独で改革にあたり、安全保障のため撤兵することは不可能であることを通告した。6月22日、清に「第1次絶交書」を送ったのである。

6月25日、朝鮮政府はイギリス、アメリカ、フランス、ロシアの公使に頼み込み、日清両国へ同時撤兵を勧告した。イギリスは調停案を示すが、この調停案を清が拒否する。日本政府は、清の調停拒否を非難し、交渉を打ち切った。

7月11日、「第2次絶交書」が閣議決定された。日本政府は〝断固たる処置〟の実行を在ソウル公使大鳥圭介《おおとりけいすけ》に一任する。7月20日、大鳥は清国の撤兵と清との条約廃棄を朝鮮政府に迫った。実質的には最後通牒であった。22日、朝鮮政府からの回答が入る。改革は自らが行なう、乱はすでに平定したため日清両国はすみやかに撤兵せよ、という内容だった。

清国には当初、開戦の意思はなかった。欧米列強の圧力で日本の戦争の意思をなくす

そうと考えていた。だが日本は、清が朝鮮へ援軍を派遣すればただちに軍事行動をとろうと考えていた。

7月23日、日本軍が朝鮮政府顛覆のクーデターに加担した。王宮に侵入し、閔妃《びんひ》（ミンビ）政権に代わり大院君《たいいんくん》（テウォングン）を脅迫して執政に仕立て、親日政権を組織したのである。10年前の甲申事変でも同じことをしていた。同日、連合艦隊が佐世保軍港を出港する。

7月25日早朝、朝鮮半島西岸の豊島《プンド》沖で清国艦隊に遭遇し、連合艦隊は攻撃を加えた。同じ日に、清国軍が乗船したイギリスの汽船「高陞号《こうしょうごう》」が天津《ティエンジン》の南の太沽《ターグー》から朝鮮の牙山《アサン》へ向かう途中、日本の艦隊に撃沈された。

日本には、朝鮮西方海域の制海権はなかった。豊島沖の海戦によって、陸軍部隊の援護ができ、また清国の増援のための航路を遮断することができたのである。

7月29日、日本の陸軍部隊が成歓《ソンファン》で清国軍を撃破する。8月1日、宣戦の詔勅が下された。

日本は早くから戦争への積極的な姿勢をとっていた。開戦2ヵ月前の6月5日、参謀本部に大本営が設置された。非常時の軍の最高統帥機関である。宣戦の詔勅後の8月5日、大本営は皇居内に移され、9月15日には広島第5師団司令部に移っている。出征兵士の多くは、広島宇品《うじな》港から出発していた。将兵の士気を鼓舞するために、東京ではなく広島に大本営を移したのである。天皇自らが広島に赴いて、直接戦争の指導を行なえる態勢であった。

大鳥圭介　天保3（1832）～明治44（1911）年＊

平壌会戦、黄海海戦、威海衛作戦講和交渉へ

日本の陸軍部隊が朝鮮南部の清国軍を破ると、清国軍は平壌《ピョンヤン》まで撤退する。8月下旬には、日本軍は北上し平壌を包囲する。野津道貫《のづみちつら》の第5師団も北上する。釜山《プサン》からの北上部隊、日本海側の元山《ウォンサン》から朝鮮半島を横断していた部隊は、いずれも悪路などで難渋したが平壌に到着する。9月16日、平壌を占領した。

この間、日本政府は朝鮮政府と「暫定合同条款」「大日本大朝鮮両国同盟」を結んでいる。「合同条款」は、ソウル—釜山間、ソウル—仁川間の鉄道の敷設、この区間に日本軍が建設した軍用電信の保存、全羅道《チュルラド》での通商港の開設を取り決めたものであった。また、「両国同盟」は、清国の勢力一掃のために日朝が協力すること、そのための朝鮮国内での軍事行動権を認め、便宜をはかることが規定されていた。これによって、朝鮮国民の抵抗がいっそう強くなった。

9月17日、黄海《こうかい》（ホァンハイ）海戦で連合艦隊は清国艦隊を討ち下す。歴史上初めての汽走艦隊同士の海戦といわれている。

10月9日、東学党農民が再び反乱を起こした。日本軍と朝鮮政府軍、各地の反動勢力が鎮定に当たり、12月には反乱は殲滅された。

10月24日、日本軍の第2軍が清国の遼《リャオ》

東《トン》半島に上陸する。11月6日には金州《チンチョウ》を占領、旅順《リュイシュン》、大連《ターリエン》も陥落した。翌25日までには、第1軍が鴨緑江《アムノッカン》を越え、清国領土に侵攻している。翌26日には鴨緑江対岸の九《チュウ》連城《リエンチョン》が陥落。ここから第5師団は鳳凰《フォンホアン》城《チョン》、奉天《ほうてん》（フォンティエン）を目指した。

だが冬将軍の到来、清の激しい抵抗、加えて兵站問題で奉天攻撃の変更を余儀なくされる。第3師団は、大東溝《タートンコン》から大孤山《タークーシャン》、さらに岫巌《シイウイエン》に進攻し、そこから遼東半島を横断して海城《ハイチョン》を目指した。

翌明治28（1895）年1月20日、大山《おおやま》巌《いわお》司令官の第2軍が山東省《シャントン》栄城《ロンチョン》に上陸する。2月2日には、山東半島の威海衛《ウェイハイウェイ》にあった清国北洋艦隊の基地を攻撃し占領。清国北洋艦隊は降伏した。日本軍はいっぽうで、台湾攻略にも手を染める。3月7日、台湾と付近の澎湖《ポンフー》諸島に上陸した。

大山巌　天保13（1842）～大正5（1916）年＊

清では講和の全権が任命され、アメリカ経由で日本に通知された。

3月19日、李鴻章《りこうしょう》（リ・ホンチャン）をはじめ清国全権団が来日、下関の料亭「春帆楼《しゅんぱんろう》」で講和交渉に入った。清国の要求に応じて、3月30日、休戦に同意した。日本は講和条件を提示し、4月17日、「日清講和条約」が調印された。いわゆる「下関条約」である。

大本営の戦争の作戦計画は、以下のようであった。まず第5師団を朝鮮に展開させ、連合艦隊が清国艦隊を撃破し、黄海、渤海《ボーハイ》湾の制海権を掌握する。これが第1期である。第2期は、制海権を掌握したならば、陸軍を渤海湾から上陸させ、直隷《ちょくれい》（ヂーリー）で決戦する。制海権が掌握できず双方互角ならば、陸軍を朝鮮に増派し、清国軍を撃退する。制海権を握れなかった場合、第5師団を援助しつつ本土防衛に努める、というものだった。

戦争準備のための軍拡と「利益線」の防衛

壬午《じんご》軍乱と甲申《こうしん》政変で日本は、朝鮮を攻略するためには清との戦争が避けられないことを悟った。現状は貧弱な軍隊である。何とか軍拡しなければならなかった。

そこで陸軍は兵力倍増計画を立て、明治22（1889）年には軍制改革を行なっている。鎮台を廃止して師団に編成した。兵力は5万6千人、外国産の銃を日本人に合わせて改良した「（明治）18年式村田銃」に統一し、大砲の国産も可能になった。これによって全砲兵の装備が完了した。

それまでのフランス式の兵制もプロシヤ式兵制に全面転換し、徴兵令も改正して国民皆兵の徹底をはかった。

海軍では、軍艦建造の建議が幾度となく提出されていたが、財政難のためなかなか進まなかった。明治16（1883）年には建艦8ヵ年計画が提示されるも、たびたびの計画変更となった。明治21（1888）年の第2期拡張案では、46隻の軍艦を5ヵ年計画で建造する計画だったが、巡洋艦1

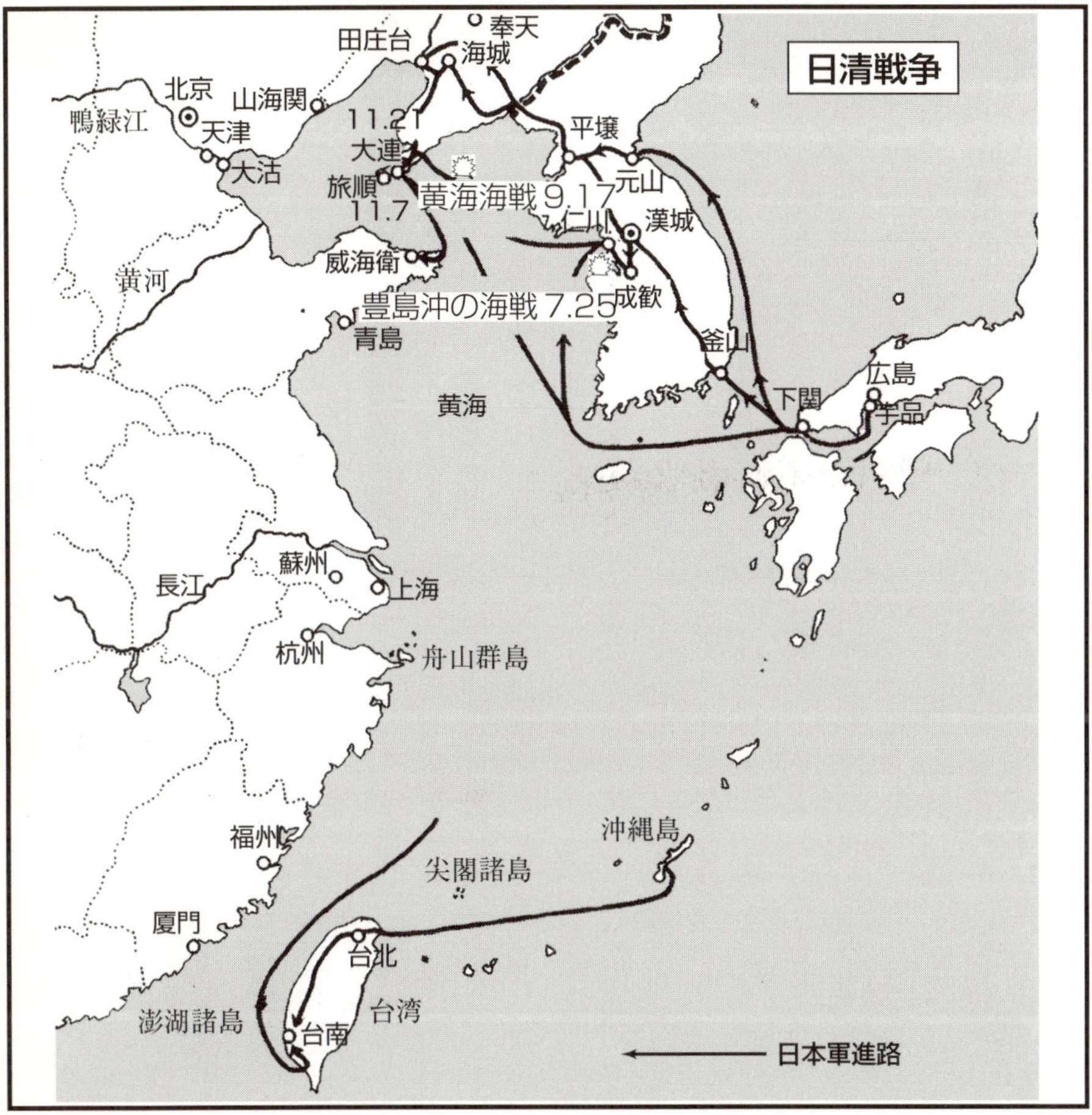

隻、砲艦1隻が完成したにすぎなかった。

明治18（1885）年、内閣制度創設。明治22（1889）年、大日本帝国憲法発布。明治23（1890）年、第1回帝国議会が開催され、軍艦建造予算が承認される。だが、第2〜4回の帝国議会では、「民力休養」「政費節減」を主張する民党の反対で軍艦建造予算は不成立となる。第4回会議中には、明治天皇が建艦費を下賜し、官吏の1割減俸が上奏され、詔勅が発せられた。内廷費から毎年30万円が支出され、減俸したぶんも軍艦建造に当てるというものだった。

詔勅と予算案の修正で民党も賛成にまわり、軍艦建造予算も承認される。ようやくの建艦計画の安定を見るのであった。

かつて山県有朋が施政方針演説で、「利益線」の保護を語った。北は朝鮮、南は台湾および対岸の福州《フーチョウ》である。国境である「主権線」の他に、国益上重要な地域である「利益線」を守るべきだというのである。この後、日本は「利益線」に固執していくことになる。

「臥薪嘗胆」は日露戦への準備

日清戦争は清国の弱体ぶりを世界にさらし、列強侵略の餌食となる。日本では富国強兵が急ピッチで進んだ

朝鮮の独立（日本の支配権の確立）と清国の領土分割、清国への産業進出

イギリスの調停案が列強に示されたのは、日清戦争の最中の明治27（1894）年10月だった。日本軍が旅順《リュイシュン》などを占領した月である。調停案の内容は、清の日本への損害賠償と列強による朝鮮の独立の保証であった。

だが列強は首を縦に振らなかった。この案は日清両政府にも伝えられ、11月には、清がアメリカに日本政府の意向をうかがうように依頼している。

日本は戦争遂行中に、講和の内容をすでに検討していた。朝鮮の独立は、清やロシアの支配からの独立を意味し、ここで日本の支配権の確立を目指すべきであること。領土分割は軍事的な意義が大きく、物資や原料の供給や市場的に見ても重要であること。さらに賠償金を獲得すること、列強と同じように清と通商条約を結ぶこと（日本産業の清への進出）。これらが講和の条件として考えられていた。賠償金の額は、およそ3～5億円を見込んでいた。

明治28（1895）年1月31日、清の講和使節団が大本営のあった広島へ到着する。講和の陰にはアメリカの仲介があった。だが、全権大使の張蔭桓《チャンインホァン》、邵友濂《シャオユウリァン》が携えたものは正式な全権委任状ではなかったため、日本政府はただちにこれを突き返した。

約1ヵ月半後の3月19日、ようやく全権大使李鴻章《りこうしょう》（リ・ホンチャン）、が下関に到着した。翌日から、「春帆楼《しゅんぱんろう》」で交渉が開始される。ところが24日、李鴻章が講和反対の日本人に狙撃され、負傷するという事件が起こった。世界の同情が李鴻章に集まると、日本政府は妥協せざるをえなくなり、30日に清国の要求を受けて休戦に同意した。

4月1日には日本政府が講和条件を提示する。そして4月17日、「日清講和条約」（下関条約）が調印された。5月8日には批准書が交換され、条約発効となった。

遼東半島と台湾を勝ち取った下関講和条約

講和条約の内容は、

清国は朝鮮の独立を承認すること。

林董　嘉永3（1850）〜大正2（1913）年＊

旅順や大連《ターリエン》といった良好な軍事基地がある遼東《リャオトン》半島と、遼東湾の東岸および黄海《こうかい》（ホァンハイ）北岸の奉天《ほうてん》（フォンティエン）省に属する島嶼群を日本に割譲すること。

中国南部、あるいは東南アジアに対しての中継地点として重要であった台湾全島および付属の島嶼郡を日本へ割譲すること。

2億両《テール》（日本円にして3億円）の賠償金を日本へ支払うこと。

通商航行条約の締結と、最恵国待遇条款を確立すること。

条約が施行されるまでの担保として、威海衛《ウェイハイウェイ》を一時的に占領すること。

というものであった。賠償金は3億円だったが、日清戦争における日本の戦費は2億47万5千円だった。

この賠償金によって、政府は官営の八幡製鉄所を建設し、鉄鋼の国産化を可能にした。鉄鋼は軍拡には必要不可欠である。また、鉄道の敷設や電話事業、造船の振興にもつながった。

工業が盛んになると、農村から労働者として都市に人口が流入することになる。東京や大阪では貧民社会が形成され、社会問題や労働問題が顕在化していくのもこのころからである。

三国干渉による遼東半島返還「臥薪嘗胆」と「尚武の気風」

戦勝で日本国中が上を下への大騒ぎになっていた。ところが、突然その熱狂に冷や水を浴びせかけられた。条約調印の6日後である。

ロシア、フランス、ドイツの3ヵ国の駐日公使が、外務次官林董《はやしただす》のもとを訪ねた。遼東半島の所有は「東洋永久平和の害」だというのである。ただちに放棄することを要求してきた。

遼東半島の割譲推移

当時の世界情勢は、東進・南下政策をとっていたロシアはフランスと仏露同盟を結び、ドイツを挟み撃ちにする格好になっていた。ロシアにとって、遼東半島が日本の手に渡れば、南下政策が挫折してしまう。このことはすなわち、長年の願いであった不凍港（旅順、大連）を獲得することも不可能となることを意味する。これまでの努力が、すべて水泡に帰してしまう。そこで遼東半島の放棄を迫ったのであった。

同盟国フランスもこれに協力し、ドイツも、仏露の関心を東へ向けさせ彼らとの対立を避けるために同調した。とはいえ清の分割に加わる足がかりにしたいという目論見もあった。これら3国にイギリスも歩調を合わせた。

明治28（1895）年4月30日、日本政府は金州庁《チンチョウ》以外の遼東半島を清へ返還することを提案した。だがロシアは受け入れを拒否する。5月4日、苦渋の選択として半島のすべてを返還することを決定し、10日に勅令が発せられた。12月27日には日本軍は撤兵している。

三国干渉で、国内の世論は沸騰した。「臥薪嘗胆《がしんしょうたん》」がスローガンになる。硬い薪《たきぎ》の上に臥せて寝て、苦い熊の胆《い》を嘗《な》める。目的を達成するために苦労を重ねるという意味である。

新聞『日本』では三宅雪嶺《みやけせつれい》の論説「嘗胆臥薪」が5月15日、27日にわたって掲載される。「ここに挫《くじ》ければ、後日、大を成す所以《ゆえん》ならん」と書いている。また、福沢諭吉は「ただ堪忍して時節を待つのみ」と辛抱の一語を説いている。

三宅雪嶺　万延元（1860）〜昭和20（1945）年＊

第2次伊藤博文《いとうひろぶみ》内閣（明治25〈1892〉年成立）は、国を挙げて日清戦争を乗り切った。伊藤は戦後経営にも意欲を示し、「臥薪嘗胆」を巧みに利用する。明治29（1896）年に葉煙草専売法などで大幅な増税をし、これを軍拡の費用に当てた。三国干渉そのものが臥薪嘗胆であったのに、さらに国民への負担を臥薪嘗胆として強いたのである。

またこのころ、教育界において「尚武《しょうぶ》の気風」が提唱された。帝国教育大会では、出征兵士や軍人の経験談を聞いたり、学校行事に軍人を臨席させ、あるいは生徒に兵営を参観させることなどが決議されている。小学校の生徒に、である。「尚武の気風」と「艱難に堪ふるの体力」を養成するためであった。

国家意識は次第に民衆に浸透していく。

食いちぎられる眠れる獅子
列強による清国分割

日本の遼東半島放棄で、清の分割が活発になった。

〝眠れる獅子〟が列強の格好の餌食となったのである。

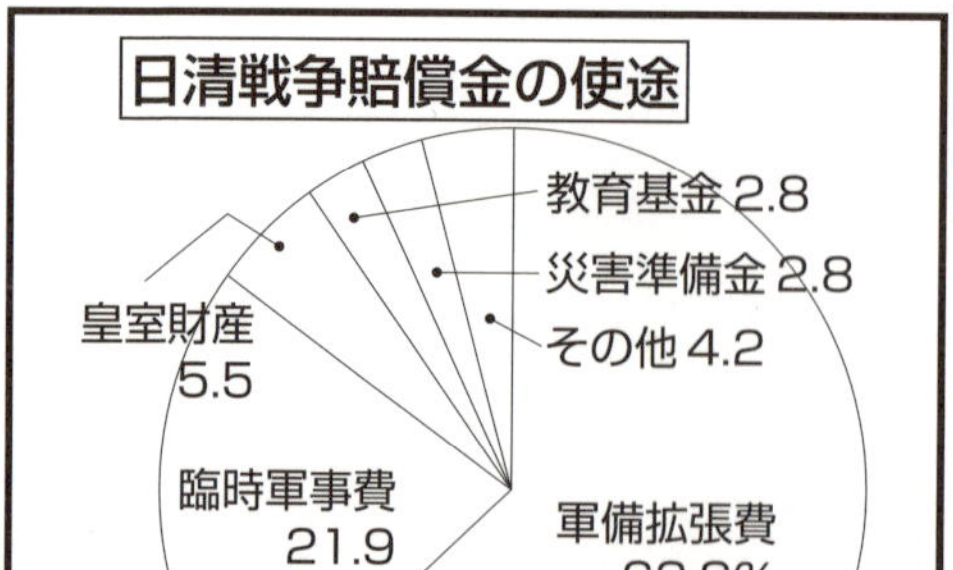

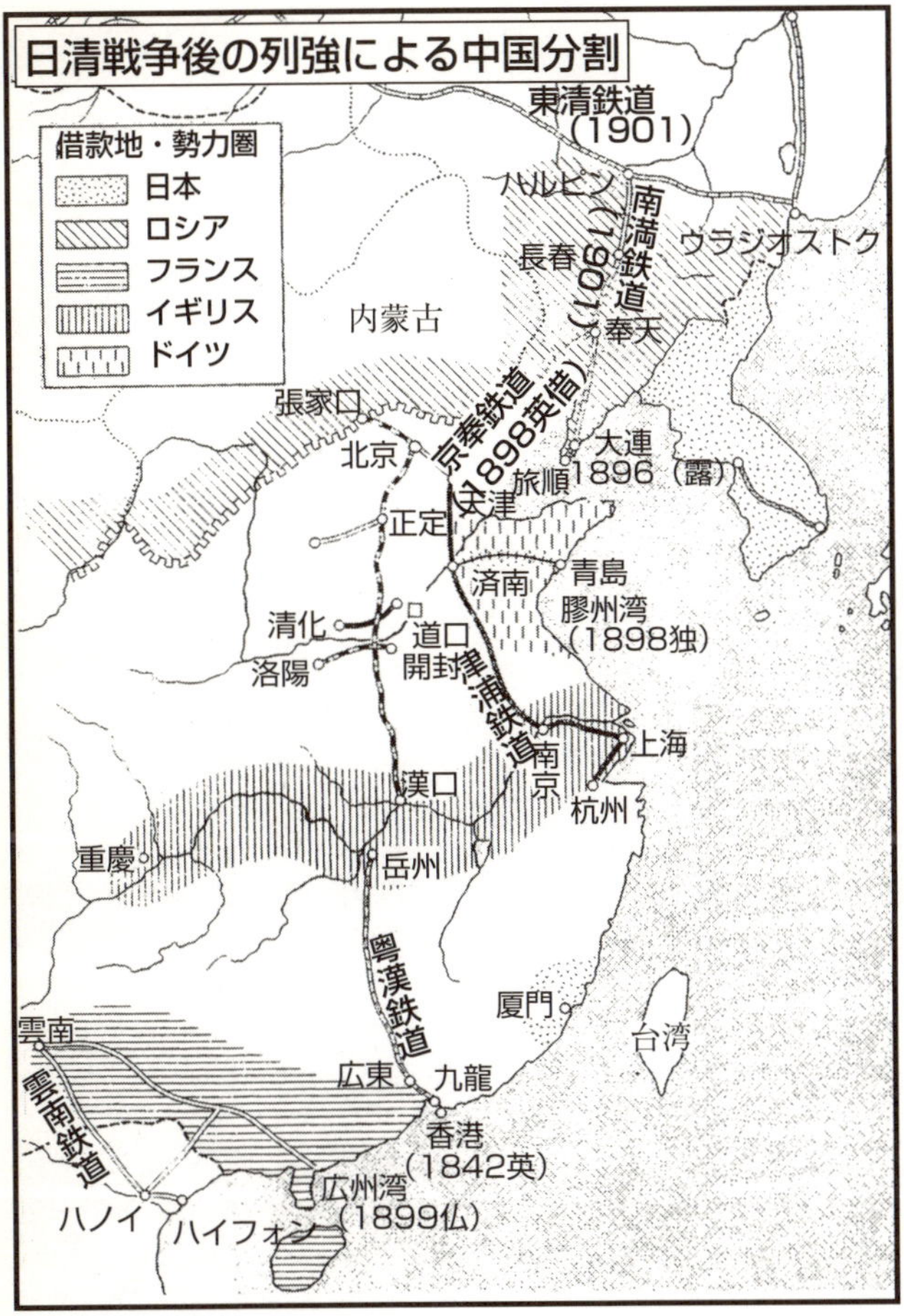

日清戦争後の列強による中国分割

清は当時、賠償金の支払いが困難だった。1895年7月、フランスとロシアの4億フラン共同借款が決定する。36年間をかけての返済である。また翌96年にはイギリスとドイツからの1千600万ポンドの借款が成立する。こうした各国の、いわば飴《あめ》と鞭《むち》によって、列強の金融体制に清は組み込まれていく。

ロシアは1898年、旅順・大連港を25年間租借することになった。東清《とうしん》鉄道の南満洲線の敷設も認められた。これによってロシアは遼東半島南部を得ることになった。

フランスは広州《こうしゅう》（グァンヂョウ）湾の租借と雲南《うんなん》鉄道の敷設権を清に要求。このときフランス人宣教師が迫害されたため、広州湾を占領した。

イギリスは、フランスの広州租借を脅威ととらえ、同年、九龍《カオルン》半島の99年間の租借と威海衛の25年間の租借を認めさせた。威海衛の租借は、ロシアの勢力が伸長するのを阻止するためであった。

ドイツは96年1月に膠州《こうしゅう》湾の50年間にわたる租借を要求した。97年11月、山東《シャントン》省でドイツ人宣教師が殺害され、翌年、これを受け実力行使して占領した。98年にイギリス、ドイツの第2次共同借款1千600万ポンドが成立すると、膠州湾の租借条約に調印した。当初の要求よりはるかに長い99年間の租借である。

三国干渉は、軍事力の乏しさを日本に痛感させた。以後さらに「力」への信奉が強くなる。同時に産業の進展も促すことになる。綿糸紡績業でも産業革命が進み、地主層は産業への公債や株式投資をし、産業へ資本が集中するようになった。製糸、紡績工場へ女工としての出稼ぎも増えていく。

富国強兵と殖産興業が急ピッチで進められたのである。

南の「利益線」台湾を領有

日本は清国から台湾を得る。統治2年目には軍政から民政へ移行。初の植民地統治はどう進められたか？

清国は「化外」の地台湾を割譲 日本支配に抵抗した台湾民主国

三国干渉によって、日本は涙を呑んで遼東半島を返還した。だが、台湾と付近の澎湖《ボンフー》諸島は下関条約によって日本領となった。

台湾は軍事上の重要地である。日清戦争のさなかの明治27（1894）年冬、松方正義《まつかたまさよし》が〝北守南進論〟を提案した。台湾は、マレー半島や南洋群島へ進出するための根拠地であるというのだ。伊藤博文《いとうひろぶみ》も外相陸奥《むつ》宗光《むねみつ》も同感だった。

「利益線」保護のため、日清が講和交渉に入っていた明治28（1895）年3月、台湾西方の澎湖諸島へ歩兵1個旅団が上陸する。この地域の一部でも事実上占拠することで、講和の折に割譲を有利に進めることができる。そのまたとないチャンスだった。

講和条約に調印するや、早くも日本は台湾統治に着手した。

以前から台湾は、製茶業と製糖業が盛んだった。清国本土からの移住も活発だった。電信や電灯、鉄道も整備されつつあった。こうした発展を阻害されてはたまらない。そう考えた台湾住民は、日本への割譲に対して声を荒げて反対した。1895年5月23日、「台湾民主国独立宣言」を発表する。民政・軍政を司る台湾巡撫《じゅんぶ》唐景崧《タンチンソン》が総統となり、科挙合格者の丘逢甲《チュウフォンジャア》が副総理兼全台義軍統領となった。

いっぽう、5月29日、近衛師団北《きた》白川宮能久《しらかわのみやよしひさ》中将率いる日本軍は、台湾北部の三貂角《サンチャオチャオ》に上陸した。この知らせを聞いた唐景崧総統は清国本土への逃亡を図った。日本軍は6月3日には基隆《キールン》を占領。以後、台湾義勇兵と各地で激しい戦闘を繰り返すことになる。

この間、海軍中将樺山資紀《かばやますけのり》を大将に進級させ、初代台湾総督に任命している。6月14日には早くも樺山が台湾入り。17日、台湾総督府の開庁式を挙行した。

樺山資紀　天保8（1837）～大正11（1922）年＊

清は6月2日に全権李経方《リチンファン》を派遣し、台湾三貂湾沖に停泊中の「横浜丸」で樺山と会見。台湾の授与式が行なわれた。6月7日には台北《タイペイ》が占領される。清国軍が解散して本国に送還されると、逆に住民の武装闘争が一段と激しくなった。日本からは計2個師団が増派される。

8月6日には台湾総督府条例が公布され、軍政が敷かれることになった。8月20日、陸軍中将高島鞆之助《たかしまとものすけ》を副総督に任命し、台南《タイナン》平定軍の指揮に当たらせた。彼は台南を南北から挟み撃ちにしようとする。10月9日、嘉義《かぎ》（ジャーイー）を占領、19日、台湾民主国軍大将軍劉永福《リュウヨンフー》がドイツ商船で台湾を脱出する。これによって台湾兵が四散し、10月21日、台南も占領された。

11月16日、樺山総督は台湾平定を

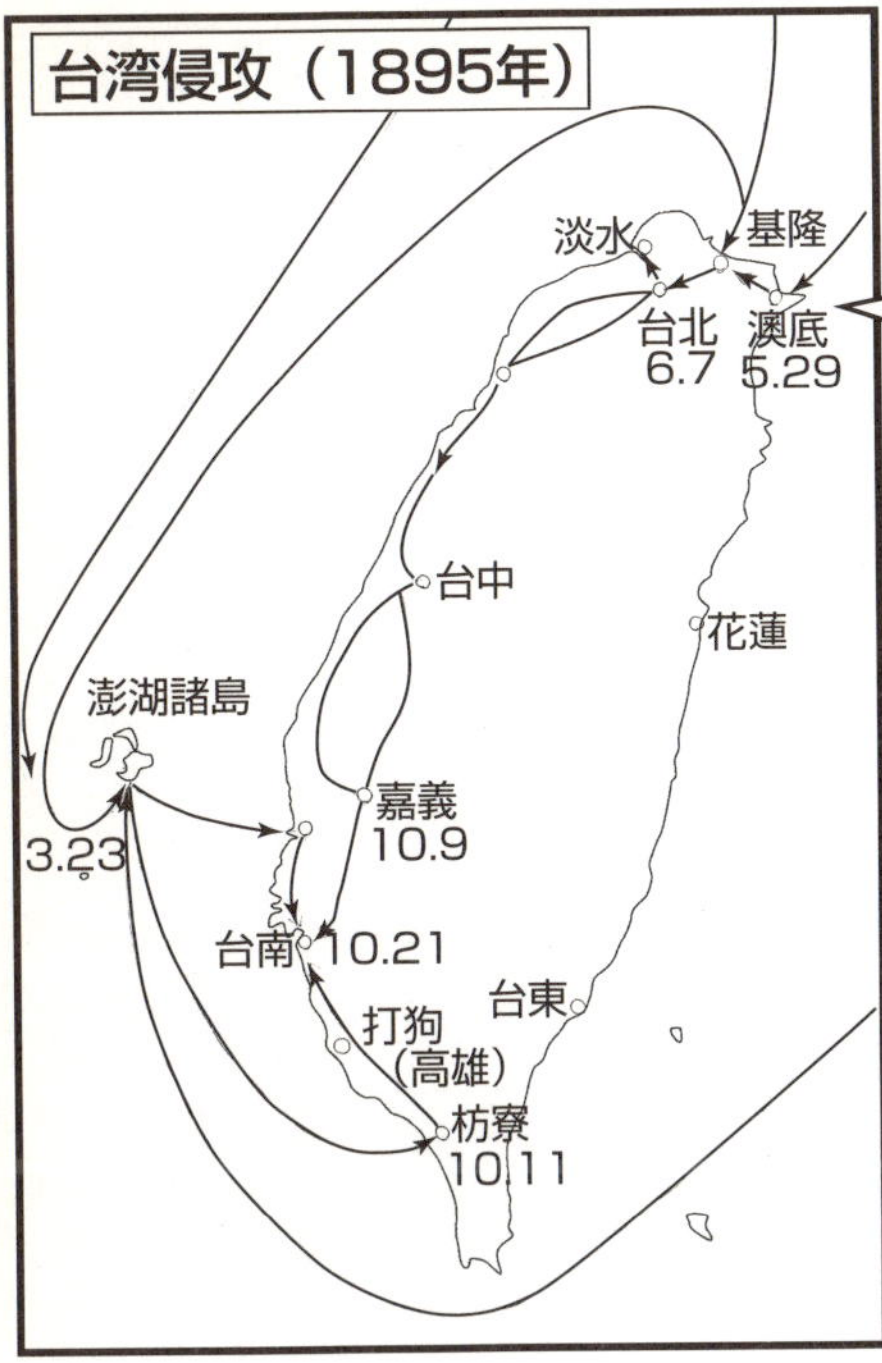

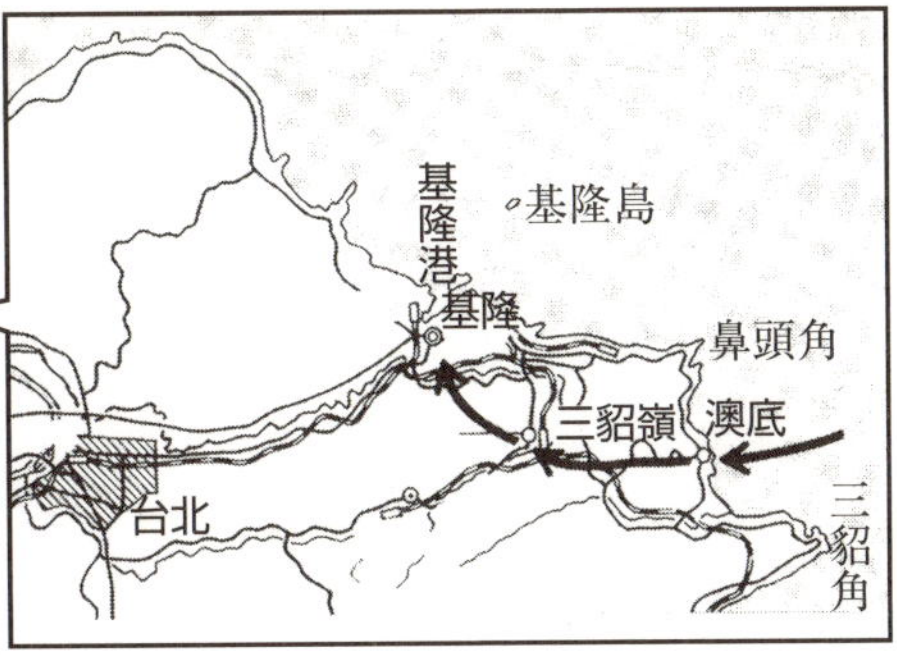

宣言し、大本営に報告した。

この戦いで日本の兵力は半減した。北白川宮をはじめ多くの兵士がマラリアや赤痢といった風土病に斃《たお》れた。また脚気にも多くが悩まされた。

平定宣言後も高山族《こうざんぞく》（台湾原住民）が蜂起し、戦闘が散発する。日露戦争直前の明治35（1902）年まで衝突が続いた。

軍政から民政へ——保甲制度と土地調査による支配

各地で戦闘が続く台湾では、平定のために軍政が施行されていた。そのため総督には、陸海軍の大・中将が任命されることになっていた。

明治29（1896）年、新たな台湾総督府条例が公布され、軍政から民政へ移行した。明治31（1898）年には陸軍中将児玉源太郎《こだまげんたろう》が総督として赴任する。このとき民政長官として児玉とともに着任したのが後藤《ごとう》新平《しんぺい》だった。

彼はいわゆる二大事業を開始する。着任早々、治安確保の政策として「保甲《ほこう》条例」を発布する。10戸を1甲、10甲を1保として、住民のすべてを保甲制度に組み込んだのだ。戸口を把握するのが狙いで、移動や旅行も報告させた。もともとは宋代の民衆監視制度で、罪の連帯責任を持たせていたものである。また、土地調査も開始し、地籍を確定させ、地図や台帳を作成し、地租の徴収を行なった。

台湾経営は予想以上の財政負担をもたらした。一時、1億円で他国に売り渡せという議論すら巻き起こったほどである。

だが、後藤の政策が浸透するにつれ負担も軽くなる。台湾銀行を設置し企業への低利融資を行ない、縦貫

児玉源太郎　嘉永5（1852）～明治39（1906）年＊

後藤新平　安政4（1857）～昭和4（1929）年＊

鉄道の建設や基隆港の整備も開始された。また民間資本の導入にも積極的で、三井物産が砂糖の買い付けを、三井が中心となった台湾精糖株式会社は甘藷《かんしょ》栽培からの一貫した工程での精糖を始めた。明治38（1905）年ころまでには植民地支配の基盤が確立した。

日本にとっての初めての植民地統治は、徹底した鎮圧と管理によって行なわれた。

朝鮮王妃殺害

公使が主導し、軍部と壮士が親露排日派の王妃を殺害。親日政権樹立を目論む日本だったが、破綻する。

抜刀した日本人壮士たちが朝鮮王宮を襲撃する

ソウル。王宮「景福宮《キョンボックン》」の南正面にある光化門《カンファムン》では、日本守備隊と王宮の警護に当たっていた侍衛隊が銃撃戦となった。その最中、夜陰に乗じて壮士たちは抜刀し、王宮の最奥へと走った。

もっとも北にある乾清宮《コンチョングン》にたどり着くと、閔妃《びんひ》（ミンビ）の寝室には、数人の女官たちが隠れていた。彼女らを守ろうとした宮内大臣李耕植《イギョンシク》は撃たれ、廊下でさらに斬られた。女官数名も殺害された。

そのなかに閔妃もいた。殺害された彼女は、庭に引きずり出されて焼かれた。積み上げた薪《たきぎ》の上に石油をかけ火を放ったのであった。

この一部始終を目の当たりにしていた人間がいた。侍衛隊の教官であるアメリカ人退役陸軍少将ウィリアム・マックイ・ダイ、通称〝ジェネラル・ダイ〟。そしてロシア人技師サバチンだった。彼らは、それぞれ乾清宮の前庭で茂みに隠れて目撃したのであった。

表向きは、あくまでも大院君《たいいんくん》（テウォングン）と訓練隊によるクーデターであった。訓練隊とは、1895年2月に朝鮮軍からの精鋭800名で編成された部隊で、日本人将校が教官として指導していた。

だが、あくまでも表向きである。実際には、日本公使館の杉村濬《すぎむらふかし》と岡本柳之助《おかもとりゅうのすけ》、公使館付武官の楠瀬幸彦《くすのせさちひこ》らが指揮し、軍部と壮士たちが実行に当たったのだった。

ロシアの影響力を排除したい日本 ついに非常手段にうったえる

明治28（1895）年4月17日、下関条約が調印され、清が朝鮮に対する宗主権を放棄したことで、朝鮮の独立が認められた。

朝鮮政府内では、親日派の内務大臣朴泳《ぼくえい》孝《こう》（パク・ヨンヒョ）が実権を握っていた。彼は独立派として甲申《こうしん》政変に関与し日本に亡命していたが、日本政府の支援もあって、朝鮮の政界に返り咲いていた。当然のことながら、〝親露排日〟の閔妃一族とは対立関係にあった。

その彼が、宮中の侍衛隊を訓練隊と交換しようと企てた。ところが、国王高宗《こうそう》（コジョン）はこれを知り激怒。朴泳孝の官位を剥奪し、謀反容疑で逮捕命令を下したのである。逃れた彼は、またもや日本に亡命した。95年7月7日のことである。

朴泳孝亡命の2日後の7月9日、国王高宗は、これまで出した勅令はすべて日本の圧力でなされたもの、これからは自らが親政を行なうと表明した。かねてより、ロシアが朝鮮に急接近しており、この親政表明もロシアの差し金であった。高宗は直ちに親露派を大臣に起用した。

大鳥圭介《おおとりけいすけ》の後を受けた井上馨《いのうえかおる》も公使を辞任し、後任に三浦梧楼《みうらごろう》が当てられた。三浦は9月1日に着任。外交の経験はまったくない軍人、陸軍中将であった。

朝鮮政府は、三浦公使の着任で、これまでとは態度を一変させた。井上の懐柔策に一時は乗ろうともしていたが、完全に日本と手を切るかのように、日本式の制度や軍隊を排除したのであった。閔妃は一族を政府高官に据え、宮廷の要職にも任命した。ここにもロシアの後ろ盾があった。日本の干渉を排除できると考えたのである。

三浦公使らはロシアの影響力を排除するために策を練っていた。日本公使一等書記官である杉村濬と、宮内府と軍の顧問を兼ねる政治浪人の岡本柳之助、公使館付武官の楠瀬幸彦中佐との密議が繰り返され、このなかで三浦公使は閔妃暗殺の計画を提案する。朝鮮王室内の派閥抗争に見せかけて親露派の閔妃を殺害し、直接親日政権を作ろうというのだ。

三浦梧楼　弘化3（1846）～大正15（1926）年＊

1895年10月8日未明、計画は実行に移された。

楠瀬幸彦率いる日本兵と、朝鮮兵である訓練隊2個大隊、および朝鮮人有志、日本人壮士たちであった。日本人壮士は、ソウルにある『漢城新報《ハンソンシンボ》』社長の安達謙蔵《あだちけんぞう》（後に内務大臣、逓信大臣を歴任）周辺の新聞記者や彼が動員した熊本県人団だった。

彼らは暗闇に紛れて宮廷へ侵入し、ついに閔妃を殺害した。国王婦人を暗殺したのである。そして彼らはまたもや、無理やり国王の父大院君を担ぎ出す。甲申政変、日清戦争直前のクーデター、そして今回と、3度も日本に利用されたのである。

だが、このようすは目撃されていた。事件に日本人が関わっていたことを報じられると、国際問題に発展する。すでに一部ではこのことが騒ぎになっていた。日本政府は、三浦公使を問責するために彼を更迭し、日本国内で裁判が行なわれた。審理の結果、48名全員が無罪放免となった。彼らは鉄の結束で口裏を合わせ、国家に累が及ばないようにしたといわれている。

それにしても恐ろしい所業である。日本政府はとりあえず遺憾の意を表明した。

大院君との争い　日本との戦い

大院君は、自分の息子が国王になると、王妃選びには特に慎重になった。王妃の一族が専横し、国を傾けてしまった過去があったからである。

大院君の后の生家一族に、ひとりの娘が引き取られていた。名門ではあるが、親弟のいない娘である。王妃には好ましい。しかも聡明で学問好きだという。彼女こそ後の閔妃である。

朝鮮国内では「衛正斥邪《えいせいせきじゃ》」がスローガンとなり、天主教（キリスト教）のみならず、西欧先進国の社会制度や科学技術すらも排斥していた。天主教の大弾圧によって多くの伝道師や信者が処刑されたこの年、1866年陰暦3月20日、昌徳宮《チャンドックン》の仁政殿《インジョンジョン》で盛大な婚儀の式典が執り行なわれた。国王高宗は数えで15歳、閔妃は数え年で16歳であった。日本の暦では、この年は慶応2年。薩長軍事同盟が成立した年である。

聡明で学問好き、だがいささか勝気な性格の閔妃は、『春秋』『左伝』を読みふけっていたという。『春秋』とは中国の歴史書で、戦乱に明け暮れた時代が記されている。権謀術数の渦巻く時代である。『左伝』はその注釈書である。

1871年、閔妃が満20歳のとき、ようやく男子が誕生する。もちろん、次代の国王になる男子である。だが、先天性の排泄障害によって、数日後に死亡してしまった。供養のための盛大な葬儀が営まれた。王室の財政が苦しいなかでの乱費であった。

当時は国王高宗が若年であったため、大院君が執政していた。だが極端な鎖国政策と独裁は、次第に反対グループを参集させることになる。このころ、閔妃一族は30数名が官職につくようになった。また反大院君派も起用し次第に勢力が強まった。

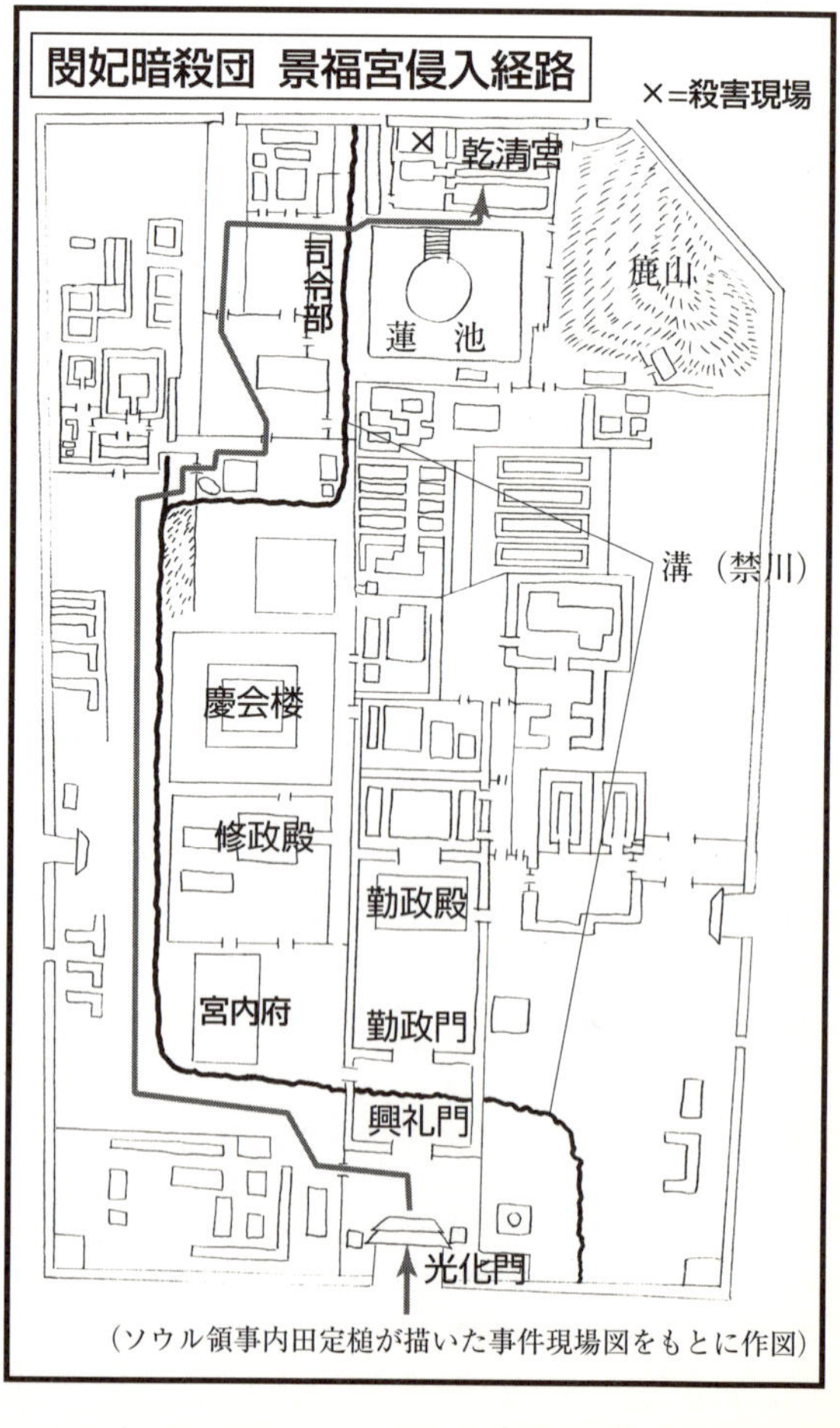

（ソウル領事内田定槌が描いた事件現場図をもとに作図）

1873年10月25日、崔益鉉《チェイクヒョン》が大院君を弾劾する上疏《じょうそ》をした。国王は彼をかばい、処分しなかった。11月3日、再び崔益鉉は上疏する。国王はすでに成人に達している、いつまでも大院君が執政を行なうのはいけない、というのだ。11月5日、高宗は親政を布告した。〝明治6年の政変〟の翌月のことである。

高宗は大規模な人事に着手し、大院君派

は一掃された。また思い切った政策転換によって、悪税などが廃止された。

1874年、閔妃に再び男子が授かった。彼は「坧《せき》」と名づけられた。後の27代王純宗《じゅんそう》（スンジョン）、李氏朝鮮王朝の最後の王である。しかし、側室の産んだ男子の方が先に生まれていた。宗主国である清は、この子を世子として認めるという噂が広がっていた。閔妃は我が子を世子にするため、日本の影響力を利用しようと考えた。国交再開はそのためでもあった。だが日本は江《こう》華島《かとう》（カンファド）事件で朝鮮を無理やり開国させてしまう。日本の本心は朝鮮の植民地化だった。

思えばその後の閔妃の人生は、大院君との政権抗争と日本からいかに国を守るかの戦いだった。

閔妃暗殺の後、親日派である金弘集《キムホンジプ》首相は事件を穏便に収拾しようとしていたが、国民の支持を失うことを恐れ、穏健開化派と親露派の連立政権を発足させた。

国王高宗は断髪令や陽暦の採用など急進的な開化政策を断行したため、民衆がこれに反発し1896年2月、反日・反改革の暴動が巻き起こった。儒者たちが先頭に立った抗日義兵の蜂起である。高宗はロシア公使館に匿われ、要請を受けたロシアはソウルに兵を送り込んだ。親日政権は崩壊し、金弘集首相以下数名の大臣が殺害された。そして、親露派内閣が成立した。

97年、高宗が宮廷に戻ると、年号を「光武」に、国号を「大韓帝国《デハンジェグク》」と改め、自ら皇帝となった。

日本政府の、日清戦争後の朝鮮政策はここに破綻した。代わって勢力を伸ばしてきたロシアとの妥協なくしては、独自の政策は不可能となってしまった。

日朝関係年表

1885	4．15	イギリス極東艦隊、巨文島を不法占拠
	7．21	日清両軍撤収
	10．5	大院君、清国から帰国
	11．17	清国の袁世凱が駐箚総理交渉通商事宜として着任
1886	8．9	総理内務府事の沈舜沢がロシア公使ウェイベルに保護要請（親露抗清）の国書伝達（韓露密約）
	9．6	日本政府、金玉均を小笠原島に護送
	9．10	外務協弁徐相雨らを北京に派遣、韓露密約を釈明
1887	3．1	清国の仲介でイギリス軍艦、巨文島を撤退
	11．10	清国、朝鮮の外交使節派遣を「属国」条件で承認
1888	4．10	練軍教師のアメリカ陸軍少将ダイら来朝
1889	9	咸鏡監司趙秉式、凶年を理由に10月から1年間の米穀の対日輸出を禁止（防穀令）
1890	1．8	朝鮮政府、防穀令撤廃
1891		この年、沿海州の朝鮮人、ロシア国籍に編入される
1894	2．15	東学党の乱起こる
	3．29	金玉均、上海で暗殺
	4．24	日本で朴泳孝ら暗殺未遂
	3．21	東学党再蜂起（反封建・反侵略の農民戦争に発展）
	7．25	日清両軍、朝鮮の水原近辺の豊島沖で開戦（日清戦争。8.1宣戦布告）
1895	10．8	日本浪人らが景福宮に乱入、閔妃を殺害

北清事変　義和団鎮圧派兵

山東省に起こり北京に及んだ義和団を鎮圧する連合軍。ロシアは方向違いの満洲に出兵、占領。そして日本は？

侵略にあえぐ清国末期「正義による平和」を求めて

列強による清国の分割によって、各地に列強の租借地が現われた。同時に列強は、鉄道を敷設する権利や鉱山の採掘権も清国に認めさせた。鉄道が完成すると、それまでの運輸・交通業者の失業が続出する。

列強は自国の商品を清国市場に売り込む。これによって地方の小規模な市場が崩壊し、やがて清国内の零細な手工業が大打撃を受けた。

またこのころ、淮河《わいが》水害（1897年）、黄河決壊による水害（1898年）などで、流域に深刻な被害をもたらした。特に東北地方（満洲）での被害は甚大だった。これ以降、相次ぐ旱魃にも見舞われ、清国の人びとの生活が破綻に追いやられることになる。

1898年5月、義民会《ぎみんかい》なる組織が、河《フー》北《ベイ》省と山東《シャントン》省の境界付近で欧米人排外運動を始めた。11月には湖北《フーベイ》でキリスト教会が焼き打ちされる。この動きは広がりをみせ、各地で襲撃事件が続発していく。

翌年3月には、「義和団《ぎわだん》」が中心となった大規模な蜂起に発展した。白蓮教《びゃくれんきょう》という宗教集団の一派と、武術組織が融合した義和団は、義和拳《ぎわけん》と呼ばれる一種の妖術を使い、その数は10万人ともいわれた。

1895年ころ、山東省、江蘇《チャンスー》省、河《フー》南《ナン》省、安徽《アンホイ》省の境界地域周辺で、宗教的な秘密結社「大刀会《だいとうかい》」などが結成された。一種の武術組織でもあった。彼らは、地主や富豪の屋敷を打ち壊した。翌年には〝仇《きゅう》教《きょう》運動〟に発展していく。仇教運動とは、キリスト教会や信者と民衆との土地問題に積極的に介入する運動で、これによって教会が襲撃のターゲットとなった。

彼らは、宗教的な修行を積み、また武術の訓練にも励んでいた。その結果、刀で斬られても、鉄砲で撃たれても不死身になると信じていた。正義による平和を実現する。

やがてこの運動のなかから「義和拳」と呼ばれる集団が発生する。

1897年には山東省でドイツ人神父が殺害される事件が起こった。ドイツは報復として、ただちに膠州《こうしゅう》湾を占領し、この

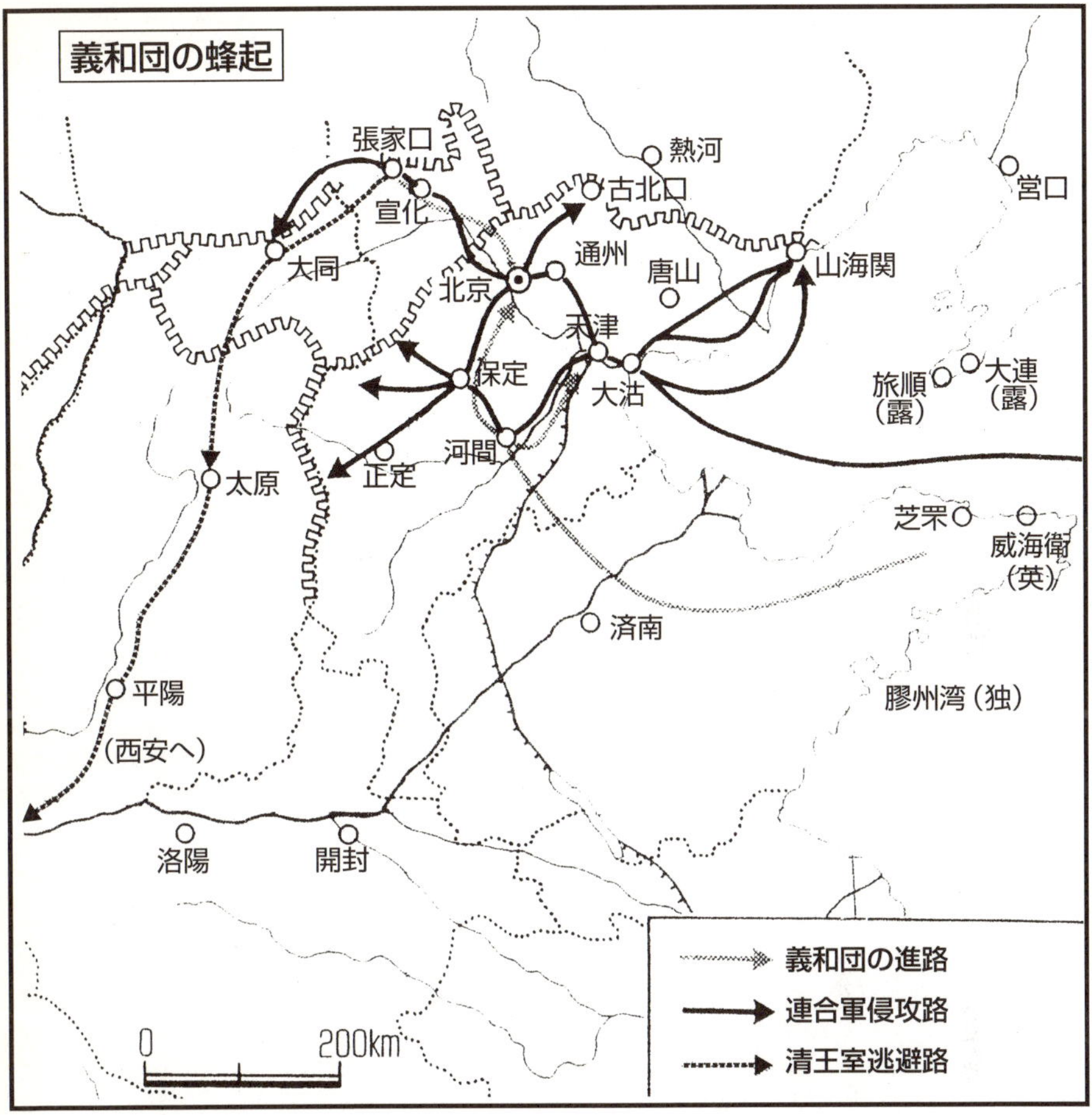

地を租借してしまった。農村を中心に反ドイツ感情が高まり、義和団を中心に運動が拡大していった。山東省は孔子《こうし》の生地でもある。

義和団の旗印は「扶清滅洋《ふしんめつよう》」。清を扶《たす》け、西洋を滅ぼす、という意味である。手に旗印を掲げた彼らには、都市労働者や失業者も合流し、またたくまに勢力を拡大させた。各地で、〝文明の象徴〟であるキリスト教会を焼き打ちし、1900年5月、北京《ペイジン》―天津《ティエンチン》間（盧溝橋《ルーゴンチャオ》―保定《バオディン》間）のロシアやフランスの列強経営の鉄道を破壊した。同時に駅舎も焼き払う。

勢いを増した義和団は、居留民の多い天津や北京を目指した。5月下旬には天津を占領。北京の治安をも脅かすようになった義和団は、6月から8月にかけて56日間、北京の公使館街である東交民巷《とうこうみんこう》を封鎖した。

6月以降はさらに満洲へと向かい、ロシアの経営する東清《とうしん》鉄道も破壊した。

北京の56日間……8ヵ国連合軍が出動

北京の公使館街が封鎖されたことで、公

使館員や居留民たちは脱出する術を失い、いわば人質に取られている格好になった。

　列強8ヵ国（イギリス、フランス、ドイツ、ロシア、イタリア、オーストリア、アメリカ、日本）は、6月10日、軍艦を天津近くの太沽《タークー》に集結させ、北京の公使館員や居留民の保護のため、連合陸戦隊2千50名を組織した。だが義和団には清国兵も同調して、陸戦隊は包囲されてしまう。孤立した陸戦隊を救出するために、天津からさらに2千名の兵士が投入された。

　西太后《シータイホウ》は、列強の派兵に激怒した。この機会を利用して、他国の軍隊を清国内から追い出さなければ。そう考えた西太后は6月21日、ついに列国に対して宣戦布告した。列強8ヵ国は連合軍を組織し、北京へと進軍した。連合軍の半数は日本兵であった。

　当初日本政府は少数の派兵を検討していた。状況を見ながら、歩兵2個大隊程度と考えていた。あくまでも主導権は列強である。だが、イギリスはボーア戦争（南アフリカでのオランダ移民ブール人＝アフリカーナーとの戦争。イギリスがダイヤモンド鉱山を目当てに戦争となった）で軍隊を動かすことができず、植民地のインド兵を派遣する。アメリカもフィリピン独立運動に手を焼いていた。ドイツは膠州湾からの守備隊を、フランスはベトナムから駐屯兵を派遣した。ロシアは満洲に出兵し留まったままだった。ともに本国からの派兵は無理な状況だった。

　そこで、財政上厳しかった日本に対して、イギリスが資金を提供することを約束し、同時にロシアやドイツを説得。日本だけが突出して大軍を送り込むことに警戒していたからである。こうして第5師団に動員令が下され、天津に到着すると、連合国軍とともに北京へ進軍した。

　8月14日には北京を占領する。この日の未明、西太后は光緒帝《クァンスー》とともに西安《シーアン》へと逃れていた。日本兵は〝極東の憲兵〟として義和団鎮圧の主役を担った。欧米列強の尖兵となったのである。ついに列強の仲間入りを果たした、兵士たちにはそんな自信がみなぎっていた。

　翌1901年9月7日、「北清事変に関する最終議定書」、いわゆる辛丑《しんちゅう》条約が調印された。

　この条約には、蜂起に関係した者への処罰、連合国に加えオランダ、ベルギー、スペインに4億5千万両《テール》の賠償金を39年間かけて支払う、大沽砲台を撤去する、公使館などへの駐兵権と北京の公使館街から海港間への駐兵権を認めることが明記されていた。

　4億5千万両は、当時の清国の歳入の5年分であった。これで清朝はほとんど破産状態になった。国民は増税に苦しみ、やがて清国は滅ぶことになる。

満洲をめぐりせめぎ合う日露
「北守南進」から「北進南守」へ

　北京の公使館街が封鎖された1900年6月以降、義和団の蜂起は満洲にも波及していた。

　ロシアが経営する東清鉄道も破壊され、各地で衝突が相次いだ。7月にはロシアは出兵を開始する。10月には満洲を占領し、11月にはロシアと清との「旅順《リュイシュン》協定」（第2次露清密約）が結ばれた。ロシアによる南満洲の保護化を視野に入れたもので、軍事や行政権にロシアが介入できるようになった。
　前年6月、モスクワにおいてロバノフ外相と李鴻章《りこうしょう》（リ・ホンチャン）が会談した。このとき結ばれたのが「露清密約」（第1次露清密約）であった。日本の大陸進出を阻止するため、ロシアと清が共同すること、ロシアが満洲に露清銀行を設立し、これによって東清鉄道を経営することが決められた。このころシベリア鉄道も伸張していた。軍隊をスムーズに移動できることになる。

　いっぽう日本は、連合国軍が北京に入城して間もないころ、台湾海峡に面する清国福州《フーチョウ》の厦門《アモイ》に出兵しようとした。8月24日、厦門にある東本願寺が焼き打ちに遭う。実は出兵の口実を作るためで、台湾総督府の息がかかった日本人が仕組んだのであった。

　そこで軍艦「和泉《いずみ》」「高千穂《たかちほ》」を厦門に向かわせ、陸戦隊を上陸させようとした。これに対してイギリスからの抗議が入り、イギリスも軍艦を厦門に差し向けるという情報が入った。日本政府はあわてて中止命令を出し、軍艦は引き返したのであった。

日本は「北進南守」へ転じる。

　ちなみに明治29（1896）年、当時の台湾総督桂太郎《かつらたろう》は「北守南進」を主唱していた。明治33（1900）年8月に提出された山県有朋《やまがたありとも》の『北清事変善後策』には、「北守南進」を採用し、福建《フーチェン》の他にさらに浙江《チョーチャン》を日本の勢力区域に加えるよう要望している。

　だが、厦門出兵に失敗したことで、「北進南守」への転換を余儀なくされたのだ。

義和団年表

1899	3	山東で義和団蜂起
	11. 21	清朝、各省に対列強戦争準備を指令
1900	1	在北京列国公使団、清朝に義和団鎮圧要請
	5. 28	義和団、北京の隣駅「豊台」を襲撃。在北京列国公使団は護衛部隊派遣要請を決議
	5. 31	英仏露米伊日の6カ国の軍隊300人余が北京着
	6. 6	義和団、天津郊外で列国連合軍と戦闘
	6. 14	義和団、連合軍と北京で戦闘。ロシア兵天津着。
	6. 17	連合軍が大沽砲台を占領
	6. 20	在北京ドイツ公使ケテラーが狙撃・殺害される。義和団が北京の東交民巷（公使館街）を包囲・封鎖（～8.14）
	6. 21	清国、北京出兵の8カ国（英仏露米伊日独墺）に宣戦布告
	7. 4	義和団、奉天付近の東清鉄道を破壊
	7. 14	連合軍、約2万の兵力で天津を攻略
	7. 30	英露日3国、天津都統衛門を組織
	8. 4	連合軍が支配下の天津から北京へ進発
	8. 7	清国は全権大臣李鴻章に列国との停戦交渉を下命
	8. 14	連合軍、北京総攻撃開始
	8. 15	西太后、光緒帝が山西省太原へ逃亡
	10. 17	北京に連合軍総司令部設置、義和団討伐開始
	12. 24	列国公使団が清国に講和条件提示
1901	7. 31	連合軍、北京より撤退開始（～9.17撤退完了）
	9. 7	「辛丑条約」調印

武器としての鉄道

クルマ社会の現代と違い明治時代の「新時代の乗り物」は、まず汽車。鉄道だった。従来の交通機関に比べ、爆発的に上昇した輸送力とスピード。利便性は誰の目にも明らかで、明治20年代は国内に鉄道網が拡大する。

東海道線の新橋─神戸間の開通は、明治22（1889）年。翌年から開かれる帝国議会召集をにらんでのことだった。その第一議会において首相山県有朋は、日本の「利益線」について演説している（148ページ）。「利益線」とは、「主権線（国境）」の先に想定した国防のための勢力圏のことであり、山県は朝鮮半島を日本の北の「利益線」と想定した。

日本で国会が開設された翌1891年、ロシアはシベリア鉄道の建設に着手する。完成すれば、「利益線」朝鮮半島のすぐ北にまで、ロシアが大陸軍を運ぶことが可能になる。日清戦争後の1898年にロシアは、日本が返還させられた遼東半島に旅順と大連を租借して不凍港を持ち、シベリア鉄道とつながる鉄道を大連まで敷設。そして、1904年9月にシベリア鉄道が全線開通。その前に、日本は日露開戦に踏み切った。

戦勝の結果、日本はロシアから、旅順・大連など関東州の租借権と、東清鉄道南部支線（南満洲鉄道）の経営権と付属地租借権を受け継ぎ、満洲統治の基礎を手に入れた。満洲、そしてさらに蒙古──満蒙──は、日清日露のふたつの大戦争、「10万の生霊、20億の国《こく》帑《ど》（国庫金）」によって購《あがな》われたかけがえのない地とされ、やがて「生命線」と認識される。

「戦後満洲経営の唯一の要訣は、陽に鉄道経営の仮面を装い、陰に百般の施設を実行するにあり」（児玉源太郎）。日本で鉄道国有化が実現したのは明治39（1906）年。日露戦後経営のなかでも、それは「急務中の急務」と考えられた。その直後に南満洲鉄道も設立。

鉄道は帝国の先兵として、その網の目を延ばしてゆくことになる。

（春）

PART 7

極東頂上決戦

～日露戦争

成田　毅

「満韓交換」をロシアは呑むか?

ロシアとの対立を避けようとする日露協商路線に対し、日露戦を想定した日英同盟が締結され、日露は開戦へ

「満韓不可分」「満韓交換」日露協商路線と日英同盟路線

厦門《アモイ》出兵の挫折で、日本は再び「北進南守」へ向かわざるを得なくなった。すでに閔妃《びんひ》（ミンビ）暗殺事件以後の混乱を機に、朝鮮国王高宗《こうそう》（コジョン）はロシア公使館に逃げ込むなど、ロシアとの関係は接近していた。ロシアは韓国国内に露韓銀行を設立し、軍事顧問を派遣し、ロシア極東艦隊の燃料基地も置いていた。

小村寿太郎　安政2（1855）～明治44（1911）年＊

ロシアによる、遼東《リャオトン》半島につながる満洲の領有は、南進政策をさらに拡大させ、日本の「利益線」である朝鮮半島を脅かしていたのだった。

1900年の義和団蜂起に対して、ロシアは満洲に出兵、占領した。日本は朝鮮半島進出のため、当初、韓国問題だけをロシアと交渉しようとしていた。だがロシアの譲歩を引き出すために、「満韓不可分」「満韓交換」に方針転換。こうしたなか、駐日ロシア公使が、韓国を露日で二分するという提案をもち出してきた。もちろん、日本政府はこれを拒否する。

翌01年、旅順協定（第2次露清密約）が日本政府の知るところとなった。南満洲のロシアの保護領化を目論むこの条約に、日本政府はただちに抗議する。この年4月には清との新たな条約交渉を中止する、とロシアが表明した。

ここから日本政府は二股外交を展開する。

政府は伊藤博文《いとうひろぶみ》に日露協商の交渉をさせ、ロシアとの対立を避けようとした。韓国独立を日露相互が承認し、朝鮮半島の軍事的使用は一切せず、日本の政治、商業上の自由な行動を認め、有事の際には日本が軍事行動をとる、というのが日本の提案である。ロシア側はこれに修正を要求し、交渉は幾度となく難航した。粘り強く交渉は継続されたが、いっぽうで、日英同盟締結へ方針が転換された。

イギリスへの同盟樹立の打診に対して、反応は鈍かった。だが、極東におけるロシアの海軍増強や仏露両国の建艦計画は、イギリスを劣勢に陥れている。そう考えたイギリスは、10月中旬より日本との交渉を本格化させた。

明治35（1902）年1月30日、日英同盟が締結された。

――清国内の利益を日英相互に擁護し、韓国での日本の利益を認め、それが侵されたときには必要な措置をとる。もし他国との戦争になった場合、同盟国は中立を守るが、さらに1国以上が相手に加わったならば、同盟国は参戦する、というものだった。

ロシアは態度を軟化させ、満洲を清に返還する還付条約を清と結んだ。ロシア軍は半年ごとの3期で撤兵を

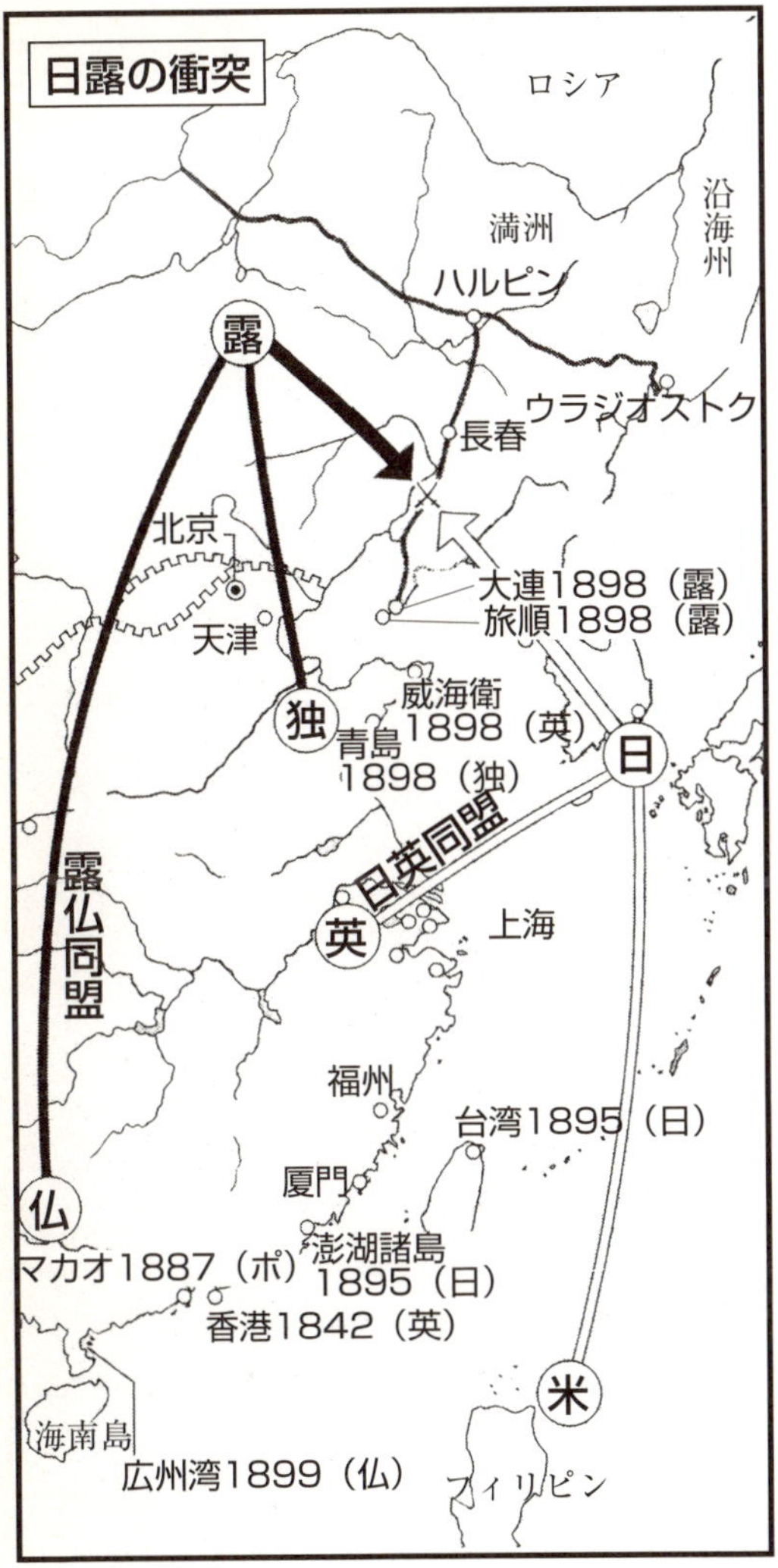

完了させる。

だが、1期目の撤兵が行なわれた後は、実行されなかった。そのうえ鴨緑江《アムノッカン》河口の韓国領内にロシアは砲台を設置し、その一帯の租借を要求したのである。

ロシア政府内の勢力に変化が起きたためだった。

外相小村寿太郎《こむらじゅたろう》は「満韓交換」を懐に、ロシアと直接交渉に入った。

――韓国は日本が保護する。その代わり、満洲にロシアが留まることを認める。ただし、ロシアの行動を条約でなるべく制限する。

これが小村の使命だった。

ロシアの権利を制限した「満韓交換」論を呑んでくれるか

だが、ロシアは満洲問題をそもそも交渉の俎上にすら乗せてこない。妥協点はまったく見出せなかった。

12月、日本は元老と主要閣僚の出席する会議において、小村の3提案を検討した。韓国問題のみの交渉、対等な満韓交換の交渉、日本に有利でロシアの権利を制限した満韓交換の交渉、である。会議は有利な満韓交換交渉を採択した。政府はこれをもとにした修正案をロシアに提示する。

翌明治36（1903）年1月、ロシアからの修正案が届いた。韓国の軍事的な使用の禁止、中立地帯の設置、満洲での日本人の居留禁止――というロシアに有利なものだった。日本政府は韓国問題へのロシアの要求を削除し、満洲での日本人居留を認めるよう再び修正案を示した。

このころ日本の開戦準備は着々と進んでいた。陸海軍共同で作戦指揮にあたることとし、緊急勅令で軍費のために特別会計を繰り入れ、連合艦隊が組織された。明治37（1904）1月、韓国への派遣部隊をすでに編成し、民間鉄道を軍事利用できるようにした。

この間、ロシアは満洲の兵力を増強し、艦隊や兵士が旅順《リュイシュン》に集結していた。

日本は、ロシアに提示した修正案の回答を促す。が、回答が得られないうちに、極東ロシアのウラジオストク司令官が、居留日本人の引き揚げを要請してきた。

2月4日、御前会議で開戦が決定された。栗野慎一郎《くりのしんいちろう》駐露公使は交渉を中止し、国交断絶をロシアに通告した。

2月6日、ついに連合艦隊が佐世保を出航、旅順方面へ向かった。

だが、このときまだ、宣戦布告はなされていなかった。

旅順攻略と奉天会戦——日露戦争

ロシア軍が増強される前に敵に大打撃を与えるべし。バルチック艦隊の台湾海峡到達までに旅順を落とせ

宣戦布告前の奇襲 旅順攻略へ

日露国交断絶を機に佐世保港を出撃した連合艦隊は、主力はロシア艦隊の基地がある旅順《リュイシュン》口方面へ、一部は陸軍の輸送のため韓国の仁川《インチョン》へと進路をとった。

明治37（1904）年2月8日、陸軍第12師団が仁川へ上陸する。翌日、先遣隊がソウルを占領し、12師団ともども3月中旬には平壌《ピョンヤン》へ入城した。

いっぽう、連合艦隊は旅順口でロシア艦隊を攻撃、2月9日、仁川沖の海軍はロシアの軍艦を2隻撃沈している。

2月10日、日本はロシアに対して、正式に宣戦布告した。

主力部隊である陸軍第1軍は、平壌付近の鎮南浦《チンナムポ》に上陸した。ここでソウルからの部隊と合流して平壌へ。4月下旬には鴨緑《アムノッ》江《カン》岸へ到達している。5月5日、陸軍第2軍が遼東《リャオトン》半島の塩大澳《イエンターオー》へ上陸した。第1軍は第2軍の上陸を援護し、ロシア軍を牽制するため鴨緑江を渡り、激しい戦闘を繰り広げた。ロシア軍は一時敗走する。

5月下旬、第1軍と第2軍を連携するために、独立第10師団が大孤山《タークーシャン》に上陸する。第1軍と第2軍の中間地点である。この後、独立第10師団は、第2軍から第5師団と1旅団を加え、第4軍として編成された。

5月26日、第2軍が遼東半島の南山《ナンシャン》にあったロシア軍陣地に攻撃を開始する。ここで激しい抵抗を受けるが、やがてロシア軍は撤退し、南山を占領。これ以降、遼東半島を北進し、6月中旬、得利寺《トゥリースー》付近でロシア軍と大規模な衝突があり、日本軍はロシア軍を撃退している。

5月31日、第2軍からの2個師団をもって第3軍とし、乃木《のぎ》希典《まれすけ》を司令官に旅順攻略軍が組織された。

6月20日には満洲軍総司令部が編成され、各軍を統括して作戦を指揮することになった。総司令官は大山《おおやま》巌《いわお》参謀総長、総参謀長には児玉《こだま》源《げん》太郎《たろう》参謀次長が任命された。

ロシア軍が増強される前に大打撃を加えるために、すみやかに作戦を遂行しなければならない。バルチック艦隊が出航するという情報も流れている。またウラジオストク艦隊による日本の輸送船撃沈の知らせも

伝わっていた。
総司令部は、第1軍、2軍、4軍を北へ向かわせ、第3軍は旅順を攻略する方針を採る。旅順を落とせば、ロシア艦隊を撃滅することができるし、黄海《こうかい》の制海権を掌握できる。なにより、破損した連合艦隊の修理が可能になるからであった。

遼陽包囲作戦は膠着状態
バルチック艦隊出撃の報入る

遼陽《リャオヤン》は奉天《ほうてん》（フォンティエン）に次ぐ南満洲の交通の要地であった。ロシア軍は早くから陣地を構え、兵站施設を確保していた。

ロシア軍は大部隊で、兵力も優勢であった。巧みな作戦で撃破するしかない。そこで考えられたのが、遼陽包囲作戦だった。

明治37（1904）年7月下旬の状況は、
第1軍は、摩天嶺《モーティエンリン》付近へ進出し、遼陽の東側に布陣。
第4軍は、柝木城《トウオムーチャン》を占領し、遼陽の南に布陣。
第2軍は、蓋平《カイピン》の戦闘に勝利したばかりで、遼陽までの距離はまだかなりあった。急ぎ北進したものの兵站が間に合わず、しかも大石橋《ターシーチャオ》付近でロシア軍と衝突していた。8月下旬には第4軍の左翼側に布陣。

ようやく包囲網が敷かれた。そして遼陽攻撃が開始される。

8月25日夜、第1軍はロシア軍陣地に攻撃を仕掛けた。

翌26日には第2軍と第4軍が共同して遼陽を目指す。ともに険しい山岳地帯で野砲の移動ができず、雨期明けで道路もぬかるみ、作戦は困難を極めた。8月28日、各軍が呼応し再び攻撃を開始する。2軍と4軍は前面のロシア軍と激しい戦闘になり、ほとんど前進できなかった。ロシア軍陣地は二重三重に作られ、その長さは高地を横断できるほど広大だった。部隊の移動も救援も自由にできる塹壕が縦横無尽に掘られていた。

第1軍は前進し、ロシア軍の側面へ侵入、退路を断たれる危険を感じたロシア軍は後退した。これで一気に前進し、ロシアの防衛線を突破した。9月3日、ロシア軍は指揮が混乱したため全面的に後退、9月4日、日本軍はようやく遼陽を占領した。7日間の戦いで、日本軍の死傷者は2万3千500名、ロシア軍は2万名であった。

ところが10月になるとロシア軍は態勢を建て直し、逆襲を試みた。第1軍に攻撃を仕掛けたのである。東西17キロにもおよぶ広大な戦域でのこの戦闘（沙河《シャーホー》会戦）で、

乃木希典　嘉永2（1849）～大正元（1912）年＊

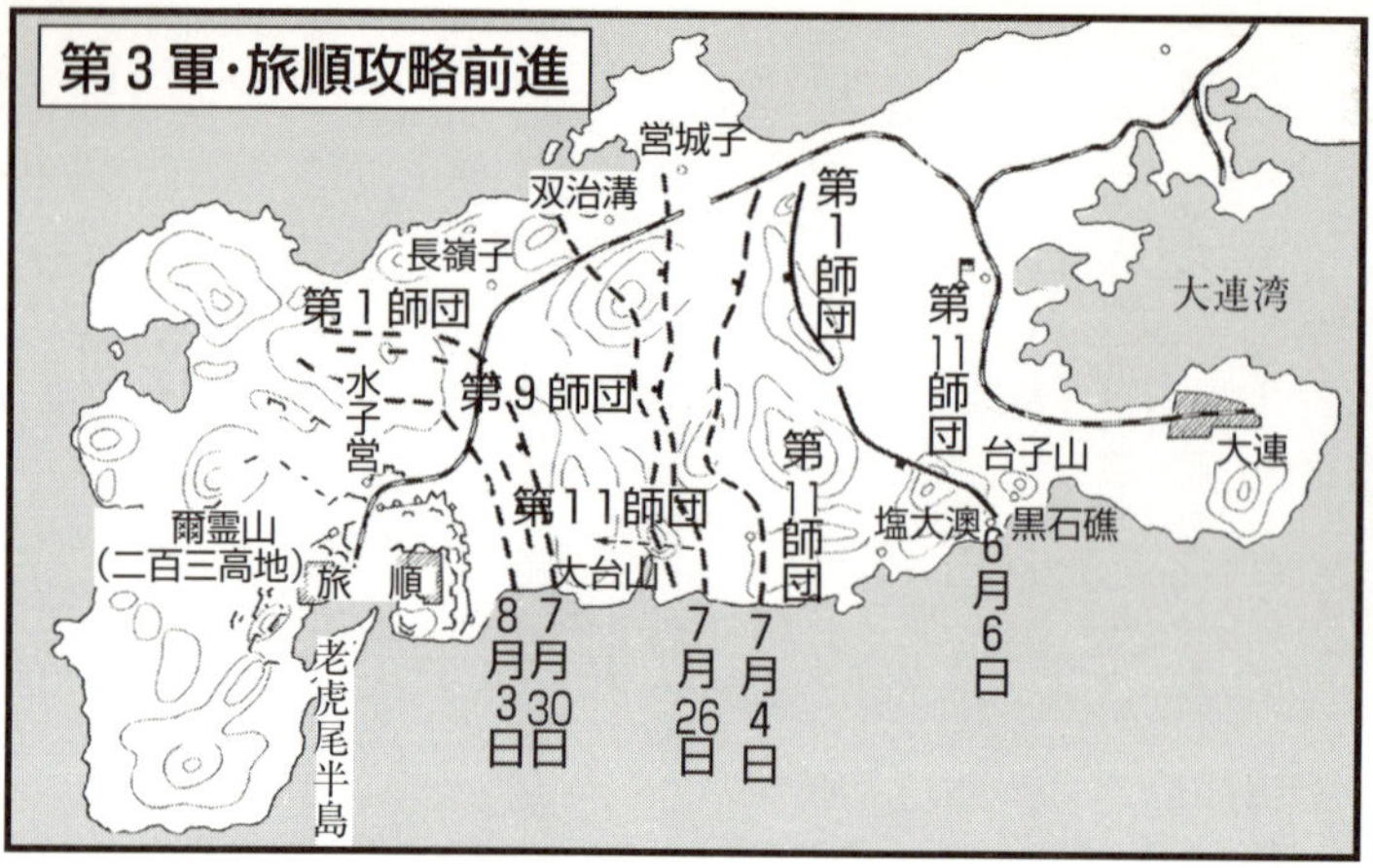

日本軍死傷者2万４００名を出す。ロシア軍は退却したものの、双方が陣地を構築してにらみ合いが続き、厳冬を迎えた。日本軍は予備兵力が底をつき、弾薬も欠乏していた。これ以上の追撃は不可能だった。

旅順攻略を優先させ、援軍として合流するのを待つ以外なかった。

10月15日、バルチック艦隊が、バルト海のリバウ港を出航した。

死屍累々の二百三高地
奉天会戦に勝ったが、そこまで

第3軍の旅順攻略の開始は8月下旬からだった。旅順港の奥深くに、わずかのロシア艦隊が潜んでいた。

大本営は正面攻撃を避け、西方の旅順港の背後からの攻撃を指示した。ところが3軍は一気呵成の正面突撃を決行してしまう。死者が続出した。決死隊を出撃させてもほぼ壊滅だった。

正面作戦は日本古来の野戦方法である。10年前の日清戦争で乃木は旅順で戦った。だが要塞は当時とは異なり、桁違いに堅固になっていた。装備も格段に進歩していた。防御陣地も約25キロに伸び、７００門の大砲と4万2千名の守備隊が旅順を死守していた。

大本営は、内地の海峡に設置していた28サンチ（cm）榴弾砲を取り外し、旅順攻撃に使用することを決めた。当時最大の砲である。これによって旅順港背面の二百三高地を攻撃しようというのだ。旅順要塞の獲得ではない、あくまでも港内の艦隊を壊滅させることが目的であった。

ところが3軍はまたもや正面攻撃に固執した。戦場は死屍累々となる。バルチック艦隊は一部が地中海へ、主力は喜望峰を迂回していた。大本営は、12月中にマダガスカル島付近で結集し、翌年（１９０５年）の1月上旬には、台湾海峡へ来ているだろうと予想した。連合艦隊の修理や出撃準備には少なくとも2ヵ月は必要だ。その前に、何としてでも旅順を陥落させなければならなかった。

かたくなな正面攻撃で第2回の総攻撃（10月26日）も失敗に終わり、御前会議では早期の旅順港攻略を要請した。激励の勅語とともに第3回総攻撃（11月22日）が始まった。主力をようやく二百三高地に集め砲撃開始、長引く激しい戦闘の末についに主要な保塁を占領した。大晦日であった。

明治38（１９０５）年1月1日、ロシア軍は降伏を申し入れ、13日、旅順入城とな

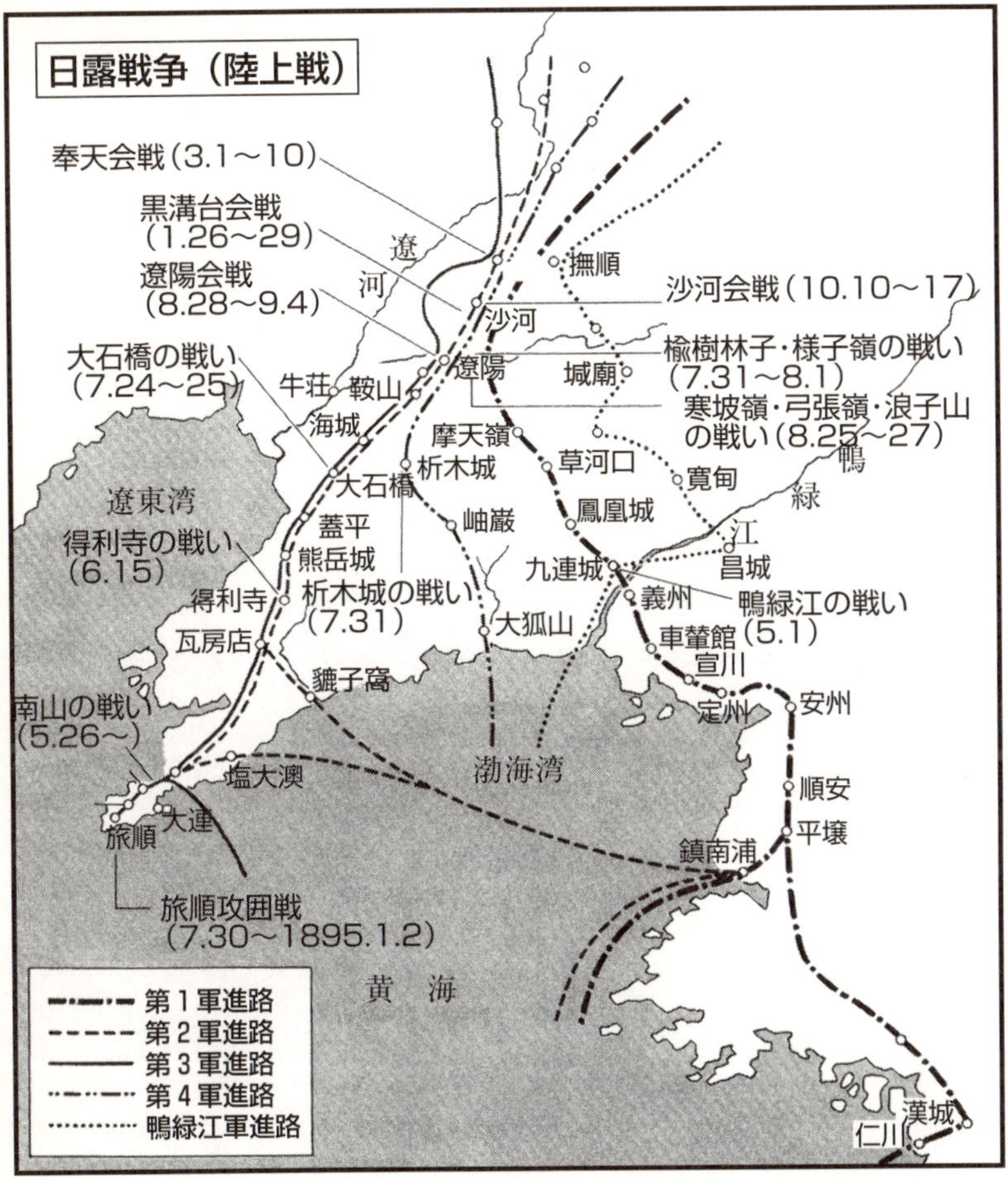

った。陸軍部隊は再編され、連合艦隊は決戦の準備にとりかかった。

日本軍首脳は、奉天の攻略開始は厳冬期を避け、氷が溶ける前にかたをつけたいと考えていた。旅順陥落の知らせが満洲軍司令部に届くと、すぐさま作戦会議が開かれた。この年は降雪量は少なく、融氷期はやや遅い。気象観測の予想を考慮し、奉天占領は3月10日まで、と決定した。

旅順攻略軍である第3軍が再編され、ただちに北進する。総司令部は奉天会戦を〝日露戦争の関ヶ原〟と位置づけていた。到着した第3軍がロシア軍の西を迂回して退路を断つために前進したのに合わせて、3月1日、日本軍は総攻撃を開始する。

各地で苦戦を強いられるものの、ロシア軍に動揺が広がり3月8日に退却を始めた。日本軍は奉天を包囲し、3月10日午後、第2軍の一部が奉天城内に突入すると、一気にこれを占領した。10日間の戦闘で、日本軍の死傷者は7万名、ロシア軍は6万名、捕虜2万名にのぼった。

日本軍には、すでにこれ以上の兵力はなかった。ロシア軍の増強を懸念する司令部は、政治的な解決の必要を感じていた。そして講和の検討に迫られることになる。

日本海海戦へ——日露戦争

成果のあがらぬ旅順港閉塞作戦に続いて、黄海会戦は痛み分け。そしてついに「敵艦隊見ユ」の報が入った

ロシアと戦うための海軍編制 宣戦布告前の仁川沖の戦い

日露戦争の準備として、まず優先されたのは海軍力の増備だった。

軍艦や駆逐艦など計76隻、総排水量25万8千トン、現役将兵3万6千名は、日清戦争時の5倍であった。最新鋭艦「日進《にっしん》」「春日《かすが》」もイタリアから購入した。

ロシアとの交渉が継続している最中の明治36（1903）年12月28日、緊急勅令によって戦争のための財政措置がとられ、同日、海軍艦隊が編成し直された。戦時体制に整えたのである。

第1艦隊司令官を大将東郷平八郎《とうごうへいはちろう》、第2艦隊司令官を中将上村彦之丞《かみむらひこのじょう》とし、この第1艦隊と第2艦隊を連合艦隊とした。司令長官は東郷である。第3艦隊は中将片岡七郎《かたおかしちろう》を司令官とした。内戦部隊以外はすべて召集され一元的な指揮下に置いたのである。

明治37（1904）年2月、連合艦隊が佐世保に集結する。2月6日早朝、主力は旅順口《リュイシュン》へ、別働隊は陸軍部隊を乗せて韓国の仁川《インチョン》へと向かった。

仁川は中立港である。外国艦船も停泊していた。仁川から密かに抜け出した巡洋艦「千代田《ちよだ》」と落ち合い、別働隊は2月8日の昼、仁川沖に到着した。この別働隊（第4戦隊）の旗艦は巡洋艦「浪速《なにわ》」、瓜生外吉《うりゅうそときち》少将が率いていた。

瓜生少将は停泊中のロシアの軍艦に通告書を渡し、港を出るよう促した。公海での戦闘を考えたのである。このとき陸軍第12師団の先遣隊が仁川に上陸する。ロシアの軍艦2隻はこれを見て、決戦を覚悟したものと見え、出航した。港外で待ち構えていた第4戦隊が、いっせいに砲撃を開始した。すぐに引き返したロシア艦隊だったが、一等巡洋艦「ワリヤーク」は自らバルブを開けて浸水させ沈没、砲艦「コレーツ」も自爆装置を作動させた。

黄海の制海権を握るために—— 旅順港閉塞作戦

いっぽう、連合艦隊の主力は2月8日夕方、旅順沖の円島《イェンタオ》の東南に到着する。第1、2、3駆逐隊はそのまま旅順を目指し、夜になって旅順港侵入に成功した。第4、

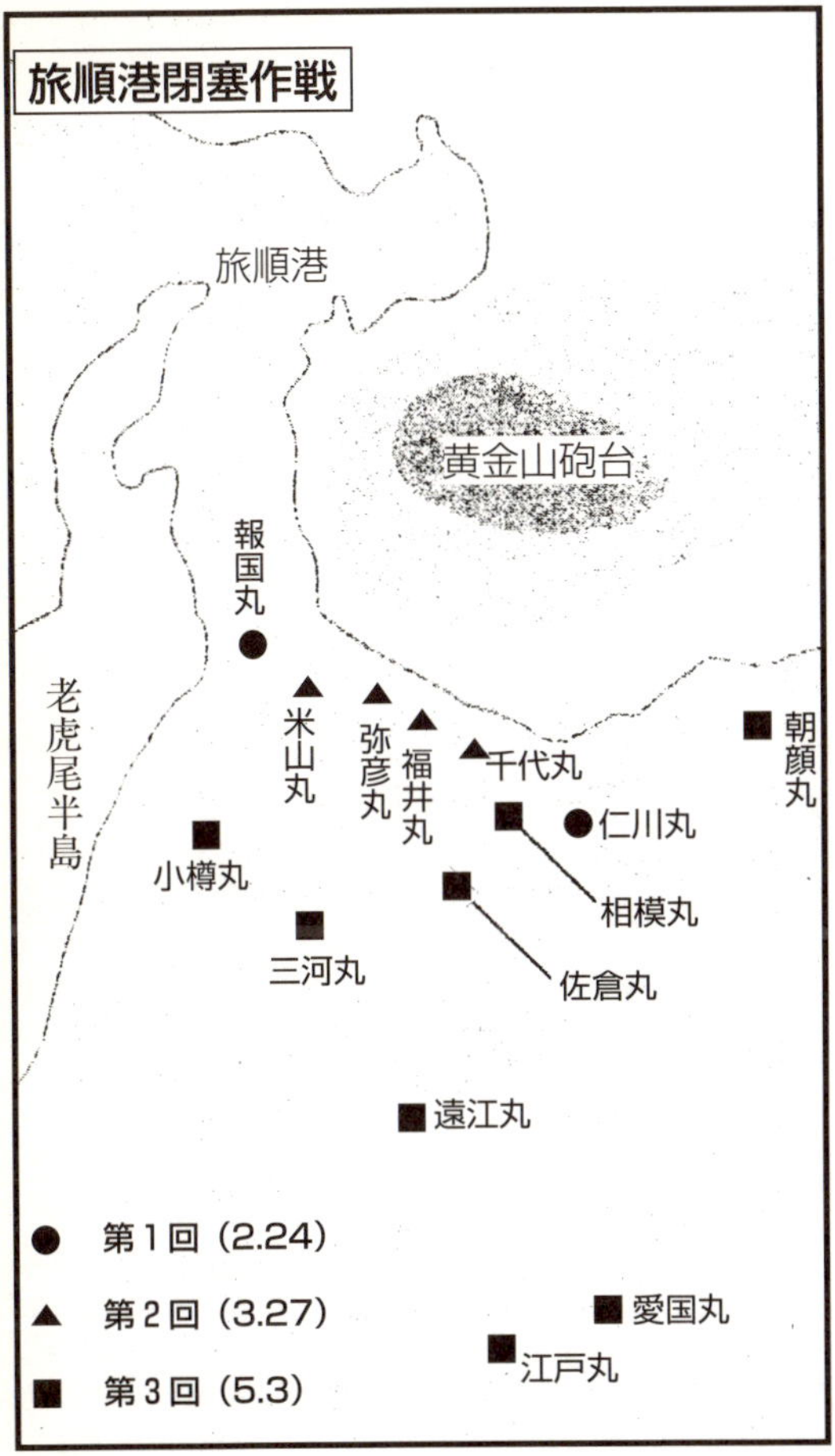

5駆逐隊は大連《ターリエン》湾に向かったが、敵艦がいなかったため引き返している。深夜11時35分、魚雷発射。哨戒のため外洋に出ていた2隻を残して、ロシアの主力艦艇16隻が旅順港内に停泊していた。

戦艦「レトウィザン」が爆発し、「ツェサレヴィッチ」は浸水、巡洋艦「パラーダ」は炎上した。連合艦隊の被害は、水雷艇2隻を失った。

翌2月9日の早朝、戦闘が再開された。

主力艦隊が旅順港へ向かい、午前11時すぎに砲撃を開始する。ロシアの巡洋艦4隻に被害が、連合艦隊の戦艦「三笠《みかさ》」「富士《ふじ》」「初瀬《はつせ》」「敷島《しきしま》」にも被害が出た。「三笠」は艦橋の一部が海中に落下してしまった。

2月14日に連合艦隊は2回目の旅順攻撃を行なったが、戦果はまったくなかった。黄海《こうかい》（ホァンハイ）の制海権は何としてでも掌握しなければならなかった。ここで奇策、旅順港閉塞作戦が実行された。老朽艦を湾の入り口に沈め、敵艦の出撃をできなくしようとするものだった。

決死隊が組織され、彼らは艦に乗り込み、息を凝らして湾内に入り込む。港口で艦を爆破し、待機していた水雷艇で脱出する。

2月24日未明の作戦では5隻を沈め、3月27日には4隻、5月2日夜の第3回作戦では12隻を沈めた。だが効果は芳しくなく、作戦は失敗といっていいありさまだった。第3回作戦で、艦艇の出入りをわずかにむずかしくさせた程度である。沿岸からの探照灯に発見され、激しい十字砲火をあびた決死隊は、目的地点に到着する前に沈没させられ、多くの死傷者を出していた。

黄海海戦
ウラジオストクへの脱出失敗

8月、陸軍部隊の第3軍が遼東半島へ上陸し、旅順の背後からの攻撃をうかがっていた。この直前の8月10日、黄海でロシア艦隊との海戦が繰り広げられた。

ロシアの旅順艦隊約20隻がこの日の朝、旅順港を出航して外洋にでた。修理された旗艦「ツェサレヴィッチ」を含め戦艦6隻、巡洋艦4隻、駆逐艦8隻などである。これを発見した第1駆逐隊はただちに司令長官東郷大将に打電した。連合艦隊は旅順沖に急ぐ。双方もつれ合うように航行しながら午後1時過ぎ、連合艦隊の砲門が火を噴いた。

ロシア艦隊はこの戦闘で大半の艦艇を失った。旗艦「ツェサレヴィッチ」も被弾し、このとき指揮官が戦死したため統率が乱れ、四散したのだった。さらに旅順艦隊と連携をとっていたウラジオストク艦隊も、日本海で撃滅された。

旅順艦隊の目的はウラジオストクへの回航であった。戦闘を避けながら全速力で逃げ切った艦艇はわずかだった。

この間、ウラジオストク艦隊による被害が多く出ていた。商船や軍の輸送船もウラジオストク艦隊の餌食になる。また、新鋭の巡洋艦や二等巡洋艦が、夜間の濃霧で衝突するなど被害に晒された。二等巡洋艦「吉野《よしの》」が沈没、イギリスから購入したばかりの戦艦「初瀬」も機雷に接触して沈没、戦艦「八島《やしま》」も同様だった。その他、砲艦2隻、駆逐艦1隻を失っている。

連合艦隊の3分の1が、やがてやってくるバルチック艦隊との戦いを待たずに、すでに失われていたのである。

天気晴朗ナレ共波高シ
日本海海戦

明治37（1904）年10月15日、ロシアのバルチック艦隊がバルト海沿岸のリバウ軍港を出航した。司令官はロジェストウェンスキー中将だった。一部は、地中海から紅海へ抜け、インド洋へ。主力艦隊は南アフリカの喜望峰を回り、インド洋のマダガスカル島付近で合流した。3月中旬に出航するまで、ここで2ヵ月以上も停泊している。

4月上旬には仏領インドシナ（ベトナム）のカムラン湾に到着。後発の増援部隊を待って、5月14日、ウラジオストクを目指して発進した。総勢50隻もの大艦隊であった。

連合艦隊は、バルチック艦隊の進路を予想していた。季節的にみれば津軽海峡は濃霧に包まれることが多い。艦船の損傷や燃料の問題もあるだろう。バルチック艦隊は必ずや対馬海峡を通過するはずだ。連合艦隊は、韓国南部の鎮海《チンヘ》湾で待機することになった。

5月27日早朝、長崎県の五島列島西方海域で哨戒中の仮装巡洋艦「信濃丸《しなのまる》」から第一報が入った。「敵艦隊見ユ」とあった。司令長官東郷平八郎は全艦出撃の報を大本営に宛てて発した。「敵艦隊見ユトノ警報ニ接シ連合艦隊ハ直ニ出動之ヲ撃沈滅セントス、本日天気晴朗ナレ共波高シ」。

午前6時30分すぎ、連合艦隊が出撃を開始。進路を南にとった。はるかにバルチック艦隊の船影が確認された。旗艦「三笠」のマストに「Z旗」がたなびいた。旗は「皇国の興廃此一戦にあり、各員一層奮励努力せよ」という号令だった。

バルチック艦隊と連合艦隊の距離が、次第に接近してきた。双方が8千メートルに近づいたとき、先頭の「三笠」がバルチック艦隊の進路を遮るように大きく舵を切った。各艦もこれに続き方向転換する。バルチック艦隊はここぞとばかり一斉砲火を浴びせかけた。連合艦隊は反撃をこらえ、距離をじりじりと詰めていく。その距離6千メートルになったところで、連合艦隊の大

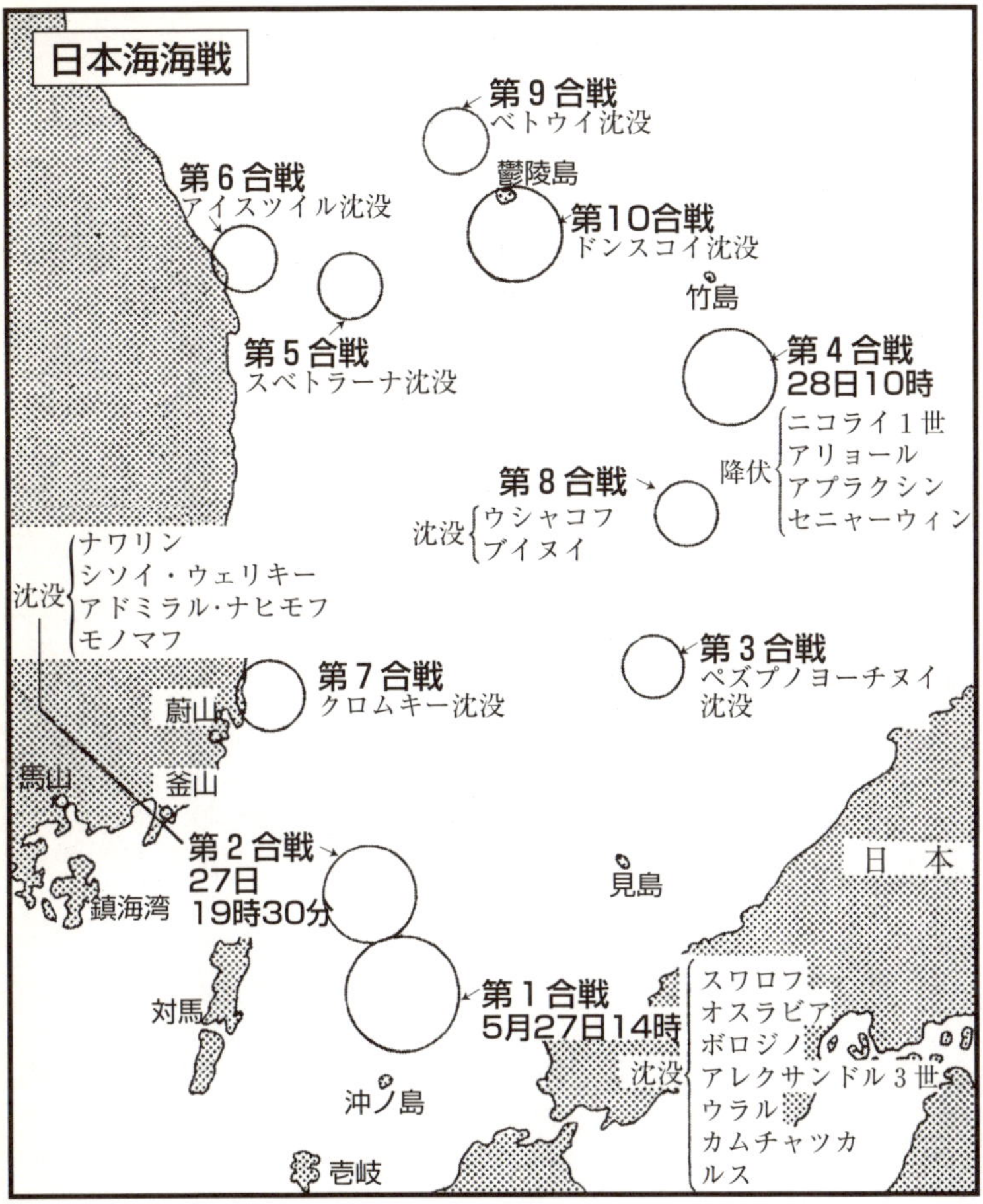

砲が開かれた。旗艦「三笠」は30サンチ（㎝）砲4門を備え付けていた。

この戦法は参謀秋山真之《あきやまさねゆき》が考案した、いわゆる「丁字《ていじ》戦法」である。一列縦隊で航行する敵艦隊の前方をさえぎるように、一列縦隊の連合艦隊が先頭の敵艦に集中砲火を浴びせる作戦である。連合艦隊は〃月月火水木金金〃といわれたほどの連日の猛訓練でこの決戦に挑んだ。対するバルチック艦隊は、長旅の疲労で照準が定まらず、むなしく水柱を上げるばかりだった。〃波高シ〃は連合艦隊に味方した。

緒戦の30分で日本の優勢が決定的となった。バルチック艦隊は散りぢりになり、先頭の旗艦「スワーロフ」他、多くの艦艇が燃え出した。

夜になると、連合艦隊の駆逐戦隊と水雷艇部隊が、肉薄攻撃を敢行した。ここでも多くの戦果を得た。翌28日、バルチック艦隊の残存艦を追う最中、ネボガドフ少将は降伏の旗印を掲げた。司令官ロジェストウエンスキー中将ら6千名が捕虜となった。

この2日間の海戦で、バルチック艦隊の主力が壊滅した。戦艦6隻を含む19隻が撃沈され、5隻が拿捕、2隻が座礁、沈没した。何とかウラジオストクに逃れたのは、巡洋艦1隻、駆逐艦2隻、輸送船1隻であった。

日本海海戦の勝利によって、日本は講和に大きく踏み出した。

ポーツマス条約と日比谷焼き打ち

韓国の植民地化と南満洲の支配権を得た「帝国」日本。だが、兵として「痛み」を得た民衆は満足しなかった

兵も弾も砲も輸送手段も不足 戦争継続は無理

満洲各地の激しい戦闘で多くの死傷者が続出していた。早くも兵站が問題となり、砲弾もすでに残り少なくなっていた。開戦半年後で、予想以上の被害である。

外相小村寿太郎《こむらじゅたろう》は明治37（1904）年7月、首相桂太郎《かつらたろう》に講和の条件についての意見書を提出している。

旅順《リュイシュン》を陥落させ、遼陽《リャオヤン》を占領した時点で、講和を開始する。賠償金を要求し、朝鮮半島の日本の権益を認めさせる——というものだった。

明治38（1905）年3月、奉天《ほうてん》（フォンティエン）が陥落した。これを受けて大本営は、以後の作戦方針を決定した。なるべく速やかに鉄嶺《ティエリン》を占領すること。早急にウラジオストク方面を占領すること。そして、適当な時期に樺太《からふと》を占領すること、である。

これに対し満洲軍総司令官大山《おおやま》巌《いわお》は、兵站のためにはかなりの準備が必要であり、進軍するか持久戦に持ち込むかの方針は政治によって決めるべきである、と打電した。

参謀総長山県有朋《やまがたありとも》は大山の意見を汲み、「政戦両略概論」を桂首相に提出。ロシアはさらなる大軍を派遣して、戦争は長引くことになるだろう、ハルピン方面で防衛するか、進攻してウラジオストクも占領するかの選択肢も確かにある。だが兵も砲弾も輸送手段も物資も不足している。これ以上の戦争継続は無理である。

これが意見書の内容だった。この時点では日本海海戦はまだである。

4月、和睦・戦争両方の基本方針と日露講和の条件について決定がなされる。同時にアメリカへの仲介依頼も決められた。和戦の基本方針は、戦争は長引くであろうから持久戦に備えること、第2回の日英同盟協約の交渉を続けること、韓国を保護国にする権利を手に入れること、という方針だった。

5月、日本海海戦に勝利する。講和条件に修正を加え、6月、「日露講和談判全権委員に対する訓令案」が決定された。韓国の自由な処分、日露双方の満洲からの撤兵、遼東《リャオトン》半島の租借とハルピン—旅順間の鉄道の譲与が、訓令案の絶対的条件だった。

金子堅太郎　嘉永6（1853）〜昭和17（1942）年＊

いっぽう、アメリカ大統領セオドア・ルーズベルトは、渡米していた特使金子堅太郎《かねこけんたろう》に講和の斡旋を示唆していた。日露が同じ程度の力をもつこと、つまり、一方だけが強くなりすぎない程度がアメリカにとっても好ましい。日本が満洲からロシアを排除し、門戸を開放することを期待しての仲介である。6月10日、小村外相は講和の斡旋を正式に依頼する。8月1日、日本軍は樺太を占領した。

8月10日から9月5日にかけて、アメリカ東海岸の軍港ポーツマスにおいて講和会議が開かれた。このなかで休戦協定は結ばれたものの、双方の要求が交差し、交渉は難航していた。

ルーズベルトはロシアに対し、樺太を日本に割譲する代わりに賠償はしないとするのはどうか、と打診した。ロシアはこれに同意した。実はこのとき、日本は樺太割譲も賠償も放棄しようとしていた。これ以上の戦争継続は不可能だったからだ。放棄する旨の訓令を出したその直後、ロシアの譲歩がイギリス公使からもたらされた。そこで急ぎ修正の訓令を出したのである。9月5日、日露講和条約が正式に調印された。

日比谷公園（明治36年刊『日本之勝観』より）＊

国民は「講和反対」「戦争継続」 不満が爆発した日比谷焼き打ち

講和の内容は、韓国における日本の指導権の承認、旅順・大連の租借権と東清《とうしん》鉄道の一部譲渡、北緯50度以南の樺太の割譲、沿海州沿岸での日本の漁業権獲得であった。

国内では、日本の要求を徹底しない講和など反対である、むしろ戦争を継続して当初の目的を完遂せよ、という意見が占めていた。

講和調印が発表されると、断固反対の世論が沸きあがった。講和問題同志連合会が各地で反対演説を行なう。そして東京で国民大会を開催することを決定した。

9月5日、連合会の主催で東京・日比谷公園で国民大会が開かれた。が、警察庁は集会禁止令を出し、350名の警官隊を動員して公園の入り口を封鎖した。数万人の群集がこれを突破して公園に乱入する。大会では、河野広中《こうのひろなか》を議長に選出、講和条約破棄、満洲各軍への戦争継続の打電などを決議し30分で終了した。

だが、参加した者のうち2千名ほどが、次の演説会場である京橋・新富座へなだれ込む。中止命令を下した警官隊と、ここで激突した。一部は御用新聞と名指しされた国民新聞社を襲撃し、さらに警察の元締めである内務大臣の官邸を焼き打ちした。暴徒と警察官との大規模な衝突で、ついに軍隊が出動する。衝突は夜まで続き、警察署2ヵ所、分署9ヵ所、派出所や交番258ヵ所が焼き打ち、破壊された。電車十数台にも火がかけられ、浅草や本所では教会も襲撃された。9月6日、初めての戒厳令が敷かれた。

戦争によって民衆の生活は苦しくなっていた。徴兵で一家の大黒柱を失い、重税やインフレが家計を圧迫していた。この事件での検挙者は約2千名。その多くが、人足や人夫、職工などの都市下層の人びとだった。

韓国統監府開庁

日露開戦で日本軍はソウルを占領。戦争中も交渉は続けられ、ロシアに勝利した日本は韓国を保護国とした

韓国の内政・外交権を握った日韓議定書

日露戦争の原因のひとつは、ロシアが日本の韓国支配を認めなかったことだ。

征韓論の台頭以降、江華島《こうかとう》（カンファド）事件（明治8〈1875〉年）、甲申《こうしん》政変（明治17〈1884〉年）、閔妃《びんひ》（ミンビ）暗殺事件（明治28〈1895〉年）……と、日本は朝鮮半島獲得のために事件を起こし、そのたびに失敗した。日本の目的は韓国の植民地化であった。

皇帝高宗《こうそう》（コジョン）や韓国政府に対して「保護化」の交渉を始めたのは、明治36（1903）年の10月ころだという。戦争直前の日露交渉が続いていた時期である。韓国が日本の保護国になれば、日露戦争は回避できる。日本政府はそう見ていた。だが、韓国政府内の親露派の反対で保護化交渉は成功しなかった。

日露開戦によって、ソウルは日本軍に占領された。

開戦からわずか2週間、2月23日に「日韓議定書」が締結された。日本政府の忠告（＝命令）を受け入れて施設の改善を図ること。韓国皇室の安全を保障すること。日本政府は韓国の独立と領土の保全を保証すること。第三国の侵略や内乱のため皇室や領土保全に危険がある場合、速やかに必要な措置をとり、韓国政府も便宜を図り、軍事上必要な地点の臨検収容を認める。この議定書の趣旨に反する協約を第三国との間で締結しないこと。

――これによって日本は、韓国の内政・外交の実権を掌握したのである。

4月、「和戦両略の基本方針」が閣議決定される。日露の和睦・戦争両方の方針を定めたものであるが、そのなかに日露戦の兵站問題と将来の目論見として、韓国との保護条約の締結を設定している。

5月には「帝国の対韓方針」が閣議で決定された。軍事面では、平時でも日本軍を駐屯させ、韓国軍は段階的に削減する。外交面では、他国との条約締結などの重要案件に関して、日本政府の同意を要す。財政面では、日本人顧問を韓国政府内で監督させ、税制や貨幣制度を改革する。加えて京釜《けいふ》鉄道、京義《けいぎ》鉄道を建設し、さらに日本人の土地所有やあらゆる産業の経営権を認めることも方針とした。

外交権を奪い、皇帝は退位 軍隊は解散――保護国化

対韓方針を実現化したのが「第1次日韓協約」である。明治37（1904）年8月22日、日露戦争の最中に調印された。3ヵ条からなるこの協約は、①日本政府が推薦する日本人1名を財政顧問として雇い、財務に関する案件はすべて顧問の意見に基づいて施行すること。②同様に推薦する外国人1名を外交顧問として雇い、外交に関する案件はすべて顧問の意見に基づいて施行すること。③他国との条約締結や外国人への特権の譲与・契約に関しては、あらかじめ日本政府と協議すること、とな

っている。

韓国国内ではこれに猛反発。反対運動は全国へ広がる様相を呈した。協約に調印した陸軍参将李址鎔《イジョン》の屋敷には爆薬が投げ込まれた。日本政府は彼を買収し、他の閣僚たちには脅迫を加えていた。治安維持のため訓令を出し、治安妨害の文書の押収、関係者の処分、武器の押収、新聞・郵便・電信の検閲、集会の停止に当たった。

韓国保護化には国際的な承認も必要だった。明治38（1905）年7月には「桂・タフト覚書」が交わされる。フィリピン視察の途中、日本に立ち寄ったアメリカ陸軍長官タフトが桂太郎《かつらたろう》首相と取り交わしたものだが、日本がフィリピンに侵略する意図がないことを確約し、その代わり日本の韓国支配をアメリカが認めるというものだった。また第2回の「日英同盟協約」（8月11日調印）でも日本の韓国統治が認められた。

桂太郎　弘化4（1847）～大正2（1913）年＊

日露講和が成立すると、11月には早くも伊藤博文《いとうひろぶみ》が特派全権大使として韓国へ入っている。

皇帝に謁見した伊藤は、韓国の保護化を提示し、無理やり承認させた（第2次日韓協約）。

韓国の外交権を日本政府が接収し、そのための政府の代表として統監を派遣する、つまりここに正式に、韓国は日本の保護国となった。明治39（1906）年2月に、韓国統監府《とうかんふ》が開庁、初代統監は伊藤だった。

明治40（1907）年6月、オランダのハーグで「第2回万国平和会議」が開催される。韓国皇帝の勅使として密かに3名が派遣されていた。「国際紛争平和的処理条約」に加盟し、日本の不当な行為と第2次日韓協約の無効を、常設仲裁裁判所へ提訴するためだった。だが各国は韓国に代表権を認めず、参加すら拒まれた。

伊藤統監は皇帝に退位を迫り、皇太子（純宗《スンジョン》）を新たな皇帝とした。7月には「第3次日韓協約」が結ばれる。法令の制定や重要政策、高級官吏の任命権も統監の承認が必要になった。翌月、近衛兵800名以外の韓国軍が解散させられる。

抗日義兵運動がひろがり、各地で武装闘争が頻発していく。

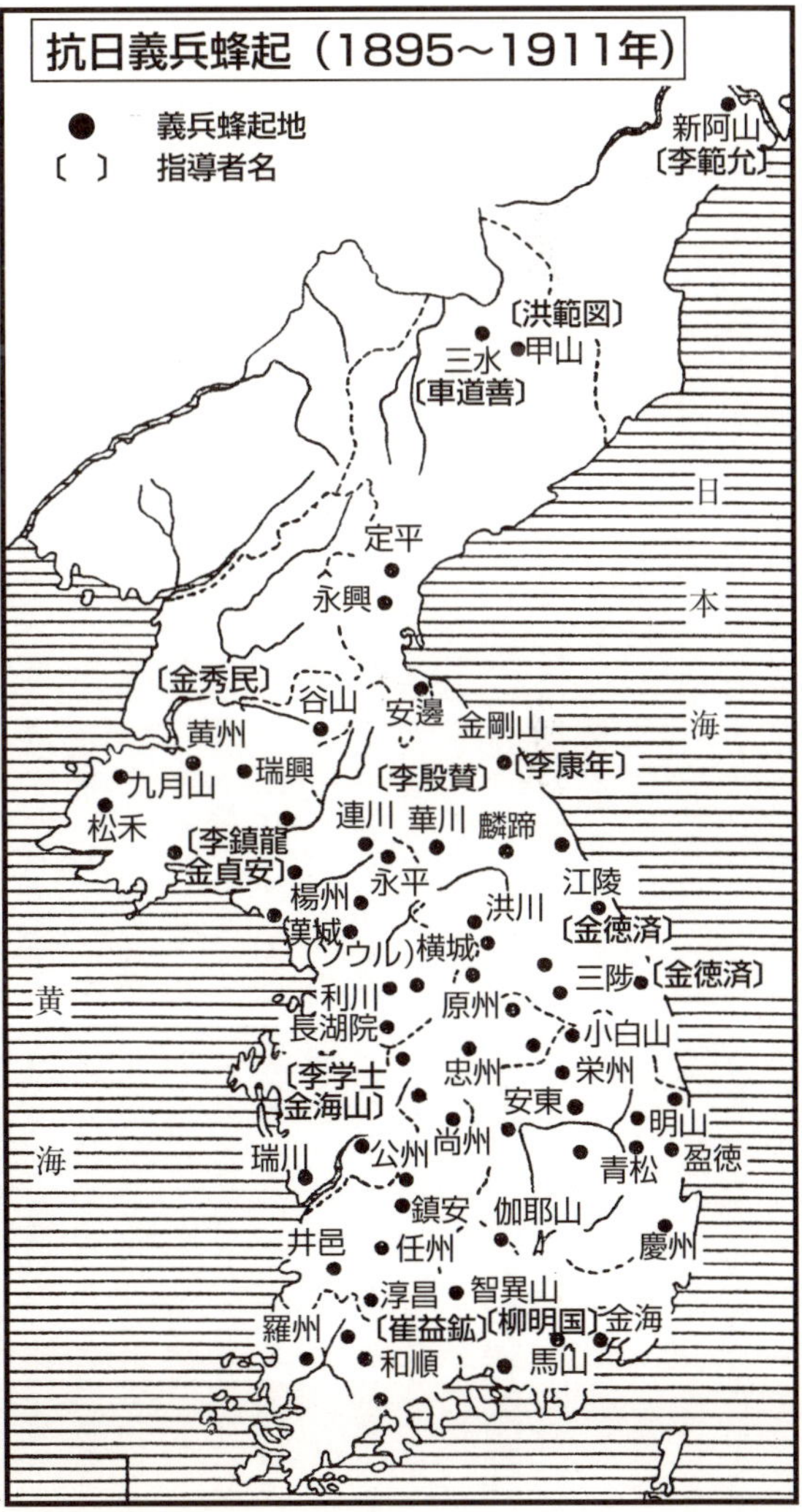

ペトログラード「血の日曜日」事件

日本がぎりぎりの状態で日露戦争を戦っていたように
ロシア国内でも革命気運が増大、戦争継続は無理だった

日露戦争期に起きた「血の日曜日」と「ポチョムキン」

旅順《リュイシュン》陥落（1905年1月13日）の9日後、ロシアを揺るがすことになる事件が起きた。

1月22日（ロシア暦9日）、首都ペトログラード（現サンクトペテルブルグ）の冬宮《とうきゅう》前に大勢の人びとが集まっていた。ガポン神父と彼を慕う信者、多くは労働者とその家族だった。前年の4月に、〝工場労働者の集い〟をガポン神父は設立していた。もちろん警察の公認団体としてである。

彼らはツァーリ（ロシア皇帝ニコライ2世）に生活苦を訴えるため、請願書を渡すつもりだった。

窮状は切羽つまったものだった。もう猶予はなかった。もしかなわなければ、神父は自らの死を覚悟していた。手に手に十字架やイコンを掲げていたのは、その決意を示すものだった。冬宮前の広場には、10万人もの労働者であふれかえっていた。ガポン神父はトルストイの弟子でもあり、暴力否定論者だった。

ところが、待ち構えていた歩兵部隊とコサック騎兵隊が、群集を目がけて一斉に発砲した。

広場は血の海と化した。死傷者は2千名。いわゆる「血の日曜日」である。

数日後、この知らせがマダガスカル島に停泊中のバルチック艦隊にもたらされた。長旅による疲労と赤道直下の猛暑である。士官は貴族や地主階級の者が多く、水兵はほとんどが農民出身だった。北国生まれの水兵たちにとって、酷暑は地獄だった。士官と水兵たちは互いに憎悪しあい、士気もどんどん低下していった。

日本海海戦でバルチック艦隊が壊滅したその1ヵ月後、戦艦「ポチョムキン」で水兵の反乱事件が起こった。「ポチョムキン」はロシア黒海艦隊の新鋭艦。黒海のオデッサ沖に碇を下ろしていた。食事の不満を訴えた水兵が士官に射殺されると、日ごろからの過酷な待遇に水兵たちの不満は爆発し、艦長をはじめ士官を殺害、艦を乗っ取ったのである。彼らは、水兵の遺体が乗せられたボートをオデッサの海岸へ向けて流した。遺体には、殺された理由が書かれた紙が添えられていた。

何千もの労働者たちがボートを取り囲み、抗議の声を挙げはじめた。それはやがて暴動へと発展し、倉庫などを次々に襲った。「ポチョムキン」もオデッサ市内に2発の砲撃を加えている。市内には軍隊が出動し、鎮圧に当たった。「ポチョムキン」はこれを機に出航する。だが燃料や食料の欠乏のため、ルーマニアで降伏した。

現役兵の反乱は軍部内に動揺を広げ、それが、日露講和へ傾いていった。

改革であらわになった近代という矛盾

「血の日曜日」事件でロシア国内の不満は爆発していく。8時間労働や労働者の民主的な権利、憲法制定や議会の召集などを要求し、各地で抗

議のストライキが広がった。10～11月ころには、首都やモスクワなどで「労働者ソヴェト」が結成される。ロシア語で「会議」を意味するこの集まりは、工場労働者の公平な選挙による代表会議であった。秋には農民の反地主闘争も激化した。

　ロシアはこれまで、いくつかの大きな改革を推し進めてきた。農奴を解放し土地を所有させる。財政も改革した。近代的な司法制度も教育改

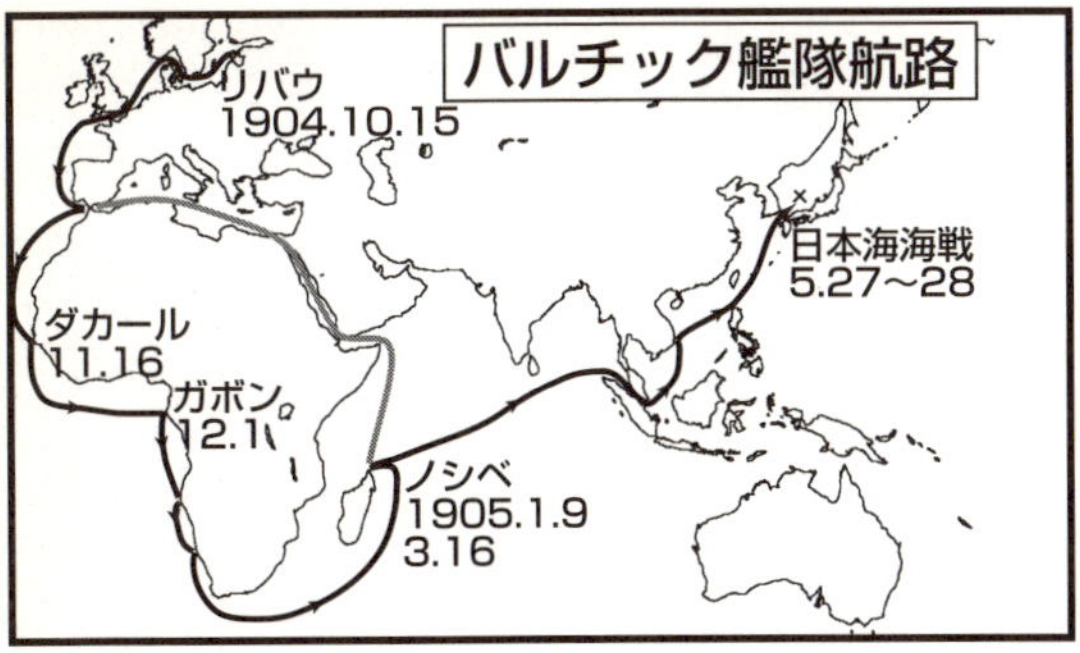

革も軍制改革も行なった。こうした効果は1860年代から現われ始めた。政府の保護で鉄道の建設がはじまり、各地で起業ブームが起こる。レールの生産や冶金業、製鉄所などが設立される。カスピ海に面したアゼルバイジャンのバクーでは石油が採掘され、織物業や製糖業の機械化で砂糖の国内自給も可能になった。

　だが70年代には革命運動が、政府高官や皇帝をも狙い始める。

　資本主義が進展し、フランスなどの外国資本導入もあって工業化が一層進んだ。南ロシアの鉄鋼業や石炭業、石油産業や軽工業も軌道に乗り、91年にはシベリア鉄道の起工宣言と露仏同盟がなされる。鉄道敷設をてこに工業はさらに発展した。

　だが、1900年にはロシアの成長はストップしてしまう。近代化の矛盾が露呈し、社会運動が噴出し始めた。ペテルブルグ帝国大学では学長の専横に反発し警察隊と衝突する事件があり、以後全国に波及する。マルクス主義者による非合法の雑誌や新聞、自由主義者による雑誌が発行され、農民による地主の襲撃など、あらゆる階層で混乱が発生した。また、ユダヤ人襲撃（ポグロム）が起きると、大規模なストライキが全国に広がった。軍人や高官が暗殺されていった。

「血の日曜日」事件はこうした時代に起きた。帝政ロシア崩壊の発端となった事件である。

　マルクス主義やヨーロッパの社会主義運動は、「血の日曜日」事件の少し前から日本にも紹介され、世界と日本の20世紀を彩る大きな潮流になっていく。

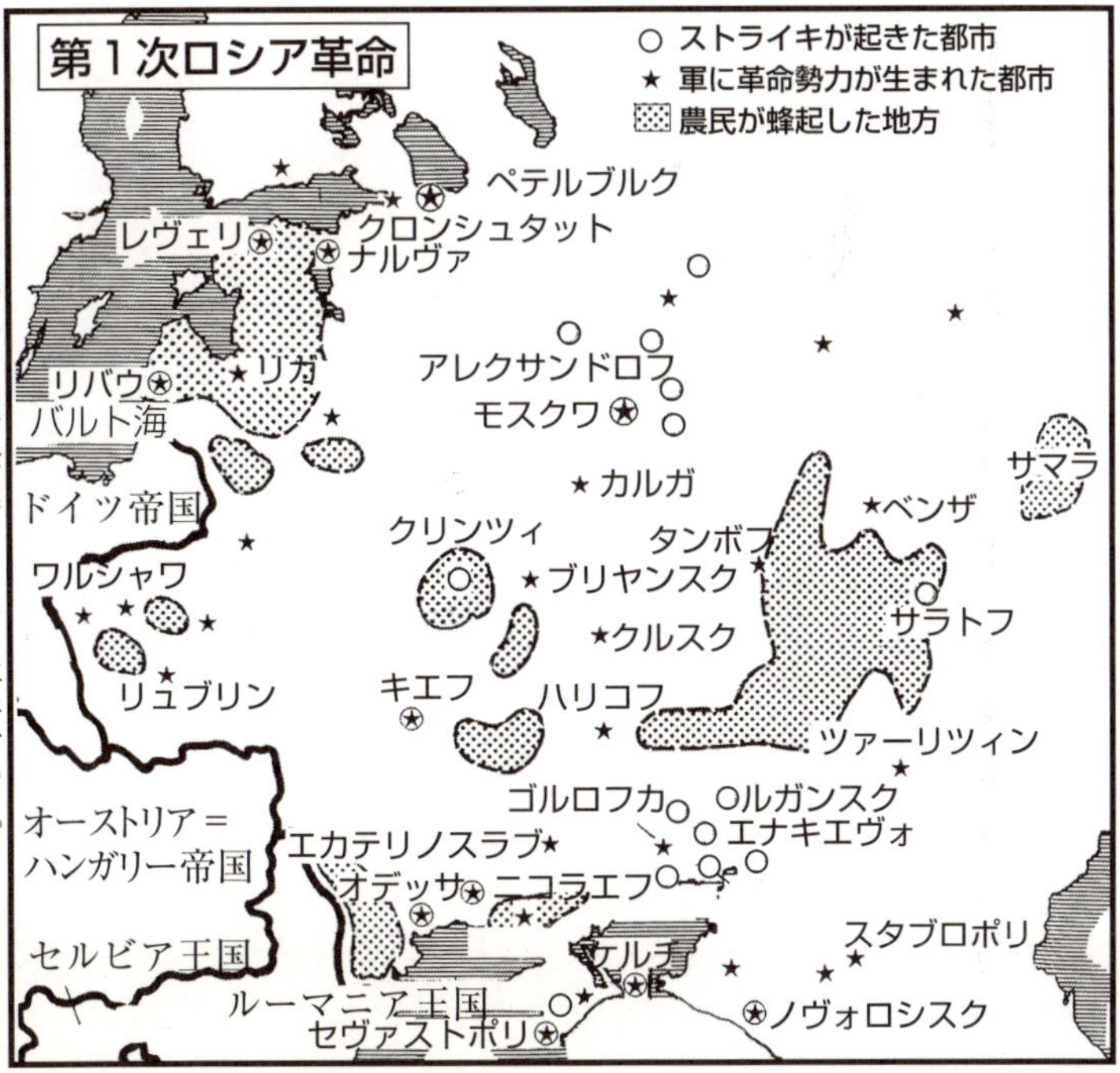

南満洲鉄道の設立と関東都督府

遼東半島と長春—旅順間の東清鉄道（付属地）を譲渡されたことで「満鉄」が誕生。国策会社となっていく

朝鮮から満洲へ——筋道に付設された治外法権

満洲における鉄道は、ロシアにとって大動脈であった。

シベリア鉄道は、清との国境を添うかたちで迂回しながらウラジオストクに向かう。東清《とうしん》鉄道は満洲を東西に貫き、沿海州へ、そしてウラジオストクを目指した。ロシアは清から99年間の鉄道所有権を獲得し、西は満洲里《マンヂョウリー》から東は綏芬河《スイフェンホー》まで鉄路は伸びた（１９０２年）。日清戦争後の三国干渉によって遼東《リャオトン》半島を租借していたロシアは、東清鉄道の中心都市ハルピンからさらに旅順《リュイシュン》まで鉄道を開通させた。兵力・物資の移動を自由にさせるためであった。

日露講和条約に「遼東半島租借譲渡」「東清鉄道南部支線譲渡」とある。

再びのロシアの南進を防ぐため、日本は長春《チャンチュン》—旅順間の鉄道を譲り受けたのである。同時に、沿線の鉱山や森林の経営も認められた。いわば治外法権であった。

だが、これには清の承認が必要であるとも明記されていた。

明治38（１９０５）年、小村寿太郎《こむらじゅたろう》外相は急いで「満洲に関する日清条約」を締結させた。付属協定として、日露戦争中に日本が敷いた軍事鉄道安奉《あんぽう》線を標準軌道に改築し、15年間の日本による経営も認められた。鴨緑江《アムノッカン》岸、韓国の安東《アンドン》（現丹東《タントン》）から清の奉天《ほうてん》（現瀋陽《シエンヤン》）までの路線である。これで朝鮮半島から満洲への道筋も獲得することができた。

この条約は翌明治39（１９０６）年1月31日に公布される。同じ月、早くも「満洲経営委員会」が発足した。委員長に児玉源太郎《こだまげんたろう》（満洲軍総参謀長）、委員に珍田捨巳《ちんだすてみ》外務次官など、外務、大蔵、逓信からの高級官僚の名が連ねられていた。委員会は約2ヵ月で設立の原案を作り上げる。これがもとになり6月、「南満洲鉄道株式会社設立に関する件」として勅令が下された。

業務を満洲での鉄道輸送業とし、総裁・副総裁（任期5年）、理事（任期4年）、業務監査の監事（任期3年）を置き、これらは天皇自らが裁決し政府が任命するというかたちをとる。政府が業務監視のため監理官を置き、事業への命令や決議の取り消し、あるいは役員の解職など強い権限が与えられた。また、鉄道以外にも、撫順《フシュン》や煙台《イエンタイ》での石炭採掘、水運業、電気業、倉庫業なども経営し、鉄道付属地内での土木、教育、衛生などの行政も行なうことになっている。

明治39（１９０６）年11月26日、南満洲鉄道株式会社が成立する。日本政府が資金の半分1億円を、鉄道や炭鉱の現物で出資した。〝満鉄〟は政府の代理として植民地を経営することになったのである。初代総裁は後藤新平《ごとうしんぺい》。急死した児玉源太郎の強い要請で総裁を引き受けた後藤は、台湾総督時の児玉の最も信頼できる部下（民政長官）であった。

満鉄の創設と関東都督府　関東軍の萌芽

日露講和条約の締結以後も、日本軍は満洲に居座った。満洲軍総司令官の配下として、明治38（1905）年に関東総督府が遼陽に設置され、軍政が敷かれる。初代総督は大島義《おおしまよし》昌《まさ》陸軍大将である。

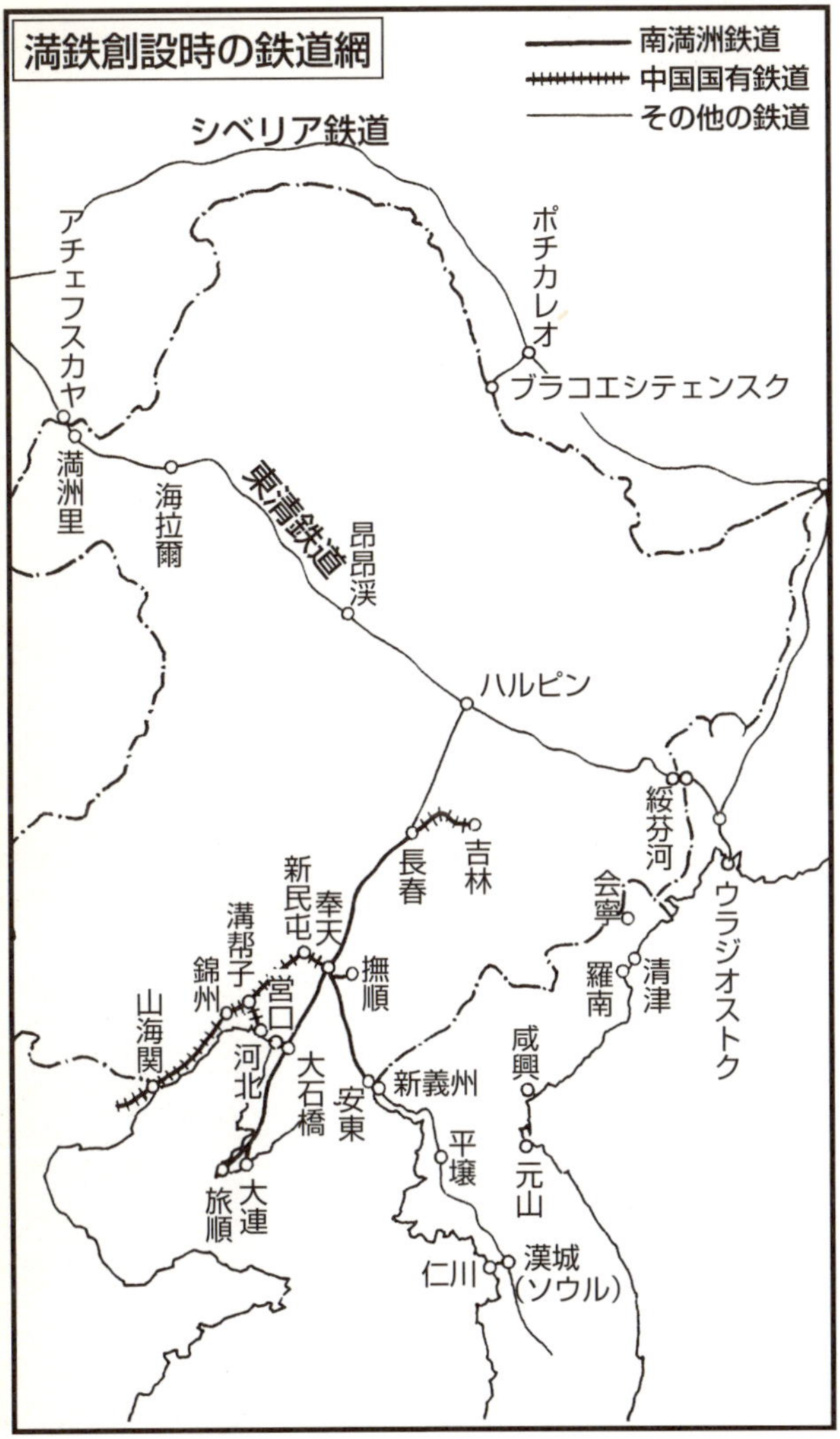

だが満洲占領は、イギリス、アメリカの猜疑心を生む。満洲統治の意思がないことを示すために、軍政から民政へと移行させ、「関東都督府」を明治39（1906）年に新たに設置した。初代都督は大島が任じられた。

この間の設立の経緯は、満洲に対する軍部の思惑が如実に示されている。

本国にあった山県有朋《やまがたありとも》参謀総長は、若干の軍隊で南満洲の鉄道を守備し、鉄道を軍用としたうえで満洲の門戸開放を意見書として提出している。また当地の満洲軍は、韓国の駐留軍司令部を関東総督府と二分している現状にあって、今後、韓国と南満洲の防衛や交通・経済面を考慮すると一元的機関が必要であり、関東総督府を廃して韓国に全植民地統治の機関を設置すべきとの意見を出している。さらに関東総督府は、陸軍の利権のため南満洲を軍政にし、日本の領土として扱うことを要望している。

韓国は日本の保護国となったため、日本の行政権を一部行使することは可能である。だが南満洲は清の領土であって、日本のものではない。したがって日本の行政権は当然認められていないはずだった。韓国統監伊《い》藤博文《とうひろぶみ》は、満洲はあくまでも清の領土であるから新たに官庁を設置することはまかりならん、と陸軍を抑えて民政に移行させた。これが関東都督府だった。任務は遼東半島（関東州）の統治と満鉄の業務の監督などであった。

だが、陸軍は軍政撤廃では譲ったものの、関東都督府を通じてこれ以後も影響力を行使していく。

鉄道警備のための守備隊は関東都督府の指揮下に入り、やがて「関東軍」として兵力を膨らませ、本国のコントロールを逸脱して暴走していくことになるのである。

幕末明治〜「戦と乱」を読む年表

年	元号	日本のできごと	世界のできごと
1807	文化4	露軍船が択捉島の幕府会所を襲撃（シャナ戦争）	
1808	5	英軍艦、長崎入港、蘭船を拿捕（フェートン号事件）	
1818	文政1	ゴルドン（英）浦賀に来航。貿易要求するも幕府は拒否	
1820	3	会津藩の相模沿岸警備を免じ、浦賀奉行の警備とする	
1824	7	英捕鯨船がトカラ列島宝島に上陸、略奪。シーボルトが長崎郊外鳴滝に開塾	
1825	8	**無二念打払令**（**異国船打払令**）発令	
1828	11	高橋景保がシーボルトに地図を渡した罪で逮捕（シーボルト事件）	
1830	天保1	徳川斉昭（水戸）、調所広郷（薩摩）、藩政改革に着手	仏、七月革命
1836	7	大飢饉。一揆激発	
1837	8	**大塩平八郎の乱**。生田万の乱。浦賀沖にモリソン号（米）来航、浦賀奉行と薩摩藩は無二念打払令にしたがい砲撃	英、チャーチスト運動始まる
1838	9	長州藩で藩政改革開始。高野長英『夢物語』、渡辺崋山『慎機論』	第1次アフガン戦争
1839	10	**蛮社の獄**	
1840	11		清英間で阿片戦争
1841	12	高島秋帆が徳丸原で西洋砲術調練。天保の改革始まる。中浜万次郎ら遭難、米船に救助される	ベトナム（フエ）、カンボジアを併合
1842	13	無二念打払令を廃し**薪水給与令**を発令。川越・忍藩に相模と房総の海岸警備を命令	清、英に降伏。南京条約

1844	弘化1	長崎来航の蘭船、オランダ国王の開国勧告書簡を手渡す	
1846	3	米東インド艦隊司令長官ビッドル、浦賀に来航し通商を求めるも幕府は拒絶	米墨戦争
1847	4	彦根・会津藩を相模と房総の海岸警備の任に加える	仏のベトナム侵略始まる
1852	嘉永5	蘭商館長が翌年のアメリカ使節の来航と開国要求を予告	第2次ビルマ戦争
1853	6	**米東インド艦隊司令長官ペリー**、**浦賀に来航**し大統領国書を渡す。ロシア使節プチャーチン、長崎に来航	クリミア戦争始まる。太平天国軍が南京を占領
1854	安政1	**日米和親条約締結**。下田・箱館2港を開港。吉田松陰、密航を企て逮捕	米、共和党誕生
1857	4		インド大反乱（～59）
1858	5	井伊直弼（彦根藩主）大老就任。**日米修好通商条約調印**。**安政の大獄**始まる	英、インド直接統治
1860	万延1	**桜田門外の変**。攘夷派による外国人殺傷事件頻発	英仏、北京条約締結
1861	文久1	長州藩目付の長井雅楽、「航海遠略策」を朝廷に進言。ロシア軍艦対馬占領事件。開市開港延期のため遣欧使節派遣	米、南北戦争
1862	2	水戸浪士、老中安藤信正を傷害（坂下門外の変）。薩摩藩主父島津久光が幕政改革意見を提出。**生麦事件**。薩長土の尊攘派勢力が京都を支配。会津藩主松平容保、京都守護職就任。長州藩士高杉晋作ら、英国公使館を焼き打ち	ベトナム、仏にコーチシナ東部を割譲
1863	3	長州藩、下関通行の外国船を砲撃（**馬関戦争**）。**薩英戦争**。宮廷クーデターで尊王攘夷派を京都から追放（**8月18日の政変**）。**天誅組の変**。**生野の変**	カンボジア、仏の保護下に。米、奴隷解放宣言
1864	元治1	**水戸天狗党**、筑波に挙兵。**池田屋事件**。長州藩、京都へ進軍、幕府軍と交戦（**禁門の変**）。幕府、第1次長州戦争発動。英米仏蘭4ヵ国艦隊が下関を攻撃。長州藩、幕府に恭順	太平天国滅亡。第1インタナショナル結成
1865	慶応1	高杉晋作ら長州藩諸隊が蜂起し、藩の主導権を奪回、軍制改革実施。朝廷が安政の修好通商条約を勅許。貿易伸長	
1866	2	**薩長が秘密軍事同盟**。**第2次長州戦争**。14代将軍徳川家茂没、幕府は連戦連敗の長州戦争を中止。徳川慶喜が15代将軍に就任。幕仏、薩英の提携進捗。米価暴騰し一	普墺戦争。北ドイツ連邦成立。仏艦隊、朝鮮・江

		揆、打ち毀し未曽有の激化。孝明天皇没	華島に侵攻
1867	3	明治天皇践祚。**大政奉還**。**王政復古の大号令**。「ええじゃないか」流行	米、露からアラスカ購入
1868	明治1	**戊辰戦争**始まる。五箇条の誓文。明治と改元（一世一元の制を定める）	
1869	2	五稜郭開城（戊辰戦争終わる）。版籍奉還。全国的に農民一揆多発	スエズ運河開通
1871	4	戸籍法制定（壬申戸籍）。**廃藩置県**。日清修好条規締結。岩倉具視ら使節団、欧米視察に出発。琉球宮古島島民台湾遭難事件	ドイツ帝国成立。仏、パリ・コミューン
1872	5	兵部省廃止、陸海軍省設置。新橋─横浜間に鉄道開通。**徴兵令**	
1873	6	五節句を廃し「神武天皇即位」「天長節」を祝日に。**地租改正**。岩倉使節団、帰国。**征韓論争**。農民一揆頻発	独墺露三帝同盟
1874	7	板垣退助、江藤新平ら民撰議院設立を建白。北海道屯田兵制度制定。**佐賀の乱**。**台湾出兵**。西郷隆盛、鹿児島に私学校設立	仏、ソンコイ川航行権獲得
1875	8	大久保利通、木戸孝允、板垣退助ら政体改革を協議（大坂会議）。民権派、愛国社結成。新聞紙条例・讒謗律公布。**江華島事件**	
1876	9	**日朝修好条規**。廃刀令。華士族に金禄公債給付（**秩禄処分**）。**神風連の乱**。**秋月の乱**。**萩の乱**。茨城・三重・愛知・岐阜などで地租改正反対一揆	ベル（米）磁石式電話機発明
1877	10	地租軽減の詔。**西南戦争**。博愛社（後の赤十字社）設立	露土戦争（〜78）
1878	11	**大久保利通暗殺**。近衛砲兵隊の反乱（**竹橋事件**）。参謀本部設立	サン＝ステファノ条約
1879	12	琉球藩を廃し沖縄県を設置、琉球を日本国家に組み込む（**琉球処分**）。東京招魂社を別格官幣社「靖国神社」と改称	ドイツ・オーストリア同盟
1880	13	国会期成同盟結成。松方デフレ財政によって地方社会困窮	アフガン、英の保護下に
1881	14	北海道開拓使官有物払い下げ事件。大隈重信ら放逐、国会開設時期を示す詔勅（明治14年の政変）。自由党結党	露・清、イリ条約。仏、チュニジアを保護国化
1882	15	軍人勅諭発布。立憲改進党結党。**福島事件**	朝鮮、壬午軍乱
1884	17	自由党解党。松方デフレ政策で不況深刻、凶作もあり全国で借金党・困民党結成、	清仏戦争（〜85）。朝鮮、

		負債返弁騒擾。**群馬事件**、**加波山事件**、**秩父事件**。	甲申政変
1885	18	**大坂事件**。太政官制廃止、内閣制度設置（初代伊藤博文内閣）	仏・清、天津条約
1887	20	「言論集会の自由」「条約改正中止」「地租軽減」の三大事件建白運動。保安条例公布・施行（中島信行ら570人が東京退去を命ぜられる）	仏領インドシナ連邦成立
1889	22	徴兵令改正（戸主の徴兵猶予など廃止、国民皆兵主義実現）。**大日本帝国憲法発布**。皇室典範制定。衆議院議員選挙法・貴族院令公布	第2インタナショナル結成
1890	23	教育勅語発布、文部省は教育勅語の謄本を全国学校に頒布。第1回帝国議会召集	欧米で初のメーデー
1891	24	内村鑑三、教育勅語拝礼拒否（不敬事件）。ロシア皇太子遭難（大津事件）。丁汝昌の率いる清国北洋艦隊が長崎・神戸・横浜に入港。	露仏同盟
1894	27	日本亡命の朝鮮独立党の金玉均が上海で暗殺される。**日清戦争**	朝鮮で甲午農民戦争
1895	28	下関で日清講和条約調印。露仏独公使、遼東半島の清国への還付勧告（**三国干渉**）、遼東半島還付。三国干渉で世論沸騰、「臥薪嘗胆」の語流行。**閔妃暗殺事件**	
1899	32	改正条約実施（治外法権撤廃）	清国で義和団の乱起こる
1900	33	治安警察法公布。軍部大臣現役武官制確立。**義和団の乱**鎮圧のため清国に派兵	米、比・ハワイ併合
1901	34	内田良平ら黒竜会結成。伊藤博文、日露協定交渉（不成立）	北京議定書
1902	35	耐寒雪中行軍中の青森第5連隊第2大隊が八甲田山で遭難。**日英同盟調印**	
1903	36	小学校国定教科書制度確立。対露同志会結成。平民社設立、非戦論主張	米、パナマ運河永久租借
1904	37	ロシアに宣戦布告（**日露戦争**）。日韓議定書調印。第1次日韓協約	蘭領東インド成立
1905	38	旅順開城、奉天会戦、日本海海戦。ポーツマス条約調印。講和条約反対の国民大会が騒擾に発展（**日比谷焼き打ち事件**）。第2次日韓協約調印。**韓国統監府設置**	露、ペテルブルグで「血の日曜日」事件
1906	39	鉄道国有法公布、施行。**南満洲鉄道株式会社設立**（07年開業）。全国の社寺境内などに「忠魂碑」の建立盛ん。戦勝による軍人熱高まる。	英、労働党成立
1907	40	第3次日韓協約調印。第1回日露協約調印。	ハーグ密使事件
1909	42	伊藤博文、ハルビンで暗殺	

1910	43	**大逆事件**、検挙開始。第2回日露協約調印。日韓併合条約調印（**日韓併合**）、朝鮮総督府設置	南アフリカ連邦成立。メキシコ革命（〜17）
1913	大正2	護憲派民衆が国会を包囲し騒擾化、桂太郎内閣総辞職（大正政変）	第2次バルカン戦争
1914	3	対独宣戦布告（**第1次世界大戦**に参加）。青島占領	パナマ運河開通
1915	4	**対華21ヵ条要求**提出、中国受諾	
1917	6	中国における日本の特種利益の承認と中国の領土保全・門戸開放などを日米で共同宣言（石井・ランシング協定）	露、二月革命で帝政打倒、十月革命でソビエト政権
1918	7	**シベリア出兵**。富山県で米騒動勃発、各地に波及。原敬内閣（初の本格的政党内閣）	第1次世界大戦終結
1919	8	ソウルの万歳事件など朝鮮各地で**三・一独立運動**起きる。ベルサイユ条約調印	コミンテルン結成
1920	9	普選デモ。尼港事件。戦後恐慌、株大暴落。日本初のメーデー。	国際連盟成立
1921	10	ワシントン会議、4ヵ国条約成立（日英同盟廃棄）	中国共産党結成
1922	11	ワシントン会議で海軍軍備制限条約成立。全国水平社、日本農民組合、日本共産党（非合法）結成	伊、ファシスト政権獲得。オスマン朝滅亡
1923	12	中国、21ヵ条廃棄を通告。石井・ランシング協定廃棄。関東大震災、東京戒厳令	トルコ共和国成立
1924	13	第2次護憲運動始まる	中国、第1次国共合作
1925	14	日ソ基本条約調印（日ソ国交回復）。**治安維持法**、**普通選挙法公布**。	朝鮮共産党結成
1927	昭和2	金融恐慌、モラトリアム実施。山東出兵。	中国、国共分裂
1928	3	第1回普通選挙。**張作霖爆殺事件**。**治安維持法改正**（死刑・無期を追加）。全県に特別高等警察（特高）設置	パリ不戦条約調印。ソ連、第1次5ヵ年計画
1929	4	中国国民政府を正式承認。金輸出解禁令公布	世界恐慌始まる
1930	5	ロンドン海軍軍縮条約調印。統帥権甲板問題。浜口雄幸首相狙撃。昭和恐慌	ガンジー「不服従運動」
1931	6	三月事件。**満洲事変**。十月事件	上海で排日運動激化
1932	7	第1次上海事変。「満洲国」建国。リットン調査団が満洲事変現地調査。五・一五事件。日満議定書調印（「満洲国」承認）	コミンテルン、「32年テーゼ」発表

1933	8	**国際連盟より脱退**。京都大学で滝川事件	独、ヒトラー政権獲得
1934	9	ワシントン海軍軍縮条約破棄をアメリカに通告	中国共産党、長征（～36）
1935	10	天皇機関説、貴族院で問題化。国体明徴決議案、衆議院で可決	中国共産党、抗日宣言
1936	11	ロンドン軍縮会議正式脱退通告。**二・二六事件**。軍部大臣現役武官制復活。**日独防共協定**締結	独、ロカルノ安全保障条約破棄
1937	12	**蘆溝橋事件**、**日中戦争**始まる。第2次上海事変。国民精神総動員計画実施。**日独伊防共協定成立**。日本軍、南京占領（南京事件）	中国、抗日民族統一戦線結成（第2次国共合作）
1938	13	近衛文麿内閣、「国民政府を対手とせず」の対中声明。国家総動員法公布。「東亜新秩序建設」を声明	ミュンヘン会談
1939	14	満蒙国境で日ソ両軍が衝突（**ノモンハン事件**）、関東軍精鋭部隊が大敗。国民徴用令公布。アメリカ、日米通商条約廃棄通告	独ソ不可侵条約締結。第2次世界大戦始まる
1940	15	日本軍、北部仏印（フランス領インドシナ）へ進駐。**日独伊三国同盟締結**。大政翼賛会発足。紀元二千六百年祭。大日本産業報国会発足	南京政府成立。独、パリ占領
1941	16	日ソ中立条約締結。米英が日本資産の凍結を通告。日本軍、**南部仏印（フランス領インドシナ）へ進駐**。ゾルゲ事件。**真珠湾攻撃**、対米英蘭宣戦布告（**太平洋戦争始まる**）	独ソ開戦
1942	17	マニラ、シンガポール占領。ミッドウェイ海戦。米軍がガダルカナル島に上陸	
1943	18	日本軍、ガダルカナル島撤退開始。アッツ島の日本守備隊全滅。第1回学徒動員	カイロ宣言
1944	19	マリアナ沖海戦（日本海軍は航空戦力の大半を失う）。サイパン島の日本軍全滅。学童疎開実施、学徒勤労令・女子挺身隊勤労令公布。レイテ沖海戦。神風特攻隊初出撃	連合軍、ノルマンディー上陸作戦。連合軍、パリ入城
1945	20	**米軍、沖縄本島上陸**。ソ連が日ソ中立条約不延長を通告。広島・長崎に原爆投下。**ソ連、対日宣戦布告、満洲侵攻**。**ポツダム宣言受諾**。ＧＨＱが日本軍の解体命令	ヤルタ会談。ポツダム会談。国際連合成立

〈主要参考文献〉

田中　彰『日本の歴史　24　明治維新』小学館　１９７６年
永井秀夫『日本の歴史　25　自由民権』小学館　１９７６年
宇野俊一『日本の歴史　26　日清・日露』小学館　１９７６年
中村　哲『集英社版　日本の歴史16　明治維新』集英社　１９９２年
佐々木克『集英社版　日本の歴史17　日本近代の出発』集英社　１９９２年
海野福寿『集英社版　日本の歴史18　日清・日露戦争』集英社　１９９２年
石井寛治『体系日本の歴史　12　開国と維新』小学館　１９９３年
井上勝生『幕末・維新　シリーズ日本近現代史①』岩波新書　２００６年
牧原憲夫『民権と憲法　シリーズ日本近現代史②』岩波新書　２００６年
原田敬一『日清・日露戦争　シリーズ日本近現代史③』岩波新書　２００７年

著者………中村一朗（なかむら・いちろう）
1957年、東京都中野区生まれ・在住。私立城北高校卒業。武蔵工業大学（現・東京都市大学）工学部建築学科卒業。88年に一級建築士の資格取得後、仲村建設（株）一級建築士事務所・所長に就任。建築の設計施工業、フリーライター、およびTVゲームの企画・シナリオライター業など、複数のわらじをはいたまま現在に至る。94年より、非常勤講師として東京テクニカルカレッジ・ゲームソフト科で企画・シナリオの講座を担当。また、公認の国内ラリーにて、ドライバー歴23年。著書に、TVゲームの近代史を評論した『電脳遊戯の事件簿〜さよなら、TVゲーム！』(三交社)、『ファンタジーのつくり方』『DIY感覚でわが家をつくる 後悔しない家の建て方・育て方』（以上彩流社）などがある。

著者………成田毅（なりた・たけし）
1964年、青森県弘前市生まれ。弘前大学人文学部卒業。専攻は哲学。雑誌編集長を経て、現在、フリー編集・文筆業。共著書に『図説雑学　心の病と精神医学』（ナツメ社）、『3日でわかる哲学』（ダイヤモンド社）などがある。

装丁………佐々木正見
DTP組版……勝澤節子
編集,カバー撮影………春日和夫

オフサイド・ブックス……55
幕末明治の「戦争」全部解説します！

発行日❖2010年2月25日　初版第1刷

著者
中村一朗
成田　毅

制作者
杉山尚次

制作・編集
株式会社**彩流社企画**　03-3234-5997〔編集〕　http://www.s-pn.jp/

発行所
株式会社**彩流社**
東京都千代田区富士見2-2-2 〒102-0071
電話03-3234-5931〔営業〕　FAX 03-3234-5932
http://www.sairyusha.co.jp/

印刷・製本
㈱厚徳社

ISBN978-4-7791-1063-4 C0321